Olympia und Der Blaue Engel

Hitler und Filmschauspielerinnen

Autor: Nakagawa Yusuke

ンニ・リーフェンシュタール監督『オリンピア』[1938]

マルレーネ・ディートリッヒ主演『嘆きの天使』[1930

オリンピアと嘆きの天使

ヒトラーと映画女優たち　中川右介

毎日新聞出版

『オリンピア』撮影現場で指示を出すリーフェンシュタール［1936］

ヒトラーの49歳誕生日を祝福するリーフェンシュタール［1938］

ニューヨークにて帰還兵を出迎えるディートリッヒ［1945］

日独合作映画『新しき土』公開時に訪独した原節子［1937］

ディートリッヒ（左）とリーフェンシュタール（右）。中央は女優アンナ・メイ・ウォン［1928］

オリンピアと嘆きの天使

ヒトラーと映画女優たち

装　幀　井上則人（井上則人デザイン事務所）
本文割付　土屋亜由子（井上則人デザイン事務所）
イラスト　しょうじさやか
写真提供　Getty Images
毎日新聞社

全ての映画はプロパガンダだ。
ボーイ・ミーツ・ガール映画は愛のプロパガンダだし、
ギャング映画は法を守らないとしっぺ返しがあるというプロパガンダ、
そして、『独裁者』は民主主義のプロパガンダだ。

——チャールズ・チャップリン

はじめに

一九二〇年代、世界で最も先鋭的かつ大衆的な文化を発展させた都市はドイツのベルリンだった。そして世界で最も民主的と言われた憲法を持ちながらも独裁政権を生んだのもドイツだった。ドイツやベルリンに限らず、国や都市は矛盾する。ひとの性格もまた単純ではない。強いかと思えば脆いところもあり、傲慢に見えても優しい部分もあれば、強情さと柔軟さが同居する。矛盾するからこそ、人間らしいとも言える。

この本は、二十世紀初頭のドイツのベルリンで生まれ、一九二〇年代に才能を開花させ、三〇年代にそれぞれの世界で頂点に立った二人の女性を軸とした「歴史物語」である。

先にスターになったのはレニ・リーフェンシュタールで、最初は舞踊家として、次に映画女優として、そして映画史上最初期の女性映画監督となった。彼女を世界的に有名にしたのは、一九三六年のベルリン・オリンピックの記録映画『オリンピア』(「民族の祭典」「美の祭典」)だ。他にナチス党大会の記録映画も撮り、ナチ美学(そういうものがあったとして)の具現者となった。

一方、マルレーネ・ディートリッヒは一九二一年から舞台や映画に端役、脇役として出演していたが、一九二九年に『嘆きの天使』の大役に抜擢されるまでは知名度は低かった。しかし一九三〇年に、この映画の完成と同時にハリウッドへ渡り、世界的大スターになった。

やがて第二次世界大戦が勃発すると、アメリカ市民権を得ていたディートリッヒは連合国軍の兵士のひとりとして——女性なのに！——ヨーロッパ戦線の最前線で闘った。そのため戦後、ドイツの保守的・右翼的な人々からは「裏切り者」と攻撃される。彼女は一九五〇年代からは女優としてよりも歌手として活躍し、《リリー・マルレーン》などを歌って世界中をまわり国際的名声を得たが、祖国ドイツからは疎まれ、ついにドイツで暮らすことはなかった。

リーフェンシュタールはヒトラー政権と密接な関係を持ち、最も恵まれた環境で映画を作った。そのため戦後はナチスの御用映画監督と見なされ、世界中から批判を受け、女優としても監督としても活動できなくなる。一方、その美的センスは称賛され、多くの映画作家が彼女の生み出した手法を採用して映画を作り——その多くは無意識のうちにであろうが——画面作り、編集技法における影響力はあまりにも大きい。その美学への信奉者と多くの模倣者と追随者を得たものの、リーフェンシュタールは人間としての尊敬は得られなかった。ドイツ国内にあっても、ナチスと一体化したイメージが強いため、疎まれていた。それでも彼女はドイツで暮らし続けた。

ひとりはドイツを離れていたがドイツを思い、それ故にナチス・ドイツと闘い、もうひとりはナチス・ドイツの下で栄光を得たが全てを喪い、真の復権はできなかった。

ディートリッヒとリーフェンシュタールはさまざまな意味で二十世紀を代表・象徴・体現するので、多くの評伝が書かれ、そのいくつかは日本語にも翻訳されている。出演した映画以外のドキュメンタリーなどの映像資料も多い。それらを読み、見ていくと、時に矛盾する事柄にぶつかる。とくにリーフェンシュタールのナチ政権時代の言動については、当人の回想と他人の証言とが食い違うケースが多く、真相は藪の中、映画的に言えば黒澤明の『羅生門』的様相を見せる。そうした矛盾も提示しつつ、物語は進む。

そして、二人の物語のサイドストーリーとして、さらに二人の映画女優が登場する。

ディートリッヒとリーフェンシュタールの物語に間接的に関係するのが原節子だ。彼女自身がどの程度認識していたかは分からないが、原節子は日本とナチス・ドイツとが友好関係を築く過程で重要な役割を果たした。戦中は、多くの国策映画、戦意高揚映画に出演し、日本の軍国主義を支えた。それなのに、戦後は民主主義の申し子として活躍した。この変わり身の速さは、まさに戦後日本を象徴する。

もうひとりが、ナチス・ドイツに翻弄された幼少期を送った女性、オードリー・ヘップバーンである。

テーマは、単純である。芸術家・文化人・著名人は国家権力とどのような距離をとるべきなのか。この単純にして結論の出ないテーマを考える際の材料を提示したい。

読み方によっては、「女の生き方」についてのケーススタディにもなるが、多分、彼女たちの生き方は誰にも真似できないので、参考にならないだろう。

なお、本書はタイトルにある二つの映画『オリンピア』と『嘆きの天使』について論じたものではない。映画のタイトルを「　」でくくってないのはそのためだ。あくまで、二人の主人公の象徴として映画のタイトルを書名に用いたに過ぎない。

オリンピアと嘆きの天使　ヒトラーと映画女優たち◎目次

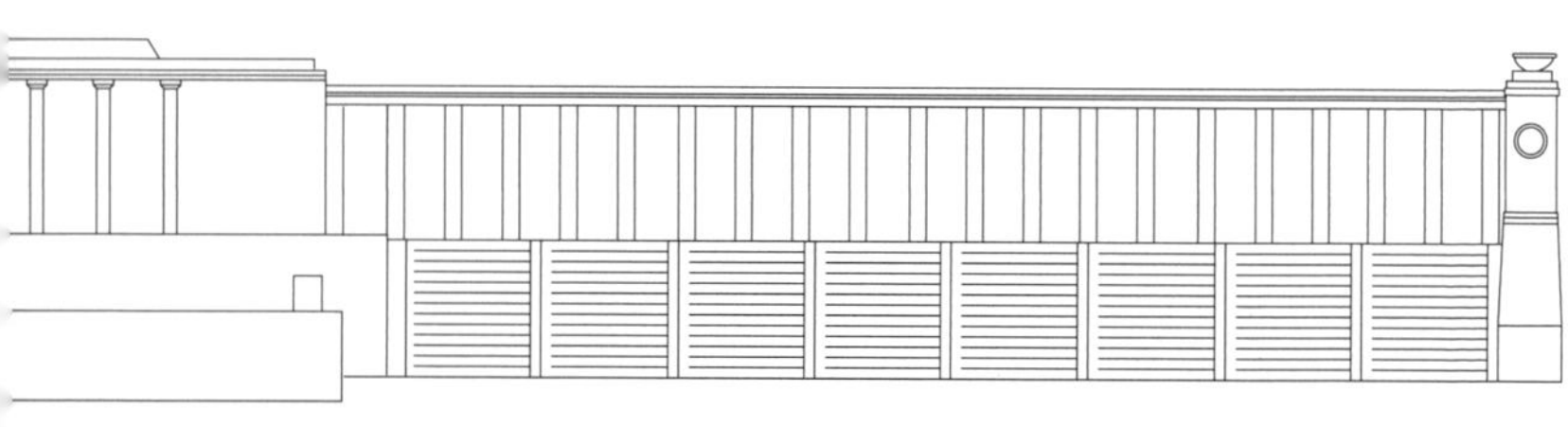

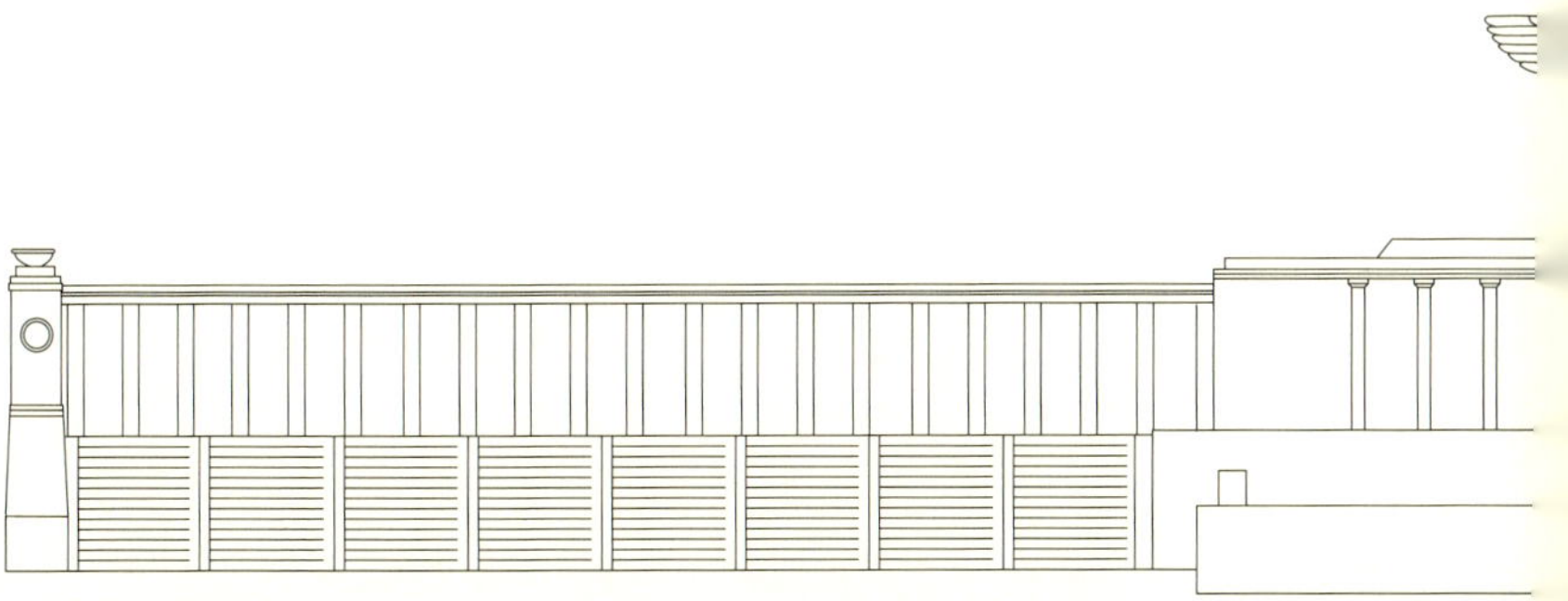

※記述について

・「いつ」「どこで」「誰が」「何を」「した」のか、あるいは「言った」「書いた」といった事柄は、全て文献資料をもとにして書かれ、著者による創作・創造はない。

・基本とする史料は、レニ・リーフェンシュタール著『回想』と、マルレーネ・ディートリッヒ著『ディートリッヒ自伝』である。前者を回想録、後者を自伝と略すこともある。

・引用は〈　〉でくくった。

・外国映画のタイトルは、原則として日本公開時に配給会社が付けた邦題で記すが、あまりにも原題と内容とかけ離れたものはその限りではない。

・学術的歴史論文ではないので出典はそのつど明記するのではなく、巻末に参考文献としてまとめる。

第一章　舞姫

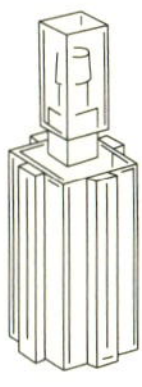

同じ時代に同じ都市に生まれたからと、その人生までが同じになることはない。

マルレーネ・ディートリッヒは一九〇一年十二月二十七日に生まれ、一九九二年五月六日に亡くなった。

レニ・リーフェンシュタールは一九〇二年八月二十二日に生まれ、二〇〇三年九月八日に亡くなった。

二人の人生が交差するのは、第一次世界大戦が終わり、ドイツの帝政が滅びて共和政となった一九二〇年代——黄金の二〇年代と呼ばれた——のことだ。

映画館の楽師と踊り子

マルレーネ・ディートリッヒがベルリンの映画界に登場したのは一九二一年だった。この年の暮れで、彼女は二十一歳になる。映画館でヴァイオリンを弾くのが、最初の仕事だった。

マルレーネの生まれた時の名は、マリー・マグダレーナ・ディートリッヒという。彼女は学校へ通うようになり、自分の名前を書く機会が多くなると、Marie Magdaleneだと文字数が多いので短いものにしようと考え、自分でMarleneとした。このMarleneを最近は「マレーネ」と表記することが多いが、この本では「マルレーネ」とする。彼女が後に《リリー・マルレーン（Lili Marleen）》という歌に惹かれるのは、この名前にも理由があるからだ。

彼女はヴァイオリニストを目指してベルリン音楽院で学んでいたが、指を痛めたのでソリストとしての道を断たれ、あるいは生活のために、映画館の楽団の一員になったのだ。この世代の良家の子女としてマルレーネも最初はピアノを習っていたが、ヴァイオリンの音色に魅せられた。そしてかなり才能があったらしく、音楽院では当代一のヴァイオリニストにして教師だったカール・フレッシュに師事していた。それなのに、指を痛めたという理由でやめてしまったのだ。だが別の説では、生活のために働かなければならなくなったからだともいう。

この時代の映画はサイレント映画で、フィルムそのものに音は付いていない。だが映画館で上映される時は楽団が生演奏していた。

ディートリッヒ家はプロイセンの上流階級だった。本来ならこのような家の娘が生活のために働く必要はない。だが父は第一次世界大戦で戦死し、さらに母が再婚した義父もまた戦死した。彼女は数年の間に二人の父を失っていた。母には宝石・時計・貴金属商だった実家からの財産もあったが、戦後はインフレもひどく、目減りしたのかもしれない。

理由は何であれ、マルレーネは映画館の楽団の一員となった。大スターを頂点とする映画界での末端の仕事だ。

映画が音を持たない時代に映画の仕事を始めたこの女性は、やがて映画が音を持ち、歌える女優を映画界が必要とするその瞬間に躍り出て、大スターの座を手にするのだが、そこに至るまでには、八年の歳月が必要となる。


マルレーネとは異なり、レニ・リーフェンシュタールは戦争の影響を受けなかった。父は配管工だったが、ベルリンの人口が急増していくのに目をつけて、独立して水道工事業を営むと暖房や換気設備も引き受け、事業を拡大し成功していた。

レニは何不自由なく育った。スポーツが得意なアウトドア少女だったが、メルヘンの世界に憧れてもいた。

そして十六歳になった一九一八年秋のある日、レニはダンスと出会った。

当時は舞踏界に革命が起きていた時代だった。ディアギレフ、ニジンスキーといった名ダンサーが、ストラヴィンスキーやドビュッシーなどの音楽家と組んで、斬新なバレエを創作していた。ドイツでは、アメリカのイサドラ・ダンカンが一九〇四年にベルリンにダンカン・スクールを開設し、それがきっかけとなり、モダン・ダンスが流行し、その流れからマリー・ウィグマンというスターを生んでいた。

スケートなどの身体を動かすスポーツが好きで、一方でロマンティックなメルヘンが好きな、美しい少女レニにとって、モダン・ダンスほどふさわしいものはなかった。

新しい女

一九二〇年春、学校を終えると、レニは父の秘書となった。彼女は会計を任され、タイプや速記も憶えた。そして、週三回はダンスのレッスンに通った。

第一次世界大戦後、ベルリンのあらゆる業種の事業所には女性が進出するようになっていた。地方都市にいる少女にとっては、大都会ベルリンで働くことこそが夢だった。秘書やタイピスト、デパートの販売員は、憧れの職業となった。髪を短くして膝丈のスカートでベルリンを闊歩する女性たちは、「新しい女」(de Neue Frau)と呼ばれた。同時代の日本の「モダンガール」のようなものだ。

現在では女性が働くのは当たり前だが、ドイツではこの時代から女性の社会進出が加速した。世界で最も民主的な憲法と称されたワイマール憲法で女性の参政権が認められていたことも、根底にあっただろう。それまでは、学校を出たら家事手伝いをしながら縁談を待って結婚するしか、女の生き方はなかったが、働くという選択肢ができたのだ。タイピストなど女性に向いている仕事も生まれていた。

経済的な理由もあった。戦争によって夫を喪い、働き手がいなくなった家庭の女性たちは、自ら働くしかなかった。さらに戦後のインフレによって資産を喪った市民階層の女性たちもまた、賃金労働者として働く必要に迫られた。

都市労働者は同時に消費者でもあった。若い女性のためのファッションや娯楽が新しい産業として成り立つようになり、そういう業種で働くのもまた若い女性となる。そういう仕事は大都市に限られていたので、ドイツの若い女性たちはベルリンへ行くこと、ベルリンで働くことに憧れた。

レニはまさに「新しい女」の先頭を歩いていた。

ベルリンで生まれ育ち、事業家の娘であるレニは、地方在住の同世代の女性たちが羨むもの――ベルリンに住むこと、秘書になること――を、父を説得する以外は、何の苦労もなく手に入れた。ベルリンで生まれ育ったということが、すでに特権だった。

普通の若い女性が憧れとするものを最初から手にしていたレニ・リーフェンシュタールが憧れていたものが、ダンスだった。この頃のレニが、有名になること、名声を得ることを目標としていたのか、単に、「踊りたい」だけだったのかどうかは、分からない。だが、何者かになりたかったのは確かだろう。「誰かの娘」として生まれ、「誰かの妻」となり、「誰かの母」となる、そういう「女の生き方」を彼女は志向しない。

レニは労働をしたいわけではない。何かになりたい。だが、この時代、女性が政治家や官僚、あるいは企業経営者になることは困難だった。女が男と同等な場所は、水商売を除けば、文化・藝術、スポーツなど特殊な才能と技術が必要な分野だった。そうでなければ、実力者かその息子と結婚し、妻として権勢を振るうかだ。しかしレニは母が父の言いなりになっているのを見ていて「妻」になろうとは思わない。

レニが舞踊や演劇、そして映画の世界へ入ろうとしたのは、文化・藝術が好きということもさることながら——好きならば趣味としてやっていればいいのだから——上昇志向の強い若い女性として、男と同等に活躍できる場の選択肢として、この分野を発見したからだろう。

レニはダンスに加えて、バレエのレッスンも始めた。ロシア出身のオイゲニー・エドゥアルトヴァの教室へ通うことになったのだ。一般にバレエは幼少期から始めなければものにならないが、レニは運動神経がよく、ダンスもしていたので、十九歳でのスタートだったが、一年後にはそのバレエ教室でのベスト・ダンサーのひとりになった。

レニはベルリンの舞姫となったのだ。

演劇界の帝王

マルレーネは映画館のオーケストラに、いきなりコンサートマスターとして雇われた。まだ二十一歳で、楽団の他の演奏者は年長者ばかりなのに抜擢されたのは、彼女の演奏技術が秀でていたからだろう。彼女を雇ったのは、ジュゼッペ・ベッケという、当時のベルリンの映画伴奏オーケストラの世界での長老で作曲家でもあった。

マルレーネは、しかし、四週間で解雇されてしまった。彼女の演奏は問題なかった。ただ、その脚線美が他の楽団員にとって目の毒となり、演奏に集中できないとの文句が出たからだという伝説が、後に生まれる。あるいは、伴奏をしながら毎日映画を観ているうちに、マルレーネのほうが、伴奏の仕事よりもスクリーンに映る仕事のほうをやりたくなったからだとも言われる。

マルレーネは失業した。インフレはまだ続き、彼女は働かなければならない。脚線美が理由で解雇されたマルレーネは、脚線美を売り物にする仕事を得た。地方都市の劇場をまわって公演する少女劇団のコーラス・ラインとして雇われたのだ。彼女もまた舞姫だった。

劇団の地方公演を終えてベルリンに戻ると、マルレーネは興行師ルドルフ・ネルソンのレビューに雇われ、ベルリンの劇場に出演するようになった。

このレビューの仕事をマルレーネは一年ほど続けた。すでに美貌と脚線美で稼げることは自覚していた。しかし、いまのように端役のままではだめだ。なんとか飛躍したい。

ベルリンの劇場界で最高の所で踊りたい、演じたい――マルレーネはそう考えた。では、最高の所とはどこか。

当時のドイツ演劇界最大の実力者で「皇帝」「帝王」と称されていたのが、マックス・ラインハルトだった。彼は一八七三年にオーストリアのウィーン近郊のバーデンで生まれ、二十歳になる一八九三年にザルツブルク市立劇場で俳優としてデビューした。この舞台での演技を演出家のオットー・

ブラームに認められ、ベルリンのドイツ劇場へ入った。俳優から演出家に転じると「劇場の魔術師」と称され、人気を得た。ベルリンでいくつもの劇場の経営を任されるようになった。

こうしてこの時代、ベルリンで、いやドイツで演劇を志すのであれば、まずはラインハルトの門を叩くのが常識となる。

マルレーネ・ディートリッヒがマックス・ラインハルト演劇学校の試験を最初に受けたのは、一九二一年秋のことだった。このあたり、史料によって錯綜する。ラインハルト演劇学校に合格し、華々しくデビューしていれば、その記録があるので、年月日が確定できるのだが、そうではないからだ。

伝説を紹介しよう。マルレーネはオーディションでゲーテの『ファウスト』の一場面を演じた。跪いて長いセリフを言ったので、彼女の膝は赤くなっていた。立ち上がるのも一苦労だった。ようやく立ったマルレーネに、劇場のどこかから、「ディートリッヒさん、スカートをまくり上げてください。私たちはあなたの脚を見たい」という声が聞こえた。この声の主こそが、マックス・ラインハルトである。

しかしこれは伝説に過ぎず、実際はそうではないらしい。そもそも帝王は新人の試験にいちいち立ち会ったりしないものなのだ。さらにラインハルトはこの時、ウィーンにいて、マルレーネのオーディションには立ち会っていなかった。ラインハルトではないにしろ、こういう発言があったかどうかも、藪の中である。

ともあれ、一九二一年秋頃から、マルレーネ・ディートリッヒはベルリンの演劇人のひとりとなった。

大部屋女優

マックス・ラインハルト演劇学校は、単に演劇の基礎を教える「学校」ではなく、若い俳優志望者たちをラインハルト傘下の劇場に端役、脇役で出演させる劇団としての機能も持っていた。マルレーネは演劇学校の実力者であるベルトルト・ヘルトの指導を受けることになり、同時に多くの劇場への出演機会も得た。

マルレーネの劇場デビューは一九二二年九月で、ラインハルト傘下のドイツ劇場の室内劇場の舞台に立った。表現主義の劇作家で、不条理演劇の先駆者とも称されるフランク・ヴェーデキントの『パンドラの箱』という劇で、その端役として出たのだ。この戯曲は後にアルバン・ベルクによってオペラ『ルル』になる。その二週間後には大劇場でシェイクスピアの『じゃじゃ馬ならし』の端役を得た。セリフは三つだけだった。

一九二二年九月から二三年四月までに、マルレーネは五つの演目の七つの役で、九十二回、舞台に立った。いわゆる大部屋女優ではあるが、役がちゃんと付いていた。舞台での演劇だから、たとえ通行人の役でも、ただ歩けばいいというわけではない。どんな年齢でどんな職業の女性なのかの演じ分けが必要で、半年間にこれだけの舞台に出ていたということは、マルレーネには演劇の才能があったことを意味している。

舞台の合間に映画にも端役で出るようになっていた。映画初出演作はゲオルク・ヤコビー監督『小さなナポレオン』でメイドの役をもらった。これは彼女の母方の叔父ウィリーの妻ヨリー・フェルシングが、映画界に顔がきく女性だったことで実現したものだった。ヨリーはマルレーネにとって叔母となるが、年齢は一歳しか違わない。ベルリンの新しい女の典型でもあった。その経歴はよく分からないが、ポーランド生まれで、美人で、ドイツ語もハリウッド訛りの英語もフランス語もでき、金銭に無頓着な浪費家だった。そのシックなファッションを含め、マルレーネが憧れていた女性だ。

そのヨリーの人脈でマルレーネは映画『小さなナポレオン』に端役をもらったのだが、その前の一九一九年にも一本出ている作品があるとの資料もある。

『小さなナポレオン』は一九二二年六月から十一月にかけて撮影されているが、もちろんマルレーネがその期間ずっとこの映画の仕事をしていたわけではない。彼女の出番は長くても数日で終わっただろう。封切りは一年後の二三年十一月二十九日である。

叔父ウィリーとしては、一本出れば満足するだろうと思って紹介したのだったが、結果は逆だった。マルレーネはますます映画が好きになった。

次にマルレーネが出たのが『愛の悲劇』で、一九二二年秋から冬に撮影され、一年後の一九二三年十月と十一月に公開された。監督はジョー・マイで、大作を得意としている当時の大監督のひとりだった。ヨーエ・マイと表記されることが多いが、ドイツではジョー・マイと呼ばれていた。『メトロポリス』のフリッツ・ラングは、マイに脚本が認められて、映画界に入ったのである。マイの映画はアメリカでも評判で、エルンスト・ルビッチと並び称されていた。

しかし、マルレーネの物語においては、監督マイよりも助監督の名のほうが重要だ。その助監督はルドルフ・ジーバーという。彼は一般的には無名だったが、後に大映画女優マルレーネ・ディートリッヒの夫として有名になる。

ジーバーは一八九七年にチェコのズデーデン地方のアウシクで生まれた。マルレーネの四歳上になる。生まれたアウシクは演劇が盛んな町で、彼は演劇の道に進み、一九二〇年代にはベルリンの映画界で働くようになっていた。金髪に茶色い瞳、ハンサムで、頭がよく野心家で、女たらしという評判だった。そんな評判を聞いて、おぞましいと感じて避ける女性もいれば、興味を持って近づく女性もいる。マルレーネとレニは後者である点では同じだった。

『愛の悲劇』は二時間ずつの二部作という大作で、主演は名優エミール・ヤニングスとマイ監督の妻でもあるミア・マイの二人だった。ヤニングスは言うまでもなく、後に『嘆きの天使』の主人公を演じる名優だ。群衆シーンもたくさんあり、そのエキストラが募集されていた。それにはベルリン中の役者と役者の卵たちが応募し、当然、マルレーネ・ディートリッヒもそのなかにいた。エキストラのオーディションなので、監督のマイが選考にあたるのではなく、ジーバーをはじめとする助監督たちが選ぶ。

スター誕生神話の序章部分にあたるこのオーディションも、最初からジーバーが面接したという説と、他の者がマルレーネを見出したという説とがあるが、ともかく、彼女はエキストラのひとりに選ばれ、カジノの場面に出てくるホステスの役を得た。主役のヤニングスとからみ、セリフもある役だ。この映画で主役を演じたヤニングスとエキストラのひとりでしかないマルレーネとは、まさに雲泥の差があった。しかし、七年後には二人は並び立つのである。

マルレーネは次にトルストイの民話を原作とした『路傍の男』で娘役を得た。監督は俳優だったヴィルヘルム・ディーテルレで、彼の最初の監督作品だ。タイトルでのマルレーネの名前は俳優の十人目だった。この監督は後にハリウッドへ渡り、名前の読み方はウィリアム・ディターレとなり、大スターとなってからのマルレーネ・ディートリッヒと一九四四年に『キスメット』を撮ることになる。

『路傍の男』の撮影は、一九二三年四月末から五月中旬で、封切りは六月六日と早い。撮影順では三作目だが、封切り順ではこれが最初の映画となる。

そして、一九二三年五月十七日に、マルレーネはルドルフ・ジーバーと結婚した。『愛の悲劇』のオーディションから半年ほどで結婚したのだ。マルレーネは二十一歳だった。結婚しても、マルレーネは専業主婦にはなれない。ジーバーの稼ぎだけでは暮らしていけなかった。この新婚夫妻を大インフレが襲った。彼女は映画と演劇の仕事を続けた。

七月末から撮影が始まったのが、『人生への跳躍』で、翌二四年二月に封切られる。海辺の娘の役をもらった。

舞姫誕生

一九二三年秋、レニ・リーフェンシュタールはベルリンで開催された美人コンテストに出た。映画スターも参加するというコンテストで、一位は女優リー・パリーだった。これは誰もが予想したことだったが、二位になったのは無名のレニだった。

表彰の後、レニは何人もから名刺を差し出された。彼女がこれは役に立つと判断したのは、モード雑誌の編集長F・W・ケプラーと、劇作家カール・フォルメラーの二枚だった。レニはまずケプラーを訪ねた。彼は「お嬢さん、脚を見せてごらん。もう少しスカートを持ち上げて」と言った。レニは言われるままにしたが、腹が立った。

レニが「何の真似ですか」と怒ると、ケプラーは「あなたを、スカラでソロで踊らせることができる」と言った。スカラはベルリン最大のヴァリエテ（大衆演芸の劇場）だ。ケプラーとしてはレニがこの話に飛び付くと思ったのだろう。だが彼女は、「私はコンサートホールか普通の劇場で踊りたいのです」と言って断った。

劇作家フォルメラーはもう少し紳士的だった。将来何をしたいのかと質問し、レニがダンサーになりたい、コンサートホールか劇場で踊りたいと言うと、「資金援助をしてくれる友人はいますか」

と訊いた。自分がスポンサーになってやろう、その代わり、愛人になれという意味だと感じ取ったのだろう。レニは「そんな人、必要ありません」と言った。

フォルメラーはからかうように、「あなたは世間知らずですね。お金持ちの友人は必要ですよ。それなしには何も手に入らない」と言ってレニに抱きつこうとした。レニはそれをかわして、「私のデビューにご招待しますわ」と言って、彼の許を去った。

レニの美貌が男を惹きつけることは明らかだった。しかし、彼女はここで女の武器を使おうとはしなかった。まだ何者でもないレニ・リーフェンシュタールは、この時点では最安値だ。彼女はそれを知っていた。そして自分を安売りするつもりはなかった。

女の武器は見せるだけで、行使しない。それがレニの戦略だった。

レニはバレエ教室とダンス学校で以前よりも熱心に練習し、オリジナルの創作ダンスを作っていった。舞台でこれを披露したい――レニのこの希望を叶えたのは、旅行先で知り合った、インスブルックの富豪の青年、ハリー・ゾカルだった。彼はレニに一目惚れしており、プロポーズしたが、あっさりとふられていた。それでも交友は続いていた。

ゾカルから資金援助してもらい、レニはこの一九二三年の十月二十三日に、ミュンヘンの音楽ホール、トーンハレを借りて初めての公演をした。シューベルトの《未完成交響曲》やベートーヴェン交響曲第五番などの名曲を使って、彼女自身が振り付けを考えた、創作ダンスである。

ゾカルは一ドルでこの劇場を借りた。ドイツがハイパーインフレだったからそんなことが可能だった。さらに宣伝費も負担した。しかし客席は三分の一ほどしか埋まらなかった。無名のダンサーの創作ダンスなのだ。三分の一も埋まったのならよしとしなければならない。その少ない観客は、しかし、熱狂した。アンコールを求められ、彼女はくたくたになるまで踊った。

新聞でも好評だった。「非常に美しい外見と、明らかに凡庸ではない気質とを通じて、彼女は観客の興味を最後までつなぎ留めた」、「美貌に恵まれた若き舞踏家」などと、その美貌が賞賛された。ダンスそのものについては、絶賛というわけでもなかった。

それでもこれで自信を得たレニは、ベルリンの劇場、ブリュトナー・ホールを借りて公演をすることになった。今度は父が援助してくれた。地元でもあったので友人・知人も来てくれたため、今度は満席となった。そしてまたも新聞は好意的に書いてくれた。

〈一晩にして私は無名の暗闇から、栄光の光の中に持ち上げられて、私の人生は一挙にまったく新しい進路を進むことになった〉とレニは回想する。

レニ・リーフェンシュタールは単なるダンサーではなかった。自分で振り付けを考え、演出も考える総合的な舞踊家だった。どうしたら美しく見えるかを瞬時に察知し、それを実現できた。その点にかけては天性の才能があった。若く美しかったために、ダンサーとしてのみ評価されがちだが、彼女は最初から演出家としての才能も発揮していたのだ。

レニがミュンヘンでデビューした二週間後の十一月八日、ミュンヘン郊外のビアホールでバイエルン州政府主催の集会が開かれ、主だった閣僚が集まっていた。そこへ、アドルフ・ヒトラー率いる武装したナチス党員たちがなだれ込んで、制圧した。世に言う、ミュンヘン一揆である。

この一揆は計画が未熟だったため失敗したが、ヒトラーとナチスは全ドイツ的に有名になった。命がけではあったが、宣伝効果はあったといえる。

運命のポスター

ベルリンでのレニの公演が新聞の批評で褒められたので、彼女には各地の劇場からの出演依頼が殺到した。

最初にレニが契約したのが、マックス・ラインハルトのドイツ劇場だった。

レニは約束通り、自分に言い寄ろうとした劇作家フォルメラーにベルリンでのデビュー公演の招待状を二枚送っていた。あなたの力を借りなくても自分は劇場で公演ができると見せつけるためだった。招待状を受け取ったフォルメラーは演出家ラインハルトを連れて観に来たのだ。

ラインハルトはレニの才能と興行価値を見抜いて、彼女をドイツ劇場に出演させた。レニによると、このドイツで最も有名な劇場に舞踊家が単独で出演したのは初めてのことだった。しかし、彼女はこの演劇界の帝王とはこの時点ではまだ会っていなかった。

この頃すでにマルレーネ・ディートリッヒはラインハルト傘下の劇場で端役を務めていたのだから、この時点ではレニのほうが圧倒的に成功していた。マルレーネがレニのこの舞台を観たのかどうかは分からない。だが、噂は耳にしていたはずだ。

一九二三年秋のベルリンの公演が成功した後、レニはドイツ各地の劇場をまわって公演し、そのたびに出演料は上がっていった。新進舞踊家として大成功していた。ドイツだけではなく、スイスのチューリッヒ、パリ、ロンドン、そしてチェコのプラハにも行った。その間にレニは一人暮らしを始めた。パリとロンドンの公演はゾカルがアレンジしたもので、彼はその公演の後、改めて求愛し、それが受け容れられないとなると、ピストル自殺をしようとして大騒ぎになった。

男を弄んでいるのか、男が勝手に舞い上がっているのか、微妙なところだが、レニ・リーフェンシュタールとは、そういう女性だった。

レニはミュンヘンでの一九二三年十月二十三日のデビューから二四年五月までの七カ月間で、七十回以上の公演をした。この数から、本当に人気があったことが分かる。

そんな人気者を映画界が黙ってみているわけがなかった。レニの回想録によれば、映画出演の話がたくさん舞い込んだという。だが彼女はダンスに集中したいために断った。出演を断った映画のなかには、ドイツ最大の映画会社UFA《ウーファー》の大物プロデューサーであるエーリッヒ・ポマーが考えていた『海賊ピエトロ』の主役もあった。これはカメラテストまで受け、三万マルクという破格の出演料を提示されたが、数日考えた上で断った。ダンス公演での出演料は一回あたり五百から千マルクだったというから、映画の方がいい条件だ。しかし彼女はダンスを選んだ。

ところが、ダンサーとしてのレニの絶頂は長くは続かない。プラハの公演でレニは膝を痛めた。〈舞台で技巧的な跳躍を見せた時、膝がボキッといった。突き刺すような激痛が走って、私はやっとの思いで踊りを最後までやり遂げた。〉

その後も何回か公演をしたらしいが限界だと感じ、全てをキャンセルした。フライブルクで有名な整形外科医の許へ行くと、靭帯破裂で手術は不可能、長期の安静が必要との診断だった。その後も何人かの医師に診せるが、誰も治療法が分からず、安静にしろと言うだけだった。レニは、痛みが消えるのを待つしかない。

この失意のレニを支えていたのは、松葉杖と恋人のオットー・フロイツハイムだった。フロイツハイムは一九〇八年のロンドン・オリンピックのテニスで銀メダルを取った名選手で、名うてのプレイボーイとしても知られていた。レニより十八歳上になる。彼はレニの面倒をみて、結婚しようと言った。そして、母親に紹介すると、結婚の準備を始めた。レニは表立っては逆らえなかったが、〈心の中では決して結婚はしまいと決心していた〉。それは、結婚したら二人とも不幸になることが目に見えていたからだという。

一九二四年六月、レニは膝の痛みとフロイツハイムとの結婚という二つの悩みを抱えていた。そんなとき、彼女は一枚の映画ポスターを見た。

六月初めのある日の夕方、レニは地下鉄のノレンドルフプラッツ駅のプラットホームで列車を待っていた。地下鉄ではあるが、この駅は地上の高架上にあった。列車はなかなか来ない。彼女は人と会う約束をしていて、それに遅刻しそうだったのでイライラしていた。ふと見ると、モーツァルト・ザールという劇場の壁に映画『運命の山』（Der Berg des Schicksals、公開時の邦題は「アルプス征服」だったが、本書では『運命の山』とする）の巨大なポスターが掲げられていた。そこには「アルノルト・ファンク博士のドロミテ地方の映画」とあった。ドロミテとはイタリア北東部、東アルプス山脈の一部のことだ。

レニは神の啓示を受けたかのように、そのポスターに見入った。そこへ彼女が乗るべき列車がやってきて、ポスターは見えなくなった。しかし、彼女は列車に乗らなかった。人と会う約束は彼女の頭から消えていた。彼女は見えない力に導かれるように、モーツァルト・ザールへ行き、映画『運命の山』を観た。

レニは最初のシーンから魅了された。それまでも絵葉書などで山の写真は見たことがあった。しかしスクリーンに映し出された山脈は、これまでに見たことのないものだった。

〈山がこんなに美しい存在だなんて！　映画が進むにつれて、私はますますのめりこんでいき、ついにすっかり興奮して、映画が終わるまでに、この山脈を自分の目で見に行こうと決心した。〉

その夜、レニは眠れなかった。自分は何に魅力を感じたのか。自然そのものになのか。それとも、映画の持つ藝術性になのか。それを確かめるためにも、彼女はアルプスに行かなければならない。

第二章 聖山

レニ・リーフェンシュタールが観た『運命の山』の監督、アルノルト・ファンクは、一八八九年三月六日に生まれた。同じ年の四月十六日にチャールズ・チャップリンが、四月二十日にはアドルフ・ヒトラーが生まれている。

彼らが生まれた頃には、「映画」というものはまだ存在していなかった。写真を動かすことは、一八九一年にアメリカでエジソンが発明しているが、それを改良してスクリーンに投影したのは、フランスのリュミエール兄弟によるシネマトグラフが最初で、一八九五年十二月二十八日にパリで初めてスクリーンに「動く写真」が映写された。これが映画の起源とされる。

しかしその二カ月前の十一月一日にベルリンでマックス・スクラダノフスキーによって、「ビオスコープ」という方式での映画が上映されている。

映画はアメリカ、フランス、ドイツで、それぞれの方法で誕生した。この三国は技術的にも藝術的にも興行的にも映画の先進国となる。映画という新しい技術は、新しい藝術を生み、そして新し

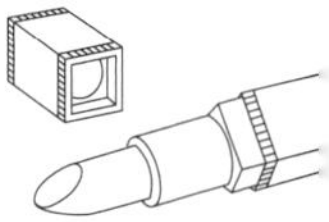

い産業を生み、さらには新しい政治プロパガンダを生むのだ。

山岳映画の巨匠

アルノルト・ファンクはドイツ南西部のフランケンタールで、砂糖精製工場主の息子として生まれた。幼少期は病弱で結核にかかったのでダヴォスのサナトリウムで過ごした。この地で山や湖といった自然と出会い、この体験から地質学者を志すようになった。彼は学生時代から登山を趣味とし、写真も撮るようになり、やがて映画も撮る。この場合の映画とは、自分が登った山の上から景色を撮るもので、劇映画ではないし、作品としての記録映画ともいえない。単に、景色を撮っていただけだ。

ファンクはチューリヒ大学で地質学を学んでいたが、この時期のチューリヒには革命前の潜伏中のレーニンがいた。レニによるとファンクとレーニンは何らかの関係があったという。

第一次世界大戦が始まると、ファンクは志願して兵役に就いた。軍では諜報部門で働き、撮影技術を学んだ。戦争が終わると、就職難が待っていた。ファンクは既存の会社へ入るのではなく、起業した。一九二〇年に友人の物理学者と「山とスポーツ映画社」を創立し、映画事業に乗り出したのだ。

ドイツで映画が本格的な産業として発展していくのは第一次世界大戦後なので、ファンクはドイツ映画創世期に活躍したひとりとなる。

ファンクは映画製作会社を創立したものの、劇映画を作りたかったわけではない。山の神秘的な美しさ、その山に命懸けで挑む登山者の勇姿を、世の中に知らせたいというのが彼の動機だった。最初はドキュメンタリー映画を撮っていたが、やがて、山とそこに挑む男たちを描くには劇映画のほうがいいと考えるようになり、自らシナリオを書いて劇映画に挑んだ。

映画作家になろうとする者のほとんどは、文学や演劇が好きで、物語を描きたいとの思いがあって、映画の世界に入る。あるいは絵画的なアプローチで映画に魅入られるケースもある。彼らにとっては最初に描きたい物語、あるいは映像的イメージがある。「山の映画」を作るとしても、物語を創作していく過程で、山を舞台にしようとか、登山の過程での人間ドラマを描こうとなって、「山の映画」になる。

だが、ファンクの場合、最初に山ありきだった。彼は山を舞台にしない映画は撮ろうとしない。彼の映画で描かれる人間ドラマは、あくまで神秘的で崇高な山の美しさを描くための道具でしかない。そのため登場人物も展開されるドラマもあまりにも類型的で陳腐なのだが、それはこんにちの視点で見るからだろう。当時の人々は、山や氷河の光景に魅せられ、ファンクが作った一九二〇年の『スキーの驚異』、一九二一年の『山との闘い』といったドキュメンタリー映画は興行的に成功し、ここに「山岳映画」というジャンルが生まれた。

ファンクの山岳映画が成功した最大の理由は、誰も見たことのない景色を見せてくれたからだ。

テレビもインターネットもない当時は、実際に高い山に登った人以外は、高い山とそこから見える景色を知らない。高い山を遠くから眺めることはあっても、その山の頂に登ったこともなければ、雲が眼下にある光景など、見たこともなかった。さらに登山を趣味とする人でも、雪が降り積もる冬の山は危険なので、かなり本格的な装備と訓練が必要となるから、冬の山の景色を肉眼で見た人は少ない。

ファンク映画は、スクリーンに映し出された神秘的で雄大な景色そのものを見るだけでも面白かったのだ。彼の作品は、冬山を舞台としたスキー映画でもあるのだが、そのスキーのシーンにしても、ほとんどの人にとっては初めて見るものだった。

ファンク映画についてレニはこう解説している。〈ストーリーがないのに、当時革命的な素晴らしい撮影技術と精巧な編集のおかげで、劇映画よりもドラマチックだった。この分野において彼はパイオニアだった。クイックモーションとスローモーションを初めて映画表現の手法として使用したことでも、彼は第一人者だった。〉

ファンク映画の映像について、ドイツ映画史の書、『カリガリからヒットラーまで』（ジークフリート・クラカウアー著、平井正訳）はこう実例を挙げていく。

〈暗い空にくっきりと浮き出て、きらきら輝いている真っ白な氷河、山脈の上にもう一つ山脈を作っている壮麗な雲の戯れ、とある酪農小屋の屋根や窓枠からたれ下がっているつらら、また氷河の裂け目の内側の、不気味な氷の層が夜の救援隊のたいまつの光によって生命をよびさまされ、まさ

に虹色に輝く光景。〉
これらの映像は、距離や角度や露光などの撮影技術面と、その構図と編集において、以後の映画やテレビそして現在のネットで繰り返し模倣され、いまや、ひとつの型となっている。氷河や連峰、つららや松明を描く際は、誰もが――ファンクの映画を一度も見たことのない者ですら――ファンクの編み出した構図を模倣している。それは、あまりにも完璧な、それ以外ありえない構図だからである。
そして同じことが、群衆シーンと演説とスポーツを撮る場合においても起こる。誰もが無自覚にレニ・リーフェンシュタールの構図と編集を真似してしまうのだ。

観客はスクリーンに映し出される見たこともない異世界に驚き、興奮し、喝采していたが、やがてそれだけでは飽きる。ファンクはそれに気付き、映画をドラマとしても見応えのあるものにしようとしていく。山そのものの美を描くドキュメンタリーから山を舞台とした人間ドラマへと転換するのである。『カリガリからヒットラーまで』では、ファンクの劇映画についてはこう記されている。

〈ファンクは、山岳の絶壁と人間の情熱、近づき得ない急斜面と、解決できない人間の葛藤を結び合わせることに、ますます鋭い感覚を示すようになった。毎年新しいドラマを山岳に持ち込んだ。〉

劇映画としては三作目となるのが一九二四年五月十日に封切られた『運命の山』だ。

この『運命の山』が、ひとりの女性とドイツ映画、そしてオリンピックの運命を変えることになる。しかし、この映画そのものが不朽の名作、画期的な名作というわけではない。

ファンクとの出会い

レニ・リーフェンシュタールは映画『運命の山』を観て衝撃を受け、その後の一週間、毎晩観た。彼女は山の美しさに魅了された。どうしても、映画がロケされたドロミテ、すなわちイタリア北東部、東アルプス山脈へ行きたくなった。彼女はそれまで登山などしたこともない。膝の傷みも完治していない。ひとりでは不安なので弟に頼み、同行してもらった。そしてゾカルにも連絡を取り、旅行の資金を出してもらった。ゾカルも同行した。

映画が撮影されたのは、何カ月も前なのだから、いまさら行っても、そこに監督や俳優がいるとは限らない。レニは、とにかくアルプスを見てみたかった。

映画では冬のアルプスの銀世界が展開されていたが、レニが行ったのは夏だった。色鮮やかなアルプスは、彼女を魅了し、少女時代に好きだったメルヘンの世界を思い出させた。

レニ・リーフェンシュタールの前半生は常に幸運がついてまわる。とくに、「出会い」という点では、彼女ほど、著名人と運命的な出会いを繰り返す人はいない。この時もそうだった。四週間、アルプスに滞在していると、『運命の山』の監督のファンクには会えなかったが、主演俳優であるルイス・トレンカーに会えたのだ。

トレンカーは一八九二年生まれなので、レニの十歳上になる。建築関係の仕事をしながら山岳ガイドの仕事もしていた登山家だ。ファンクの映画にはこの『運命の山』から俳優として、また山についてのアドバイス役として加わり、後に自ら監督にもなる。

レニが泊まっていたホテルで、彼女がまさにチェックアウトしようと思った日に、『運命の山』の上映会があり、そこにトレンカーが出席した。レニはトレンカーにこの映画についての感想を語り、「次の映画には私も出ます」と言った。

トレンカーは笑った。「あなたのようなお嬢様に山登りは不似合いじゃないかい」

レニは反射的に「練習します」と言った。「どうしてもやりたいと思ったら、私は必ずやり遂げるんです」


レニはベルリンへ帰ると、トレンカーに自分の写真とダンスについての批評が載っている新聞の切り抜きを同封して手紙を出し、これらをファンクに見せてほしいと頼んだ。しかし何の音沙汰もないまま、時が過ぎた。

それでもレニは諦めない。彼女を熱愛している男は何人もいて、レニは彼らを適当にあしらい、自分の都合のいい時は頼みごとをしていたが、そんな男友だちのひとり、ギュンター・ラーンが、ファンクがベルリンへ来るという情報をもたらした。そして彼はレニをファンクに引き合わせた。

ファンクは新しい映画の打ち合わせでベルリンに来たのだった。

ファンクの山岳映画はヒットしていたが、配給してくれる映画会社はなく、ホールを借りて自主上映していた。だが、『運命の山』のヒットを見て、UFAが、ファンクに資金の提供を申し出た。ただし、ストーリーのある映画であることが条件だった。その打ち合わせで彼はベルリンへ来たところだった。

話してみると、ファンクが彼女のことを何も知らないことが分かった。トレンカーはレニが送った資料をファンクに転送しなかったのだ。レニは新しい映画について質問した。まだテーマも何も決まっていないという。「次の映画に立ち会わせてください」とレニは言った。役をもらえなくてもいい、出演できなくてもいい、見学するだけでもいいから、立ち会いたい、と。

ファンクは、舞踊公演の批評などの資料を送ってくれと、レニに自分の住所を教えた。

〈何か運命的なものが起こるだろうという予感があった。〉

この年、アルノルト・ファンクは三十五歳、レニ・リーフェンシュタールは二十二歳である。映画産業そのものが若い産業なので、ファンクはその若さで、すでに巨匠と言っていい。

レニは映画に立ち会うのであれば、膝を治すことが急務だと思い、ファンクと会った日の夜、テニスクラブで知り合った若い外科医を思い出し、彼にレントゲンを撮ってもらった。いままでの診断は、外側からしか診ていなかったのだ。

レントゲンによって、膝関節の半月板にひびが入り、クルミ大の軟骨ができており、それが原因だと分かった。手術すれば治るかもしれないが、十週間はギブスがはずせず、さらに、失敗したら一生、足が硬直したままかもしれないという。レニはすぐに手術をしてくれと頼み、翌朝、手術を受けた。彼女がいかに即断即決、そして即実行の人かが分かる。

周囲の男たちは彼女の決断に振り回され、彼女の言うがままになる。彼らは何かの見返りを期待しているのかもしれないが、ほとんど、見返りはないままに終わる。

手術から三日後、ファンクが見舞いにやってきた。この若き巨匠もまたレニに振り回される運命にある。

ファンクが持ってきた見舞いの品は、映画の原稿だった。すでにシナリオになっていたのか、シノプシスだったのかは、レニの回想録でははっきりしない。ファンクは三晩でレニのために書いたと言った。レニと会った次の日から書き始めたのだろう。

表紙には「『聖山』(Der Heilige Berg)、ダンサー、レニ・リーフェンシュタールに捧ぐ」とあった。

かくしてレニは映画に出演することになった。出演料は二万マルクだった。そう考えると、彼女が断った『海賊ピエトロ』の三万マルクはかなりいい条件だった。

しかし『聖山』のヒロインも、足が治らなければ幻に終わってしまう。三カ月にわたり、レニはベッドの上で安静にしていた。その間、ファンクは映画のシーンを順を追って説明した。歩けるようになったのは、初雪が降ってからだった。

ファンクがレニの入院中に毎日のように見舞いに来ていたのに、婚約したはずのオットー・フロイツハイムは顔を出さず、それどころか別の女性と交際しているとの噂がレニの病室に届いた。

クリスマスの少し前、レニはフライベルクで『聖山』出演のためのカメラテストを受けた。ファンクは結果に満足し、映画会社ＵＦＡに、二万マルクというスター級の報酬で契約を結ぶように求めた。まだスクリーンに一秒も映し出されていないのに、レニはスター扱いされた。もちろん、ダンサーとしての知名度が評価されたのだ。彼女はたしかに映画初主演ではあったが、「無名の新人」ではなかった。

ＵＦＡはロケ中にピアノとピアニストを用意し、レニがダンスの練習をできるように配慮してくれた。彼女は映画には出るものの、ダンサーを引退するつもりはなかったのだ。映画は一作だけのつもりだったとも言う。

この映画のロケ地へ行く旅の途中、汽車の食堂車でレニはマックス・ラインハルトと偶然に出会った。彼女は彼の劇場で踊ったことはあったが、会うのは初めてだった。

ラインハルトは「あなたの踊りは実に素晴らしい」と言い、自分が演出する予定の芝居に出てくれと依頼した。クライストが書いた『ペンテジレア』だった。レニは「映画の撮影が終わったら出ます」と答えたが、その約束は果たされなかった。

この『ペンテジレア』をレニは後に自分で映画にしようと考えるのだが、この時点ではどんな劇なのか知らなかったらしい。この芝居はベルリンの演劇関係者で知らぬ者のいないほど有名なものだったので、それを知らなかったのはレニの一般教養の欠如を物語ると、後に批判される。

グレタ・ガルボ登場

一九二三年五月に結婚したマルレーネは、九月にはシェイクスピアの『夏の夜の夢』でヒポリタ役を得た。女性だけの部族であるアマゾン族の女王だ。この舞台で初めて劇評に名前が書かれるようになった。さらにモリエールの『病は気から』にも出た。

そして翌一九二四年十二月十三日、自分の誕生日の二週間前にマルレーネは娘を産んだ。この子はマリア・エリザベート・ジーパーと名付けられた。この夫婦の唯一の子となる。

ちょうどその頃、ドイツ映画界では、スウェーデンから来た女優の話題でもちきりだった。彼女はゲオルク・ヴィルヘルム・パプスト監督の『喜びなき街』に出演するためにドイツに来たのだ。この映画は翌二五年五月十八日に封切られるが、この時すでに彼女はハリウッドへ行っていた。後に、マルレーネ・ディートリッヒとハリウッドでライバルにして隣人となる、グレタ・ガルボである。

ガルボは一九〇五年生まれなので、マルレーネの四歳下だ。スウェーデンのストックホルムで日雇い労働者の子として生まれ、その父が病に倒れると、学校にも行けなくなり、十四歳で理髪店の見習いとして働いた。やがてデパートに売り子として勤めるようになり、そのデパートの帽子のカタログのモデルに起用される。以後、デパートの宣伝映画にも出るなど、少しずつその美貌が知られていき、劇映画の端役を得るようになった。

一九二三年にガルボはスウェーデン映画界の巨匠マウリッツ・スティルレル監督の『イェスタ・ベルリング伝説』の主役に抜擢された。この時点ではまだ、本名のグレタ・グスタフスンと名乗っていた。

この映画を観たハリウッドのMGMの副社長ルイス・B・メイヤーは、スティルレルの腕を見込み、監督として雇うことにしてアメリカへ呼んだ。スティルレルはMGMには断りなしに、グレタを同伴した。この時点で彼女は英語がまったくできなかった。当時はサイレント映画で女優が声を出してセリフを言う必要はなかったとはいえ、英語がまったくできないのは困る。そこでMGMはまずドイツで試してみようとなり、パプストの新作に使ってくれとグレタをドイツへ送ったのだ。この時点で、このグレタ・ガルボという芸名が決まっていた。

『喜びなき街』とガルボはたちまち評判になり、ガルボはハリウッドで大スターとなる。

この『喜びなき街』にマルレーネが端役で出演しているとする資料もある。しかし、エキストラのひとりとして出たが、そのシーンは編集段階でカットされたため、完成した映画にはマルレーネは映っていないようだ。

主演映画がドイツで評判になった時、すでに当人はハリウッドに行っていた——ガルボがたどったコースを、この後にマルレーネ・ディートリッヒが歩むことになる。

レニを取り巻く男たち

ベルリンの映画業界でガルボが話題になっている頃、一九二五年一月に、映画『聖山』の撮影が始まった。

レニはファンクが自分に気があることを知っていた。主演女優と映画監督――よくある話である。しかし、レニはファンクを映画監督として尊敬し、その人格も素晴らしいとは思うが、〈男性としての魅力はまったく感じなかった〉。どうもレニは知的な人よりは美男子でスポーツマンタイプの男性にしか惹かれないようだ。そうだとすれば、噂されたような、ヒトラーやゲッベルスとの男女の関係はなかったのではないか。

撮影チームにトレンカーも合流した。三人でワインを飲んでいると、ファンクが席を外した瞬間、トレンカーはレニを抱きしめ、キスをした。そこへファンクが帰ってきた。主演男優と主演女優の恋もまたよくある話だ。そして、映画界では、男優と女優と監督の三角関係など山ほどあるのだろう。

こうした緊張した関係のまま、撮影は始まった。

するとさらに人間関係が複雑になった。レニに求婚していた富豪の青年ゾカルがファンクの映画会社と現像所を買い取り、さらにこの『聖山』にも二十五パーセントの資本参加をしていたことが分かった。

レニを中心に何人もの男たちが映画作りに参加してくる。カメラマンのハンス・シュネーベルガーもその輪に加わる。

映画は監督を中心にしたチームで作られるものだが、『聖山』においては主演女優のレニを中心にした人間関係となっていた。レニはファンクを尊敬し、そこから学んでいく。レニにとっては師弟関係だが、ファンクはそれ以上のものを期待し、しかしそれは叶えられない。レニはトレンカーにも登山家と俳優としての尊敬の念を最初は抱いていた。そして、その強引さに惹かれた。レニのために資金を出すゾカルに、レニは感謝もしていない。むしろ迷惑がっている。カメラマンのシュネーベルガーへは困難な撮影現場での連帯感がある。それは友情、同志愛的なものにもなり、後に男女の関係に発展する。

こういう状況下で彼らが撮っていたのは、一人の女性をめぐる二人の男性の物語だった。つまり、三角関係の愛憎劇である。映画界の誰もが、レニとファンクとトレンカーの関係を知っているのに、あえてそういう物語にしたのは、どのような心情からか。ファンクにはロケでわざと俳優たちを危険な目に遭わせるサディスティックな面と、その逆のマゾヒスティックな面があった。後者の彼がこういうシナリオを書き、前者の彼がそれをレニとファンクに演じさせて楽しんでいたのだろうか。

ファンクの内面についてレニは深く考えない。彼女は撮影に備えてスキーの練習をしようと、ファンクには言わずに、トレンカーとシュネーベルガーにスキーのコーチを受け、足を骨折した。以後も冬山での危険な撮影なので、スタッフや俳優たちが次々とスキー事故で負傷し、撮影の継続が危ぶまれる事態となった。撮影ができない間、レニはファンクから映画撮影技術を学んだ。彼女はこの頃から、将来、自分も監督になり映画を撮りたいとの思いを抱くようになっていた。

冬山での撮影は何カ月にもわたり続いたので、レニは男たちをじっくりと観察することができた。

その結果、トレンカーは功名心が強いだけの男だと分かり、彼との関係は終えることにした。冬が終わると、春のシーンを撮影したところで、『聖山』の撮影は休止となった。また冬になったら再開するのだ。

ファンクはそれまでに撮ったフィルムの現像と編集に取り掛かり、レニはそれを手伝いながら技術を習得した。とくに編集に興味を持った。〈ばらばらのカットを組み合わせてまとまりのあるシーンを構成することができるなんて、なんて素晴らしいことなんだろう！〉と驚きと感動を抱いた。最初の映画体験で「編集」の力を知ったことが、『意志の勝利』や『オリンピア』というドキュメンタリー映画へとつながっていく。

〈フィルム編集は大きな魅力を伴った創造作業である。私は二十三歳にして。この未知の世界で大いなる成長を遂げたのである。〉

舞踊家か映画スターか

レニは映画編集という新たな世界を知り、この世界へますます興味を抱くが、一方でダンサーであることも捨てられない。膝は完治したので、ステージに戻りたかった。ロケ地でもダンスのレッスンを続けるつもりだったが、とてもそんな余裕はなかった。

レニがダンスのトレーニングを再開していると、ファンクからドイツ北西部の海岸から五十キロの沖合にあるヘルゴラント島でロケをするとの連絡があった。

この島で、『聖山』の冒頭にある「浜辺の踊り」のシーンが撮影されたのである。山岳映画を観ようと思って映画館に来た人は、いきなり、どこかの浜辺で女性が踊っているシーンが何分も続くので、驚いたことだろう。レニはこの映画の冒頭で創作舞踊を披露したのである。

それはレニの希望ではなくファンクのアイデアだった。ファンクはレニのダンスをフィルムに記録させたかったのだ。波が砕ける映像と、レニの踊りの動きと、さらに音楽が一致しなければならず、撮影は困難だったが、レニは満足した。

この冒頭のダンスの映像も先駆的だ。現在のミュージシャンやアイドルのプロモーション映像の原型と言ってもいい。実際、これはダンサーとしてのレニ・リーフェンシュタールのプロモーション映像だった。ステージでのレニがどのように踊っていたのかは映像が遺っていないので分からないが、この映画のおかげで、推測できる。

ヘルゴラント島でのロケが終わると、ベルリンへ戻り、スタジオでの室内シーンなどの撮影となった。ベルリンのポツダム地区の近くにあるバーベルスベルク撮影所は一九一二年に建てられ、この時期にはUFAのものとなっていた。『聖山』が撮影されていた時、このスタジオではフリッツ・ラングが『メトロポリス』を、フリードリヒ・ヴィルヘルム・ムルナウが『ファウスト』を撮っていた。

スタジオでの撮影が終わると、レニはようやくステージに復帰した。デュッセルドルフが最初で、これでいけるとなって、フランクフルトでも踊り、ベルリンのドイツ劇場の舞台に再び立った。舞踊家レニ・リーフェンシュタールの一年ぶりの復活だった。その後もドイツ各地をまわった。ブランクがあったので、思うようには踊れなかったが、ようやく元の調子に戻ったと思ったら、ファンクからまた呼び出しがかかった。冬になったので、年が明けた一九二六年一月からアルプスでのロケを再開するという。

『聖山』がレニの映画デビューなのだが、一九二五年三月に封切られた『美と力への道』という映画に、レニが出ているのではないかとの説がある。出演者名のクレジットにはないのだが、フィルムを確認すると、よく似た女性が出てくるのだ。しかも、上半身、裸で。

この映画は、肉体の鍛錬と体操の効用を広めるためという名目で作られた文化映画で、肉体を鍛えて国家の役に立とうというプロパガンダ映画でもある。しかし、観客はスポーツの素晴らしさに共感したのでもなければ、国家のために役立ちたいと思ったのでもなかった。そこに出てくるヌードシーンを目当てに観に行った。ポスターにも、裸の男女の絵が描かれている。レニが出たのは古代ギリシャ・ローマ時代の公衆浴場のシーンだ。

なぜ彼女がこのような映画に出たのかは分からない。何事にも饒舌なレニだが、この映画については、質問されても、出演したこともなければ見たこともないと全面否定している。若さゆえの過ちとして認めたくないのだろうか。

あるいは『美と力への道』の古代ギリシャのシーンが、レニが撮る『オリンピア』の冒頭と似ているので、真似したと批判されるのを回避するために、知らないと言ったのかもしれない。撮影された時期が不詳だが、レニは一九二三年秋からすでにダンサーとしては有名で顔を知られている。その前なのだろうか。あるいは、本当に別人なのか。もしレニが出ていたとしたら、映画会社としても彼女の名を出して宣伝したのではないか。それとも気付かなかったのか。レニをめぐる謎のひとつである。

レニにはもうひとつ無名時代の映画がある。これは回想録で明かされているもので、十五歳くらいの頃、ベルリンの繁華街を歩いていてスカウトされて出たものだった。炭焼き小屋の娘の役だったこと以外、タイトルも監督の名も忘れたという。しかし監督から「君には輝く未来が待っている」と言われたことだけは覚えていた。

スタンバーグ

レニが『聖山』に取り組んでいる頃、マルレーネ・ディートリッヒもまた映画界で知られてきた。一九二五年六月から九月にかけて撮影された、プレヴォーの小説を映画化したアーサー・ロビソン監督の『マノン・レスコー』では、マルレーネは準主役ともいうべき、パリの高級娼婦ミシュリーヌの役を得た。出演シーンは短かったが、印象に残る役で、二六年二月十五日に封切られると、映画評でもマルレーネの名が挙げられ、「とくに美しいのはマルレーネ・ディートリッヒで、もう一度見たいと思わせる」「マルレーネ・ディートリッヒには大きなチャンスが訪れるに違いない」と後のブレイクを予感している評者もいた。だが、その大きなチャンスはまだ訪れない。

マルレーネに大きなチャンスをもたらす人、映画監督ジョセフ・フォン・スタンバーグはその頃、ハリウッドにいた。

スタンバーグは、一八九四年にウィーンで生まれた。ドイツ語読みではヨーゼフ・フォン・シュテルンベルクとなるが、主にアメリカで活躍し、スタンバーグと読むことのほうが多いので、この本ではドイツでの出来事でもスタンバーグとする。本名ではなく、「フォン」がつくものの貴族出身ではない。

スタンバーグはユダヤ系で、一九〇一年に家族とアメリカへ移民した。三年後に彼はウィーンへ戻るが、十四歳の年に再びニューヨークへ渡った。この幼少期については分からないことが多い。貧困だったので高校を中退して働くようになり、叔母が経営する婦人帽子屋や織物業者の倉庫番などをして生活費を稼いでいたという。そして、アルバイトで映画館の映写係をしたのをきっかけに映画の世界へ入った。

映画界に入ったスタンバーグは、フィルム補修技師、撮影助手、編集技師、助監督とステップアップしていき、一九二五年に『救ひを求むる人々』を監督した。親しくなっていた若い俳優ジョージ・K・アーサーが、自分で書いたシナリオを監督してくれと言ってきた仕事で、資金はアーサーが出した、自主製作映画だった。

しかし、この最初の作品はどの映画会社にも相手にしてもらえず、なかなか映画館で上映されなかった。そこでスタンバーグは、俳優であり監督でもあり、ユナイテッド・アーティストの創業者のひとりでもあるチャーリー・チャップリンの許へ行き、なかば強引に映画を観てもらった。チャップリンはスタンバーグには何かあると感じ、ユナイテッド・アーティストで配給してもらえることになった。

こうしてスタンバーグはハリウッドで映画監督としての第一歩を踏み出した。

『聖山』の完成

一九二六年一月に『聖山』の撮影はアルプスで再開した。

監督のファンクは他の仕事があったので、カメラマンのシュネーベルガーがレニとスタッフと冬のアルプスへ行き、雪崩のシーンを撮影した。ファンクの命令で、本物の雪崩を起こして撮影することになった。雪山に衝撃を与えれば人工的に雪崩を起こすことはできる。しかし、どんな規模の雪崩になるかまではコントロールできない。レニは何度も雪に埋まった。スタッフが見つけてくれるまでに凍死する可能性もあった。

雪崩のシーンは、あまりにも迫力があったので、観客や批評家たちは、実際に雪崩を起こして撮ったのではなくセットで撮影したのだろうと思い込んだ。誰も本当の雪崩の中で撮影するとは思わなかったのだ。

スキーヤーが松明を持って滑るシーンも、ファンクが不在の撮影で、このとき初めてレニはカメラを担当した。スキーヤーの数が足りなくなり、スキーのできるシュネーベルガーが出演することになったので、レニがカメラを回したのだ。そのシーンの撮影では事故が起きてレニは火傷をしてしまった。

このようにファンクが撮影現場に立ち会わないシーンもあった。これはファンクが編集に自信があったからできたことだった。誰が撮ったフィルムでも、ファンクが編集すれば、それはファンクの映画になる。これを間近で観ていたレニは、映画とは編集だと認識し、この考えのもとに『オリンピア』を作るのだった。このオリンピックの記録映画でレニは全ての競技の全てのシーンの現場にいたわけではなく、何十人ものカメラマンにこういうシーンを撮れという指示を出しただけだった。しかし、撮影された膨大なフィルムの編集は彼女ひとりでする。こうして、レニ・リーフェンシュタール監督作品となるのだ。

さまざまなアクシデントがあったものの、『聖山』は完成した。この間にレニのトレンカーへの思いは完全に冷めていた。しかしだからといって、ファンクとトレンカーとの関係も元通りにはいかない。そしてトレンカーとレニの関係が破綻したからといって、ファンクとレニの関係は、監督と女優、あるいは映画作家としての師弟関係以上には発展しなかった。だが、師弟関係はその後も維持される。

『聖山』は十二月十四日に大々的に封切られた。

封切り日のイベントではレニがダンスを披露した。ポスターでも映画の冒頭のタイトルでも、レニの名がトレンカーよりも上にあった。誰の目にもこれはレニ・リーフェンシュタール主演映画だった。トレンカーはこれが面白くなかったが、すでに創作ダンスのスターであったレニのほうが一般的な知名度は高かったのだから当然だ――レニは回想録にそう書いている。

もともと人気のあったファンクの山岳映画に、レニというスターが加わったのだから、『聖山』はヒットして当然だった。レニは映画初主演で成功した。

そんな頃、あるジャーナリストの青年がレニを訪ねてきた。彼女の写真を雑誌に使いたいという用件だった。レニとそのジャーナリスト、エーリッヒ・マリア・レマルクは、すぐに親しくなった。

レマルクは一八九八年六月二十二日生まれなので、レニの四歳上になる。第一次世界大戦が始まった一九一四年は十六歳だった。彼は国民学校を卒業した後は、授業料のいらないカトリック準備校で学び、一五年七月に師範学校へ入ると軍事教練を受け、一七年六月十二日、彼はベルギー・フランドル地方の、いわゆる西部戦線へ送られた。この経験をもとにして書いた小説『西部戦線異状なし』で世界的作家になるのは一九二八年のことで、この時点ではジャーナリストをしていた。

レニはレマルクとその妻ユッタと親しくなった。ユッタは女優でダンサーだったというからレニと似たタイプだったのかもしれないのだが、レニの回想録では〈大変美しい上に、とても教養があった。背が高くモデルのようにほっそりとしていて、ハイセンスな身なりは、スフィンクスの謎を秘めて、のちにマルレーネ・ディートリッヒが体現するような妖しい魅力を湛えていた〉とある。なるほど、こういう女性がレマルクの好みのタイプであるからこそ、後に彼はディートリッヒの愛人のひとりとなったのだろう。

ある晩、レニは自宅にこの夫婦を招き、さらに彼女の友人の映画作家、ヴァルター・ルットマンも呼んで夕食会が開かれた。ルットマンは日本では『伯林《ベルリン》――大都会交響楽』の監督として知られるが、ドイツ前衛映画の旗手だった。レニとは本当に親しく、後に彼女がヒトラーの依頼で撮る『意志の勝利』を手伝う。

この夕食会ではルットマンとユッタが親しくなってしまった。そして数日後、ユッタはレマルクの許を去り、さらに数週間後にルットマンの妻が自殺するという事件に発展したと、レニの回想録にはある。

この当時、レマルクにはフリーのジャーナリストをしている友人がいた。彼はウィーンに生まれ、ベルリンへ出て、警察に取材した事件記事を書いていた。しかし、彼が目指していたのはジャーナリストではなかった。生活のために記事を書きながらも、映画のためのシナリオを書いていた。いつか自分の手で映画にするのだと思いながら。

その青年、サミュエル・ワイルダーはレマルクに少し遅れて一九二九年に脚本家としてデビューし、三四年に監督となる。ユダヤ系だったのでヒトラー政権が誕生するとハリウッドへ渡り、ビリー・ワイルダーと名乗る。彼は戦後の一九四八年公開の『異国の出来事』と、五七年公開の『検察側の証人（邦題「情婦」）』で大スターとなっていたマルレーネ・ディートリッヒを起用する。

「何もしない」女優

レニの初主演作『聖山』が公開された一九二六年、マルレーネ・ディートリッヒは五本の映画に出演した。助監督を夫にしたことで、彼女の映画女優としてのキャリアはステップアップしていった。演劇の舞台の仕事も並行して続けており、マルレーネはベルリンの演劇・映画界でその名と顔と脚線美、そして野心とが有名になっていく。

ジーバーはこの頃、アレクサンダー・コルダ監督のもとでプロダクション・マネージャーをしていた。その関係で、マルレーネはコルダの映画に三本、出演した。最初は妻のマリア・コルダが主演の『モダン・デュバリー』で、マルレーネはパリのプレイガールの役だった。彼女の出番は四シーンしかなかったものの、その美しさは際立っていた。この映画は四月から八月に撮影され、封切りは翌二七年一月二十四日となる。

コルダ監督の映画にはさらに二作出演するのだが、今度は、どちらも端役だった。『モダン・デュバリー』で主役にして監督の妻であるマリア・コルダよりも美しかったのがいけなかったのかもしれない。『妻のダンスの相手』はおそらく九月の撮影で封切りは十一月六日、『奥様は子供を欲しがらない』は十月から十一月の撮影で十二月に封切られた。この後から撮られた二作のほうが『モダン・デュバリー』よりも先に公開されたことになる。

次にマルレーネを起用した監督はウィリー・ウォルフという。『元気を出してチャーリー』は九月に撮影され、封切りは翌二七年三月十八日となる。ジャズ・ミュージシャンの世界を描いたもので、マルレーネはフランスの若い女性、当時「フラッパー」と呼ばれていた快楽的な女性の役だ。これは脇役だった。

しかし、この映画でマルレーネのことを気に入ったウォルフは、次の『おふざけ男爵』では準主役に起用した。オペレッタが原作のコメディで、金持ちで礼儀知らずの男爵が主人公で、マルレーネはその男爵と結婚して財産を手に入れようとする女だ。男爵を演じたのはラインホルト・シュンツェルで、後にハリウッドに亡命し、戦後の『黄金の耳飾り』でマルレーネと共演する。『おふざけ男爵』は十月から十一月の撮影で封切りは翌年三月四日だった。オペレッタが原作なのだが、まだサイレント映画だ。

これらの映画の撮影は昼間で、マルレーネはそれを終えると夜は劇場に出ていた。ドイツ劇場はラインハルトの手を離れ、ダンサーで振付師だったエーリク・シャレルが演出をするミュージカルが上演されるようになっていた。その『フロム・マウス・トゥ・マウス』の公演が始まって間もなくして、主役のひとりが急病で降板し、マルレーネが代役となった。これが成功した。

この舞台を見た人気俳優のヒューベルト・フォン・マイヤーリンクは、マルレーネに、人気が出た理由をこう解説した。

「きみが演技をしたとか、実際に何かをしたわけじゃない。きみを有名にしたのは、まさにその『何もしない』ことだったんだ。『何もしない』ところから、きみの超然たる——あるいはそう見える——スタイルが生まれた。しかもただのスタイルではない。それがきみのアートなんだ。」

つまり、「何もしない」ことをうまく活かせる演出家とめぐりあえれば、彼女は大スターになれるかもしれない。それは誰で、どこにいるのか。まだマルレーネの周囲にそんな演出家はいなかった。

『大いなる跳躍』での飛躍はならず

ファンクは『聖山』公開の前に、すでに『冬のメルヘン』というシナリオを書き上げ、ＵＦＡと契約していた。だが、トレンカーがレニとファンクの悪口を言い、そのためＵＦＡは費用のかかりそうな『冬のメルヘン』は中止して、もっと費用のかからないものを作ってくれとファンクに依頼した。

レニは男にもてた。多くの男がレニに惹かれた。しかし、レニとの関係が悪くなると、その男はレニの妨害をする。この構図は『オリンピア』製作の時に明確になる。この時代のドイツは憲法上は男女平等になっていたが、まだまだどの分野でも男性が優位だった。そのなかで野心と才能と美貌を持つ女であるレニは、女であるがゆえに得もするが、損もする。男だったら苦労することを難なくやってしまうこともあれば、男だったらしなくてもいい苦労を強いられもする。

ファンクはすぐに次回作『大いなる跳躍』（Der Große Sprung）のシナリオを書き上げ、UFAもこれを受け入れた。山が舞台だが、今度は喜劇、レニにいわせれば〈茶番劇に近いものだった〉。ファンクはレニに「山羊飼いの乙女」の役で出てくれと依頼した。彼女は迷った。ダンスに復帰すべきか、映画を続けるか。そして出した結論は、映画だった。

この『大いなる跳躍』ではカメラマンのシュネーベルガーが主演もしなければならなくなった。ファンクが望むようにスキーを滑ることができる者が他にいなかったのだ。

この撮影を通じてレニとシュネーベルガーはより親しくなり、当然の帰結として二人は男女の関係となり、同棲する。

〈シュネーベルガーは私よりも七歳年上だったが、リードを取ってもらうほうが好きで、彼は受け身、私は能動的なパートナーだった。私たちは調和のとれた共同生活を送っていて、二人とも自然とスポーツと、とくに仕事が好きだった。都会派ではなくて、パーティーも社交上の付き合いも嫌い、二人だけでいればいちばん幸せだった。〉

レニとシュネーベルガーの関係を知っていながらも、ファンクはレニにラブレターを書き、プレゼントも贈っていた。レニはそれを受け取りはするが、ファンクを男性としてみることはついにない。

『大いなる跳躍』にはレニの元恋人でもあるトレンカーも出演したが、彼がファンク作品に出るのはこれが最後となった。トレンカーはこの後は他の監督の山岳映画に出て、やがて自分で監督もするようになり、ファンクとレニとは敵対した。撮影は五月から十一月まで続き、その後、ベルリンのスタジオでの撮影があり、十二月二十日に封切られた。

この映画は、それほどの評判にはならなかった。ファンクとしては初めてコメディを手がけることで、新たな分野の開拓を目論んだわけだが、失敗した。ひとりよがりなユーモアで、観客は少しも面白くなかったのだ。レニの演技も硬く、皮肉をいえば、彼女に喜劇女優の才能がないことが分かったのが、唯一の収穫だった。

レニは壁にぶつかった。

〈周囲から聞こえてくるのはいつも同じ。リーフェンシュタールは登山家でダンサーであっても俳優ではない。この偏見に私は苦しみ抜いた。私にとって辛い時期が始まって、この間私は映画の脚本を自分で書く試みさえした〉と回想している。

ファンク映画そのものが、山の自然の美しさと過酷さを売り物にしたもので、そこで展開される人間ドラマは付け足しのようなものだった。そこに出演する俳優たちは、トレンカーもそうだが、登山ができるという条件で出演していた。俳優の訓練を何も受けていないのだから、役者としては素人同然だった。そんな彼らに演技力を期待しても無駄だし、そういう素人俳優たちを使って深淵な人間ドラマが描けるはずがなかった。そして演劇の経験が何もないファンクにもドラマの演出は無理だった。

レニもまた演技においては素人の域を脱せない。登山とダンスができるから映画に出ているだけというレッテルが貼られてしまった。ファンクの映画に出ている限り、どんなに名演技をしても、それは評価されないのではないか。偏見を打ち破るには、ファンク映画、山岳映画ではない映画に出なければならない。しかし、声がかからない。

レニは失意のうちに新しい年、一九二八年を迎えた。そんな時、気晴らしになる仕事が舞い込んだ。映画雑誌「フィルム・クーリエ」から、冬季オリンピックの取材を依頼されたのだ。一九二八年の冬季オリンピックはスイスのサンモリッツで開催されていた。冬季オリンピックとしては二回目にあたる。

ファンクとシュネーベルガーのチームも、このオリンピックの記録映画を撮っていたので、当然、一緒の時間もあっただろう。レニはこの仕事では記事を書いただけなのだが、これが彼女のジャーナリストとしてのデビュー作となった。

オリンピックが終わり、ベルリンへ帰ったレニに、新しい映画の仕事がウィーンから届いた。ルドルフ・ラッフェ監督の『ハプスブルク家の運命』(Das schicksal Derer von Habsburg) で、マイヤーリンク事件の映画化だった。

この事件はオーストリア皇太子ルドルフが妻がいるのに若く美しい男爵令嬢マリア・フォン・ヴェッツェラと、マイヤーリンクで心中したものだ。一九三〇年にクロード・アネが『うたかたの恋』という小説にし、それを原作に三六年にフランスで映画化されるが、その前にウィーンで作られた映画があったのだ。レニは男爵令嬢を演じた。この役は三六年のフランス映画ではダニエル・ダリューが、一九五七年のテレビ用映画『マイヤーリンク』ではオードリー・ヘップバーンが演じる。『ハプスブルク家の運命』は一九二八年十一月十六日に封切られたが、ほとんど話題にはならなかったようで、またレニとしても満足のいくできではなかったのか、回想録に出てこない。フィルムそのものも断片しか現存せず、その残された部分にはレニのシーンはないそうで、どういう演技をしていたかは確認できない。

『戦艦ポチョムキン』を評価する人

この時期のレニは公開される映画のほとんどを見ていたと回想録に書いている。映画のことをもっと知りたいと思ったのだ。彼女はある映画を観て、〈これまで観てきた全ての映画を影の薄いものに変えてしまった〉と思った。それはソ連のセルゲイ・M・エイゼンシュタインの『戦艦ポチョムキン』だった。この映画は一九〇五年の第一次ロシア革命でのポチョムキン号での叛乱を描いたもので、「第一次ロシア革命二十周年記念」として製作され、一九二五年十二月二十四日にソ連で封切られた。ドイツでは一九三〇年八月にならないと公開されないので、レニが観たとしてもそれ以降のはずだ。彼女の記憶が混乱していると思われるが、観たことはあるのだろう。

『戦艦ポチョムキン』は歴史に残る映画なので、多くの人に影響を与えたと言っていいのだが、レニと同世代のドイツ人でこの映画を最も評価していたのがヨーゼフ・ゲッベルスだった。後のドイツ国民啓蒙・宣伝大臣である。ゲッベルスは一八九七年十月二十九日にライトという小さな町で生まれた。マルレーネの四歳上、レニの五歳上となる。

プロパガンダの天才としてヒトラー政権を支える男が、その敵であるソヴィエト社会主義共和国連邦が誇る映画を絶賛していたのは、彼が『戦艦ポチョムキン』が劇映画でありながらも、共産主義のプロパガンダになっていると見抜いたからだ。映画がプロパガンダに有益であるとゲッベルスに教えたのがソ連映画だったのは、よく考えれば当然なのだが、歴史の皮肉としか言いようがない。

そして後にレニ・リーフェンシュタールは彼女の映画がナチスのプロパガンダだと批判されると、それならば『戦艦ポチョムキン』は共産主義のプロパガンダ、ソ連のプロパガンダではないのかと反論するのである。

一九二四年に友人に誘われて社会主義や国家社会主義の政治集会に参加したことで、ゲッベルスの政治活動が始まる。ナチスに入ると有能だったので、彼はたちまち出世した。一九二六年十月には、ベルリン＝ブランデンブルク大管区指導者になっていた。

ナチスは暴力を使っての街頭闘争を得意としていたが、ゲッベルスは広報・宣伝活動を重視した。一九二七年七月には機関紙「デア・アングリフ」を発刊した。プロパガンダの天才がいよいよその才能を発揮しようとしていた。

一九二七年、ドイツ最大の映画会社UFAは、実業家のアルフレート・フーゲンベルクによって買収された。フーゲンベルクは一八六五年生まれで、官僚から実業界へ転じた人物だ。一九〇九年に重工業メーカー、クルップ社に招聘され、財務・経理取締役会議議長を務めた。クルップは鉄鋼メーカーとして始まり、ドイツ全土に鉄道が敷かれる際に急成長し、さらに大砲製造で軍需産業として拡大した大企業だ。フーゲンベルクは財務担当としての実績をあげた後、一九一六年にメディア企業、フーゲンベルク・コンツェルンを創設した。その資金はクルップ社が出しており、ベルリン最大の新聞を発行するシャール社、十四の地方紙を発行するフェラ・フェアラークなどを傘下にした。新聞社、出版社を手に入れることで、ドイツの言論界を支配しようとしていた。

活字媒体を支配したフーゲンベルクが次に目をつけたのが、映画だった。映画界を支配するには、最大の映画会社を買収するのが手っ取り早い。彼にはその資金があった。そしてUFAは財政が厳しくなっていたので、あっさりと買収されてしまった。

フーゲンベルクはもともと右翼思想の持ち主であり、帝政時代は国民自由党に所属していたが、戦後の一九一八年に右翼・保守政党である国家人民党に入党し、二〇年には国会議員となった。軍需産業の最大手であるクルップ社の資金を得ているので、フーゲンベルク・コンツェルンのメディアは、当然、軍備増強、戦争への道を煽る役割を果たす。

だが、UFAはいくら経営者が変わっても、政治プロパガンダ映画一色になったわけではない。そんなものを作っても観客は来ない。映画会社として利益をあげるには娯楽映画を製作するしかなかった。

準主役へと進むマルレーネ

『モダン・デュバリー』でマルレーネを起用したコルダ監督がハリウッドへ行ってしまったので、そのアシスタントをしていたルドルフ・ジーバーは、次にハリー・ピールのアシスタントとなった。ピールは俳優でもあり監督もするプロデューサーだった。

マルレーネの次の映画出演作は、このピールが自ら双子を演じた宝石泥棒のコメディ、『彼の大博打』だった。一九二七年一月二十四日から二月末に撮影され、五月十二日に封切られたが、マルレーネは「かなりの大根」と映画評には書かれてしまった。

次の映画はウィーンで撮影された『カフェ・エレクトリック』だった。マルレーネは繊維工場の買い付け人を夫に持つベティ・シュルテンという女性と親しくなっていた。彼女のベルリンの住まいは、芸能関係者が集まるサロンになっており、マルレーネはそこで、ウィリー・フォルストという人気俳優と知り合った。

フォルストはウィーンの映画会社から誘われ、『カフェ・エレクトリック』に出ることになり、マルレーネは彼を追いかけてウィーンへ行き、フォルスト演じるヒモを好きになる大実業家の娘の役を得た。この映画は夏に撮影され、十一月二十五日にウィーンで（ベルリンでは翌二八年三月二十二日）封切られた。映画ではマルレーネの脚線美が強調されるシーンがあった。

撮影が終わっても、マルレーネはベルリンへ帰らず、ウィーンに留まった。娘は母に預けてあった。夫は自分でなんとかするだろう。夫と娘よりも自分が大事だった。それは以後も変わることがない。といって、夫や娘がどうでもいいわけではなく、彼女なりに愛してはいた。しかし、それよりも自分のこと、映画や舞台のほうが大事なのだ。家庭か仕事かの二者択一を迫られた時、マルレーネは何のためらいもなく仕事を選ぶ。

さらにジーバーとの夫婦関係は実質的には破綻していた。しかしこの二人は彼がカトリックだったこともあり離婚はしない。互いの愛人を黙認し夫婦関係は維持した。二人は友人よりも濃い関係を続けていく。

一九二七年九月にウィーンのカンマー・シュピレーという劇場で開幕したミュージカル『ブロードウェイ』のステージに、マルレーネの姿があった。タイトルから分かるようにニューヨークの演劇界を舞台にしたメロドラマだった。歌とタップダンスが満載の舞台で、マルレーネは大酒呑みの女の役で、主役クラスではなくコーラス・ガールのひとりではあったが、そのなかではトップのポジションだった。脚の見せ場もたっぷりとあった。

ミュージカル『ブロードウェイ』がヒットし、ウィーンでもその脚線美が有名になったからか、続いてマルレーネは『ウツナッハ校——新たな客観性』というミュージカルでも役を得た。

十二月二十七日、二十六歳の誕生日をマルレーネはウィーンで迎えた。『ウツナッハ校』は二八年一月まで公演が続き、それが終わると、マルレーネは『ブロードウェイ』のベルリン公演に出演することになり、半年ぶりにベルリンへ帰った。

『ブロードウェイ』のベルリン公演は好評だった。マルレーネは舞台最前列の観客席のすぐそばで、舞台に横たわり、脚をみせて自転車をこぐように動かし、客席を沸かせた。男性だけではなく女性たちも、その脚線美にうっとりとしていた。マルレーネ・ディートリッヒの名は、「セクシーさと美しさの代名詞」になったと、当時ラインハルト劇団にいた女優ケーテ・ハークは後に語っている。

マルレーネ・ディートリッヒは『嘆きの天使』で世界的大スターになるが、そのスター誕生の物語を鮮やかなものにするため、それ以前の舞台や映画では「端役」にしか出ていない、「大部屋女優」だったというストーリーが流布している。

無名の女性が名匠に発見されて一躍スターになったという物語は、たしかに、面白い。しかし現実にはそんな物語はない。同じようなスター誕生物語として、『風と共に去りぬ』のヴィヴィアン・リー、『ローマの休日』のオードリー・ヘップバーンの物語がある。たしかにこの二作は彼女たちのハリウッド・デビュー作だが、二人ともその前からイギリスで映画に出ていたので、決して無名の新人ではない。ディートリッヒもベルリンでは『嘆きの天使』以前からそれなりに評価され、人気のあった女優だった。

マルレーネは一段ずつ階段を昇っていった。その階段の一番上がどこなのか、あと何段あるのかは分からなかったし、そこに到達できるかどうかも分からなかった。時には一段か二段、降りなければならないこともあった。それでも、彼女は昇り続けた。

それがあったからこその『嘆きの天使』だった。

同じ頃、ハリウッドの新人監督として、ジョセフ・フォン・スタンバーグも頭角を現していた。パラマウント映画に雇われ、アメリカ映画初のギャング映画として歴史に刻まれている『暗黒街』が一九二七年八月に公開されると、ヒットして、その名は一気にハリウッドで有名になった。

一九二八年はアドルフ・ヒトラー率いるナチスが初めて国会議員選挙に挑んだ年でもあった。この年の五月の選挙でナチスは約八十一万票を獲得し、十二人が当選した。ヒトラーはドイツ国籍をまだ持っていなかったこともあり立候補せず、ゲッベルスやゲーリングなどが当選し、国会議員となった。

逃した大役

『ブロードウェイ』のベルリンでの成功は、マルレーネに次の仕事をもたらした。『空中の出来事』というレビューだった。役者は五人だけで、他にジャズ・バンドが出るだけの舞台だったが、これが一九二八年六月に初日を開くと、空前の大ヒットとなった。この年、『空中の出来事』を興行成績で抜いたのは、ベルトルト・ブレヒトの戯曲にクルト・ヴァイルが作曲した『三文オペラ』だけだった。

『空中の出来事』でマルレーネは歌も披露した。その一曲、《マイ・ベスト・ガールフレンド》は陽気なレズビアンの歌で、レコードにもなった。マルレーネの最初のレコードである。この舞台と歌で、マルレーネ・ディートリッヒは人気女優としてベルリン中に知られるようになった。無名ではなかった。スターと言ってもいい。その顔と声だけではなく、脚線美ももちろん有名だった。ストッキング会社の広告にも登場した。

次の映画も決まった。『空中の出来事』の公演と同時並行しての仕事で、九月五日に封切られた、ロベルト・ラント監督の『オララ姫』に出演した。これもオペレッタが原作で、マルレーネはタイトルロールのオララ姫だ。主役はヴァルター・リラとカルメン・ボニで、二人は見合い結婚をした王子と王妃で、この二人に恋とは何かを教えるのがマルレーネ扮するオララ姫だ。批評では主役の二人よりもマルレーネについての論評のほうが多かった。そしてこの時から、ドイツではマルレーネとグレタ・ガルボとを比較する論も出ていた。

ガルボはハリウッドへ渡り、出演した映画は次々とヒットしていた。その名を決定的にしたのは一九二六年公開の『肉体と悪魔』で、ジョン・ギルバートとの官能的なラブシーンが話題になった。続いて、二八年公開の『恋多き女』でもギルバートと共演して大ヒットした。二人は私生活でも恋人となっていた。

ガルボの唯一のドイツ映画である『喜びなき街』を監督したG・W・パプストは、この頃、『パンドラの箱』の映画化を準備していた。ヴェデキントの戯曲で、ラインハルトのドイツ劇場で一九二三年に上演された際にマルレーネが端役で出た作品だ。この『パンドラの箱』のヒロインに、当初パプストはハリウッドの若いスター、ルイーズ・ブルックスを考え、ハリウッドに打診した。しかし、ブルックスも彼女が契約しているパラマウント映画も、なかなか返事を寄越さない。しびれをきらしたパプストは『パンドラの箱』のヒロインにマルレーネを使おうと決め、彼女をオフィスに呼んだ。マルレーネが出演契約書にサインしようとした、まさにその瞬間に、電報が届いた。ブルックスからの出演を承諾するという内容だった。数分の差で、マルレーネは大役を逃した。

大役は逃したが、マルレーネには次の仕事が待っていた。九月からジョージ・バーナード・ショーの『不釣り合いな結婚』に出演した。下着業界の大物の娘で、自分のことを支離滅裂だと思っているという役だ。舞台の上で立っているだけで、観客の視線を集めた。何もしなくても、存在感がある——それこそがスターとしての資質だった。

さらにこの舞台ではマルレーネの「メロディのある声」も称賛された。「歌は語るように、セリフは歌うように」という演技・歌唱術における名言があるが、マルレーネのセリフ回しはまさに歌うようだったのだ。

マルレーネの次の仕事は映画で、『オララ姫』のロベルト・ラント監督の『奥様、お手をどうぞ』に出演した。一九二九年一月十七日に封切られる。主演はマルレーネとハリー・リートケだった。彼はマルレーネが初めて出た映画『小さなナポレオン』での主演俳優だ。あの時は主役と端役だったが、今回は主演男優と主演女優になっていた。物語は、ウェイターに身をやつしたロシアの伯爵がパリで離婚したばかりの女性と出会うことでの喜劇である。

この映画は同題の主題歌があり、名テノール歌手リヒャルト・タウバーが歌い、大ヒットした。その歌の部分だけ、映画には音が付いていたのだ。

映画史上最初のトーキー映画は一九二七年十月に公開された、アメリカ映画『ジョルスン物語』である。これは映画で俳優の声が聞こえたという点では初のトーキー映画なのだが、映画に音がつくのは、もっと前からあった。録音技術は映画よりも前からあり、一九二〇年代には電気式録音も実用化されてレコード盤が発売されていた。したがって、フィルムとレコードを映画館で同時にかければ、音のある映画は可能だったが、シンクロさせるのが難しかった。これを解決するサウンドカメラが発明され、一九二三年にこの技術を使った音付きの短編映画が作られた。

当初は、映画の「音」は効果音と音楽だけで、しかも、映画全体ではなく、部分的に音が付いているだけだった。セリフが録音されるまでにはさらに時間がかかり、二七年にようやく実現したのだ。

『ジャズ・シンガー』はドイツでは一九二八年九月に公開された。それを受けて、ドイツの映画人たちも音の付いた映画を模索し始めた。

『奥様、お手をどうぞ』は歌のシーンにしか音がないので、マルレーネの声は聴けない。しかし人気絶頂のタウバーの歌声が聴けたので客はそれだけで十分だった。トーキーが映画の主流になるのかどうか、業界でも意見は割れていた。新しい技術が誕生する時は、いつも同じだ。

一九二八年十一月十日、ドイツのメディア・コンツェルンのひとつ、ウルシュタイン社の新聞「フォッシシェ・ツァイトゥング」で、エーリッヒ・マリア・レマルクが自らの戦争体験をベースにして書いた小説『西部戦線異状なし』の連載が始まった。レマルクはライバルのフーゲンベルク・コンツェルンが発行するスポーツ雑誌の編集者だったが、同社に君臨するフーゲンベルクは保守・右翼の政治家でもあったので、とうていそこからは出せないと判断し、この小説を他社に売り込んだのだった。

ウルシュタイン社は無名の青年の処女作をいきなり本として出すのは危険だとして、まず新聞に連載し、その反響を確認してから書籍として発行することにした。連載開始日を十一月十日にしたのは、翌十一日が第一次世界大戦の休戦協定が結ばれた日だったからだ。

『西部戦線異状なし』の連載は大反響のうちに十二月九日に終わり、年が替わった一九二九年一月三十一日に書籍として初版三万部が発行された。たちまちベストセラーになり、五月には五十万部を突破した。イギリス、フランス、ソ連、イタリア、アメリカでもそれぞれの言語に訳されて発行され、世界的ベストセラーとなる。

だが、反戦小説へのドイツ国内での保守派の反発は激しく、レマルクは攻撃された。

一方、世界的ベストセラーとなればハリウッドが黙っているはずがなく、ユニバーサルが八月に映画化権を獲得した。

レニ・リーフェンシュタールの友人で、後にマルレーネ・ディートリッヒの愛人となるレマルクは、こうして彼女たちよりも先に世界的名声を得たのだった。

演技開眼

映画を観まくっていたレニの次の仕事はまたもファンク監督の、またも山岳映画だった。『ピッツ・パリューの白い地獄』(Die weiße Hölle vom Piz Palü)で、日本では『死の銀嶺』として公開された。

これもゾカルが出資し、シュネーベルガーが撮影を担当した。レニを取り巻く男たちの微妙で危険な関係は続いていた。

ゾカルが映画と関わるようになったのは、レニの気を引くために『聖山』に出資したのが始まりだったが、これをきっかけに彼は映画ビジネスに興味を持ち、レニとは関係のない映画にも出資し、成功していた。彼にとって映画はビジネスとなっていた。であれば、儲からなければ意味がない。ヒットする映画でなければ出資したくないし、出資する以上はヒットさせたい。

一方のレニは自分を「演技開眼」させてくれる演出家を求めていた。ファンクにそれを期待できないのはこれまでの経験で明らかだった。そのレニはこの頃、映画監督G・W・パプストと知り合いになっていた。ガルボの『喜びなき街』やマルレーネが主役を逃した『パンドラの箱』を撮った名匠である。この人なら、自分の演技力を引き出してくれるのではないか――レニはそう思った。自分には演技の才能がある。それを引き出してくれる人さえいれば、開花できる。自信過剰のレニはそう考える。

だが『死の銀嶺』はもともとファンクの企画である。彼を監督から外すわけにはいかない。そこでレニはファンクとパプストの共同監督はどうかと考えた。ドラマ部分の演出はパプストが、自然描写とスポーツのシーンはファンクが演出するのだ。

このアイデアにゾカルも同意し、パプストとファンクを説得した。ファンクは最初はいやがったが、資金の手当てをするゾカルには逆らえなかった。それがレニの希望とあれば、なおさら逆らえない。

『死の銀嶺』はまたも山での一人の女と二人の男の三角関係の物語である。レニと、『聖山』にも出演したエルンスト・ペーターゼンが若い新婚の夫婦で、彼らが出会う謎めいた医師にはグスタフ・ディースルが起用された。ディースルはパプストの『パンドラの箱』にも出ている俳優なので、パプストが連れてきたのだろう。さらにシナリオは『パンドラの箱』のラディスラウス・ヴァホダとが加わり、ファンクの元のシナリオを手直しした。パプストが共同監督になったことで、これまでのファンク映画とは異なる人材も加わったのだ。撮影は一九二九年一月から六月まで、ベルリンでのセット撮影と、スイスの高地ベルニーナ・アルプスでのロケがなされた。

物語では医師と新婚夫婦が雪崩に巻き込まれ、死にそうになる。そこへ救援の飛行機がやってきて助けるのだが、その飛行士役には実際に操縦できなければならないので、当代一の曲芸飛行家のエルンスト・ウーデットが起用された。レニが彼とベルリンで偶然に知り合い、映画に出てみないかと誘ったのだ。彼は第一次世界大戦で戦闘機パイロットとして闘った英雄で、ゲーリングとも親しかった。だが、この時点ではナチス党員ではない。

ウーデットは陽気な人だった。レニの同棲相手であるカメラマンのシュネーベルガーとすぐに親しくなった。こうなるといつもの展開では、レニとシュネーベルガーとウーデットは三角関係になりそうなのだが、この時はそうはならなかった。ウーデットはシュネーベルガーを誘って遊び歩き、そのうちにシュネーベルガーはレニ以外の、優しくて気立ての良い女性を好きになってしまうのだ。レニとシュネーベルガーの関係に破局が訪れるのは撮影が終わり、映画が完成してからのことだ。

『死の銀嶺』でも実際に雪崩の中で撮影されたシーンがあり、レニは死にかけた。ファンクだけでなくパプストにもサディスティックなところがあった。

レニは演技でもしごかれた。ファンクには演技指導ができなかったので、レニにとっては初めての本格的な演技指導だった。そのおかげでレニは見違えるほど、自然な演技ができるようになった。演技開眼したのだ。

〈パプスト監督のもとで演技をするのは新しい体験だった。初めて私は自分も女優であることを自覚した。〉

それまでのレニは、ファンクがどのように映画を撮っていくのかにも興味があったので、常に監督の視線で物事をみており、演技についても、常にカメラを意識していた。それをパプストは打ち破ってくれたのだ。

最後のサイレント映画

一九二九年最初のマルレーネの映画の仕事は、当時人気のあった作家マックス・ブロートの小説の映画化、『男が熱望する女』で、年初に撮影されて四月二十九日に封切られた。監督はクルト・ベルンハルトで、当時まだ二十代だった。

これまでのマルレーネの映画はコメディが多かったが、この作品は悲劇だった。マルレーネは愛人と一緒に夫を殺す女性の役だった。二人は夫を殺した後に逃亡している。その彼女に一目惚れした別の男が現れる。そして、愛人と彼女はその男に殺されるという話だ。彼女を殺した男もそれによって人生は破滅するわけだから、マルレーネが扮した女性は夫と愛人、そして殺した男の三人を破滅させたことになる。マルレーネ・ディートリッヒらしい悪女役だ。

そして撮影現場では、レニ・リーフェンシュタールがそうだったように、マルレーネもまた監督のベルンハルトと愛人役のフリッツ・コルトナーとの三角関係となり、マルレーネは二人を自分に貢献するよう競わせた。

しかし完成した映画は平凡な出来で、酷評された。マルレーネはまたも彼女の魅力をスクリーンに映し出せる名匠と出会えなかった。

その次の映画は、大作だった。ハリウッドでも実績のあるモーリス・トゥールヌール監督の『失われし人々の船』で、年初の撮影で九月十七日に封切られた。

マルレーネはアメリカの女富豪で単独飛行での大西洋横断の冒険の途中、海に不時着し、海賊船に助けられるという話だ。原寸大の船がセットで作られるなど、巨額の製作費が投じられた。そんな大作でも、まだサイレントだった。

夏には『婚約時代の危機』の撮影に入った。この作品は翌三〇年二月二十一日に封切られる。ウィーンでの恋人だったウィリー・フォルストとの共演だ。彼が主人公で色男の役で、マルレーネは言い寄られる女の役だった。

これで、マルレーネ・ディートリッヒのサイレント映画は最後となる。『婚約時代の危機』の撮影が終わると、マルレーネは娘マリアを連れて北海のシルト島で夏の休暇を過ごした。

そして九月に『失われし人々の船』が封切られるので、それに合わせてマルレーネはベルリンへ帰った。しかしこの映画は不評だった。巨額の製作費をかけていただけに期待が大きかった分、人々は不満を抱いたようだ。

映画女優としてのマルレーネ・ディートリッヒは、いいところまで行ったかと思うと、次の作品で失敗するなど浮き沈みがあり、真のスターにはなかなかなれない。

レニ・リーフェンシュタールも作品に恵まれない。スターではあったが、日本でいう大根女優である。二人はまだ真の実力を発揮できていない。

この物語の三人目の舞姫が、一九二九年にベルギーのブリュッセルで生まれた。

母はオランダの男爵位を持つ女性、エラ・ファン・ヘームストラで、一九〇〇年生まれなので、マルレーネやリーフェンシュタールと同世代だ。ファン・ヘームストラ家は十二世紀まで遡れる、オランダの王家に仕えた領主の子孫である。植民地経営で財をなし、代々の当主は政治家、軍人となり、オランダでは高い地位にあった。エラの父はオランダのアルンヘムの市長だった。

まさに良家の子女であるエラはしかし、オペラ歌手に憧れていた。だが厳格な家だったので、娘のエラがオペラ歌手になりたいと言っても、父は許さなかった。エラは父から「何をしてもいいが、俳優や女優とは付き合うな」と芸能界との接触を禁じられていた。

エラは一九二〇年にオランダ女王の侍臣と結婚し、この夫がジャカルタのシェル石油の代表となった。

しかし、エラは新婚旅行でジャワ島を訪れた時に、魅力的な男性、ジョゼフ・ヘップバーン＝ラスキンと知り合い、恋に落ちていた。ヘップバーン＝ラスキンはビジネスマンと自称していたが、かなり怪しい人物だった。さまざまな職業を転々とし、山師、投機師と呼ぶのが最もふさわしい。だがこういう男性は、世間知らずの良家の子女には魅力的に見えることがある。その頃、ヘップバーン＝ラスキンは妻との離婚を考えていた。エラとジョゼフは禁じられた恋に落ち、その関係はジャワを出た後も続いた。

エラは最初の夫との間に二人の子を産んだ後の一九二六年九月、すでに離婚していたヘップバーン＝ラスキンと結婚した。

この夫婦の間に、一九二九年五月四日、女の子が生まれたのだ。この子は生後三週間後に、激しい咳の発作に襲われ、心臓はいったん停止した。厳格なクリスチャン・サイエンティストだったエラは医者を呼ばず、赤ん坊の尻を叩いて蘇生させた。もしこの時、そのまま死んでしまったら、『ローマの休日』も『麗しのサブリナ』も『昼下りの情事』も『ティファニーで朝食を』も存在しなかったかもしれない。そう、この女の子の名はオードリーといった。

ヘップバーン＝ラスキンとエラは、ロンドンとブリュッセル、あるいはオランダのアルンヘムやハーグを転々とし、一カ所に落ち着かなかった。オードリーは乳母や家庭教師によって育てられた。両親の愛を受けて育ったわけではない。孤独な女の子だった。彼女はやがてクラシック・バレエを習い始め、バレリーナを目指す。

運命の出会いへ

『死の銀嶺』を撮り終えたファンクは自信をつけた。パプストのおかげでよい映画に仕上がったのではあるが、彼は自分の才能で成功したと思った。

レニは『死の銀嶺』はファンクではなく、パプストのおかげだと思っていた。当然のように、レニはファンクではなくパプストを追いかけた。

しかしこの名匠は次の映画『淪落の女の日記』には、レニではなく、再びルイーズ・ブルックスを起用していた。それでもレニは撮影中のスタジオに足繁く通った。ブルックスは後に迷惑そうに、レニが毎日のように来ていたと語る。そして、「まあまあの美人だった」とレニのことを評す。「変わった感じの人だった。性格はものすごく強そうだった」。そしてブルックスに言わせると、レニが毎日来ていたのは、「パプストと寝るためよ。いい迷惑だったわ」となる。

シュネーベルガーとは別れていたので、そういう関係だったとしてもおかしくはない。しかし男性関係についてかなり赤裸々に書かれているレニの回想録では、パプストはそういう相手としては書かれていない。レニはパプストがどのように演出するのか、その演出術と撮影術を学ぼうとしていたのかもしれない。

パプストのもとに通っても得るものがなくなったのか、レニは再び映画を観る生活に戻った。そんな時、ハリウッド映画『紐育の波止場』を観た。そして、かつて『運命の山』を観た時と同じようなショックを受けた。

これだ、この映画だ、この監督だ。この人に会わなければならない。しかし相手はアメリカにいる。どうしよう——ところが、その映画の監督はベルリンに来ていた。

ジョセフ・フォン・スタンバーグである。

ドイツ映画界とハリウッドとは人的交流が盛んだった。ハリウッドはドイツ映画の俳優や監督の才能を求めていた。サイレント映画だったので、英語が話せない俳優でもかまわなかった。そしてそういう英語の話せない俳優を演出するためにドイツ人の監督もハリウッドへ呼ばれた。

ハリウッドの映画人がドイツへ呼ばれたのは、アメリカでヒットするドイツ映画を作るためだった。ドイツは世界大戦での賠償金の支払いのためドルを稼ぐ必要があった。映画はヒットすれば大量のドルをドイツにもたらすはずだった。

ドイツの名監督エルンスト・ルビッチは一九二三年に、名優エミール・ヤニングスは一九二七年に、それぞれ渡米した。ルビッチはワーナー・ブラザーズ、MGM、パラマウントで映画を撮っていた。ヤニングスはパラマウントと契約していた。この二人――ルビッチ監督、ヤニングス主演の作品としては『愛国者』がある。

ヤニングスは一九二八年の『最後の命令』ではこの年から始まったアカデミー賞の主演男優賞を得た。このヤニングスにアカデミー賞をもたらした『最後の命令』を監督したのが、スタンバーグだった。しかしこの二人は仲が悪かった。スタンバーグは「もし地球上に彼しか俳優がいなくなったとしても、彼を使って映画を撮りたいと思うかどうかは疑問だ」と言った。

スタンバーグは続いて『紐育の波止場』を撮って絶賛されたが興行的には失敗した。間が悪いことに同じ週に初のトーキー映画『ジャズ・シンガー』が公開されたのだ。

もはや映画は音のない世界へは戻れなくなりそうだった。スタンバーグもトーキー映画を撮ることになり、得意とするギャングものとして『サンダーボルト』を撮り、今度はヒットした。

ハリウッドにいるのでヤニングスもトーキー映画に出ることになった。『裏切者』である。しかし、彼の英語は英語とは思えないほどドイツ訛りがひどく、これでは使えないとなってしまった。サイレント映画時代の名優は、ほんの数年でトーキー映画では使えないとの烙印を押されてしまったのだ。ヤニングスはドイツへ帰った。

UFAのプロデューサー、エーリッヒ・ポマーは帰ってきた名優ヤニングスを使って、アメリカに輸出できる映画を製作する計画を立てた。同じ映画のドイツ語版と英語版を作ろうという計画だ。

監督は、ドイツ語と英語の両方ができ、さらにハリウッドでの経験がある人物がいい。UFAはルビッチとの交渉に入った。だが、ルビッチの要求する監督料が高過ぎた。

ポマーは『カリガリ博士』『メトロポリス』『ファウスト』など、この時代のドイツ映画の名作を次々と製作した名プロデューサーだ。彼はパラマウントで仕事をしたことがあったので、同社にドイツ語ができて、トーキー映画の経験もあり、ヤニングスの映画を撮ったこともあり、ルビッチよりも安い監督料で引き受けてくれるであろう監督がいることを知っていた。

ジョセフ・フォン・スタンバーグである。

マルレーネは『失われし人々の船』の失敗を予期していたのか、次の映画の仕事は入れず、舞台へ戻った。

好評だった『空中の出来事』のプロデューサーだったロベルト・クラインはマルレーネが信頼している演劇人だった。彼はラインハルトの劇場と契約していたが、その期間が切れたので、別の劇場で仕事をするつもりだった。それを知ったマルレーネは自分も一緒に行きたいと言い、クラインに舞台での仕事を委ねる三年契約を結んだ。

その契約の最初の仕事としてクラインが持ってきたのが、ベルリン劇場でのミュージカル『二本のボウタイ』の主役だった。白いボウタイの紳士的なギャングと、黒いボウタイのウェイターとが、互いのボウタイを交換したことで生じる喜劇である。ウェイターの恋の相手がマルレーネだ。

九月五日に『二本のボウタイ』は初日が開き、たちまち、この秋からのベルリンの演劇シーズンで最初のヒット作となる。

その何日目かの公演の客席に、アメリカから来たばかりの映画監督がいた。

ジョセフ・フォン・スタンバーグである。

第三章　天使

ある晩、その映画監督はプロデューサー夫妻たちと一緒に、ベルリンで評判の舞台を観に行った。大して期待はしていなかったが、ひとりの女優に目が釘付けになった。彼は終演と同時に楽屋へ向かい、その女優に言った。
「明日、私のところへきてほしい。君は、映画に出るんだ」
――このスター誕生物語は、しかし、かなり誇張されている。

難航する女優選び

ジョセフ・フォン・スタンバーグは一九二九年八月十六日にベルリンへやってきた。元女優の妻ライザが一緒だった。スタンバーグは、エミール・ヤンニグスとは彼以外の俳優がいなくなっても彼とは映画を作らないと宣言していたはずなのに、ヤンニグス主演作品の監督を引き受けた。当初考えられていたのは、ロシアの怪僧ラスプーチンを主人公にしたものだった。しかしスタンバーグはベルリンへ着くと、そんな約束はしていないと言い出し、この企画は流れた。

するとヤニングスが、ハインリッヒ・マン――トーマス・マンの兄――の小説『ウンラート教授』を映画にするのはどうかと言い、プロデューサーのエーリッヒ・ポマーもそれを読み、同意した。ポマーはマンと交渉して映画化権を買い取った。

UFA初のトーキーでアメリカへの輸出を前提とした新作は『ウンラート教授』と決まった。主人公の教授を演じるのはヤニングスと最初から決まっていた。決めなければならないのは、その相手役で、真面目な中年の教授をたぶらかして破滅させるキャバレー歌手の役だった。スタンバーグが最初に考えたのは、ハリウッドからグロリア・スワンソンかフィリス・ヘイヴァーを呼ぶことだった。二人とも当時の人気女優だが、ドイツ語ができそうもなかったので、リストから落とされた。

噂を聞いて、自薦・他薦を問わず何人もの候補者が挙がった。原作者ハインリッヒ・マンの愛人でキャバレー歌手のトルーデ・ヘステルベルクも自薦候補者のひとりだった。というよりも、彼女は愛人のマンの小説が映画になると決まった時点で、自分が歌手の役を演じるものだと思い込んでいた。しかしスタンバーグは、一応トルーデの面接はしたが、「円熟しすぎている」との理由で断った。マンは機嫌を悪くした。

原作者との亀裂はさらに深まった。スタンバーグはタイトルを原作の「ウンラート教授」から、「青い天使」へと変えた。「青い天使」は劇中に出てくる酒場の名前だ。そこで歌手として雇われている女に、教授が夢中になってしまう。タイトルの変更を、プロデューサーのポマーも主演のヤニングスも同意した。「ウンラート」とはドイツ語で排泄物の意味で、あえて訳せば「ウンコ教授」となる。これが映画のタイトルとしてはふさわしくないことは映画人なら誰でも理解したので、タイトル変更を了承したのだ。

しかし、これはヤニングスにとっては誤算となった。タイトルの「青い天使」は酒場の名であると同時に、そこで歌う歌手のことでもあった。ヤニングスがタイトルロールのはずだったのに、まだ誰とも決まっていない相手役の女優がタイトルロールになりそうだった。必ずしもタイトルロールが主人公とは限らないが、ヤニングスは嫌な予感がした。物語の中での歌手の重要度も原作よりも高くなり、もはやヤニングスの映画とは言えないシナリオが出来上がった。

決まらないのは、主演女優である。

ドイツ中の女優がこの役を求めた。本格的なトーキー映画で、しかも英語版もつくられる。つまり、ハリウッドにデビューできるのだ。誰もがこの役を演じたいと望んだ。

そのなかにあって、マルレーネ・ディートリッヒはスタンバーグにもＵＦＡにも売り込むことはしなかった。「青い天使」の企画を知らないはずはない。自分が選ばれるわけがないと思っていたのだろうか。スターになることを諦めていたのか。

そして、レニ・リーフェンシュタールはスタンバーグのもとへ行った。なんとしてもこの役を手に入れたかった――としか思えない。

売り込んだ女優

リーフェンシュタールの回想録によれば、『紐育の波止場』を観てスタンバーグこそ自分の求めていた監督だと思った彼女は、その数日後に新聞で彼がベルリンへ来ていることを知ると、スタンバーグに会おうと、いきなりUFAへ行った。このあたりの行動力はすごい。〈できるだけシックな装いをした〉と回想している。

UFAに着くなり、彼女はスタンバーグがどこにいるかを聞きまわった。ようやくポマーやマンたちと打ち合わせ中だと分かると、会議室を探してそのドアをノックした。

ドアが開いて誰かが出てきた。リーフェンシュタールは「スタンバーグさんとお話がしたいのですが」と言った。誰かが「だめだ」と言って、ドアは閉められた。当然と言えば、当然だ。何のアポイントメントもなく、いきなり訪ねたのだ。しかも、会議中に。

リーフェンシュタールがドアの前で、さてどうしようかと思案していると、ドアが開いて、「私に何のご用ですか」と男が言った。ジョセフ・フォン・スタンバーグその人であった。

「お話をしたいんです。あなたの『紐育の波止場』を観ました。天才的作品です」

スタンバーグは彼女をじっと見て、十四時にホテル・ブリストルで食事をしようと誘った。こうしてリーフェンシュタールは敬愛する監督、スタンバーグと知り合った。

スタンバーグはレニ・リーフェンシュタールという女優を知らなかった。彼は若く美しい女性が自分の映画をどう感じたのかが気になって、誘ったようだった。

二人の会話は、リーフェンシュタールとスタンバーグだけのもので、他に誰も立ち会っていない。さらに半世紀が過ぎてから書かれた彼女の回想録にあるものなので、はたしてどこまで事実なのかは確認のしようがない。その前提で読むしかないが、それによれば、リーフェンシュタールはスタンバーグに、「あなたの映像技術は特別なムードがあり、どの室内にも雰囲気を感じます」と言った。その一言がスタンバーグの気に入ったようだった。二人の話は弾んだ。

回想録ではリーフェンシュタールが「青い天使」に自分を出させてくれと売り込んだとは、どこにも書かれていない。まるで彼女はその映画に何の関心もなかったかのようだ。この映画についてはスタンバーグのほうから話を始め、主演女優が決まらないと苛立っていたという。

実際、スタンバーグはベルリンへ着いてから、何百人もの女優の写真を見たが、ピンとくるものはなかった。彼がヒロインを探していることは映画関係者の誰もが知っていた。

したがってリーフェンシュタールが「青い天使」以外の目的で——ただ単に映像談義をしたいがために、スタンバーグに会いに行ったとは思えない。結果として、彼女は「青い天使」には抜擢されない。それならば、最初からそんな役は狙っていなかったことにしたほうがいい。そう考えて、回想録ではぼかしているのではないか。

スティーヴン・バック著『レニ・リーフェンシュタールの嘘と真実』（以下、『嘘と真実』）には、リーフェンシュタールは「青い天使」を射止めようとしてスタンバーグに近づいたとある。

『嘘と真実』が描く事実によれば——この映画の脚本家のひとりが、劇作家カール・フォルメラーだと知ると、リーフェンシュタールは彼を訪ねて、スタンバーグを紹介してくれと頼んだ。フォルメラーはかつて彼女がダンサーとしてデビューする前に美人コンテストに出た時に彼女に名刺を渡し、スポンサーになってやろうかと持ちかけた演劇人だ。このフォルメラーに仲介してもらい、リーフェンシュタールはスタンバーグをランチやディナーに招待し、親しくなっていった。

さらにリーフェンシュタールは、冬季オリンピックの取材を依頼した映画雑誌「フィルム・クーリエ」の編集者に、「スタンバーグの映画の役をもらえそうだ」と打ち明けたという証言もある。

明らかにリーフェンシュタールは「青い天使」の主役を狙ってスタンバーグに接近したわけだが、こうした経緯は回想録にはまったく出てこない。あくまでスタンバーグの映画に感銘したので会いに行ったことになっている。

回想録をもう少し読むと――「青い天使」の主演女優の自薦・他薦の女優たちのなかのひとりについて、スタンバーグが話し始めた。そして、

「マルレーネ・ディートリッヒなる人の写真を見たが、実にひどい」という話になる。

しかし、スタンバーグがわざわざその名を出したということは、「ひどい」と言いながらも、何かひっかかるものがあったのかもしれない。

リーフェンシュタールはその名前に反応して、「マルレーネ・ディートリッヒですって。一度、見かけたことがありますけど、目立つ人でした」と語りだした。藝術家たちが集まるカフェで、何人かの女優たちと一緒にいるのを見かけたという。

〈彼女のハスキー・ボイスが耳に留まりました。少し品がなく、挑発的。多分、ちょっと酔っていたんじゃないでしょうか。大声で話しているのが聞こえました。「なぜいつも綺麗なバストでなければいけないの。少し垂れ下がっていたって、かまわないでしょう」と言いながら、左のバストを少し持ち上げ、まわりの女の子たちが呆れ返った顔をするのを面白がって見ていました。彼女は、あなたの映画にぴったりです。〉

そしてその夜、スタンバーグはディートリッヒが出ている劇場へ行き、彼の求めるイメージにぴったりの女優を発見した。スタンバーグは写真だけではディートリッヒには惹かれなかったが、リーフェンシュタールの話を聞いて、ステージを観に行こうと決めた――これがリーフェンシュタールの回想である。つまり、写真では不合格になっていたディートリッヒをスタンバーグに推薦したのは自分だと、リーフェンシュタールは言いたい。

それにしても、リーフェンシュタールのディートリッヒ評はあまりにも的確であり、これ以上ない「青い天使」のヒロインへの推薦の言葉になっている。もし本当に彼女がこの時にそう言ったのなら、大スター・ディートリッヒはリーフェンシュタールのおかげで生まれたことになる。しかし、それは彼女がそう書いているだけだ。

次の日、リーフェンシュタールはスタンバーグとまた会った。彼は前夜――リーフェンシュタールと会った後に――『二本のボウタイ』を観に行った。そして、まずＵＦＡが脇役の男優に推薦していたハンス・アルバースを観て、確認した。彼もこのステージに出ていたのだ。だが、それ以上の収穫があった。マルレーネ・ディートリッヒである。

「私は感激したよ」とスタンバーグはリーフェンシュタールに言った。

「彼女はほんの小さな役だったんだけど、舞台に登場すると、彼女から目をそらすことができなくなった。明日、彼女と会うことになっている」

リーフェンシュタールはこのように書いているが、実際には『二本のボウタイ』でのディートリッヒは主役のひとりだった。劇場で観たスタンバーグが「ほんの小さな役」と言うはずがないので、彼女の記憶違いか、事実の歪曲、捏造であろう。


それにしても——リーフェンシュタールが回想録でわざわざスタンバーグのために一章を設け、そこで自分とは関係のないディートリッヒの話まで詳細に書いたのはなぜだろう。

映画史に刻まれているスター誕生の物語に自分も関係していると主張したかったのか、それとも自分がスタンバーグと親しかったことを誇示したいのか——あるいは、自分はこれはと思った人がいたら、相手がどんなに偉くても会いに行くのだ、それはヒトラーも例外ではない、と言いたいのか。つまり、この後にヒトラーに会いに行ったのは、自分としては特別なことではなく、「いつもやっていること」なのだ、と。

ともあれ、スタンバーグがディートリッヒを発見するにあたり、レニ・リーフェンシュタールがどの程度関与し、貢献していたのかは、いまとなっては確認のしようがない。

確実なことは――スタンバーグは『二本のボウタイ』を観に行った。そして、ディートリッヒに連絡を取った。これのみである。

複数の推薦者

スタンバーグが『二本のボウタイ』を観に行ったのは、リーフェンシュタールからディートリッヒの話を聞いたからだけではなかった。プロデューサーのポマーの妻ゲルトルートからも、ディートリッヒのことを聞いていた。ゲルトルートはベルリンの若い藝術家たちが集まるサロンでディートリッヒと知り合っていたのだ。

ゲルトルートに聞く前から、スタンバーグはディートリッヒの名を知っていたし、写真も見ていた。そしてこの女優はダメだと判断していた。すでに十年近く舞台と映画に出ているというが、その写真には「純情な娘役」という説明があり、彼が求めているキャバレー歌手とは程遠いイメージだ。さらに、結婚して子供もいるという。だが、スタンバーグはディートリッヒの名を聞いたエーリッヒ・ポマーが「あんなあばずれはダメだ」と言ったことが気になっていた。純情な娘なのかあばずれ女なのか、どちらなんだ。

さらに別の人物もディートリッヒを推薦してきた。リーフェンシュタールとも親しい劇作家のカール・フォルメラーの愛人である。彼が書いた『奇蹟』はベルリンで成功した後にアメリカでも公演され、その時にスタンバーグと知り合いになっていた。その縁でフォルメラーは『嘆きの天使』のシナリオを書いていた。

フォルメラーの愛人は、女優からジャーナリストになったルート・ラントショフで、彼女が『嘆きの天使』にふさわしい女優としてディートリッヒを推薦してきたのだ。ラントショフは女優をしていた時期にウィーンの舞台で共演して知っていた。彼女はディートリッヒには「何か」があると言った。

このように、リーフェンシュタールが推薦するまでもなく、すでにスタンバーグの周囲がディートリッヒを有力候補として推していた。あとはスタンバーグ自身が観て、判断すればいい。そういう状況だった。

その夜、スタンバーグはポマー夫妻、フォルメラーとその愛人ラントショフと一緒に劇場へ出かけた。彼の妻はホテルにいた。もし一緒に観ていたら、スタンバーグは妻を気にしてしまい舞台に集中できなかったかもしれないし、一目惚れしていることを妻に知られまいとして、あえてディートリッヒを無視したかもしれない。

映画史にとって幸いなことにスタンバーグの妻は劇場には来なかった。幕が上がり、ステージの上にいる若い女性がハスキー・ボイスでのセリフを発した瞬間に、スタンバーグはもう決めていた。これだ。この女だ。この女優しかいない。そしてプログラムを開き、役名と女優名とを確認した。マルレーネ・ディートリッヒ。間違いない。

しかし、芝居が終わり、ポマーたちがディートリッヒについてどうだったかと質問すると、スタンバーグは不機嫌そうに「あの不細工な牛のことかい」と言っただけだった。

ディートリッヒの自伝は彼女のスター誕生物語について書かれた多くの史料の中で、最も素っ気なく、まるで劇的ではない。

自伝には『二本のボウタイ』で自分はアメリカ女性の役で、セリフは「みなさん、今晩私と食事をしていただけませんか」だけだったと書かれている。彼女自身が端役だったと言うので、それを信じた人は多い。なにしろ、この時にベルリンにいた演劇関係者と演劇ファン以外は、このミュージカルでディートリッヒがどんな役だったのかは知らないのだ。だが実際は主役のひとりだった。

ディートリッヒは無意識のうちに、あるいは意識的に、ハリウッド特有の「一夜にして大スターの座を手に入れた」というスター誕生伝説を補完するかのごとくに、自ら伝説を作っていた。

自伝では、公演が始まって何十日かたった時、ジョゼフ・フォン・スタンバーグが見に来たとある。これは正しい。そして、

〈「カメラのレオナルド・ダ・ヴィンチ」と言われていた彼は、すぐにその鋭い目をプログラムに走らせ、私の名前を捜すと、立ち上がって劇場を後にした。〉

公演が終わると、スタンバーグは舞台裏に駆けつけてディートリッヒと会い、その場で『嘆きの天使』に出るようにと言った――この伝説を、彼女は否定している。そしてスタンバーグも楽屋に

は行かなかったと後に語っているので、それは正しいのだろう。ディートリッヒはこう振り返っている。

〈私はフォン・スタンバーグとの初めての出会いのことを何一つ覚えていない。若くて無知だと、非凡な人を見分ける力がないものだ。〉

その後、スタンバーグから、オーディションを受けるようにとの連絡があり、ディートリッヒは夫ジーバーと相談したうえで、まず面接に行った。そこでは映画会社の重役から冷たい対応をされた。〈私は望まれていなかったし、信用されてもいなかった〉と自伝にある。この重役の対応にスタンバーグは怒り、アメリカに帰ると言い出した。

ディートリッヒはこの役がどうしても欲しいわけではなかった。これまでに出た映画の経験で、自分はあまり写真うつりがよくないと思っていた。彼女からスタンバーグに、他の女優を探したほうがいいのではないかと言った。

スタンバーグによれば、彼女は不機嫌を絵に描いたような態度と表情で部屋に入ってきた。媚びへつらうところはまったくなかったのだ。

スタンバーグから、「なぜあなたのことが私のもとに情報として入ってこなかったと思うか」と訊かれると彼女はこう答えた。

「私は写真うつりがよくないし、うまく宣伝してもらえなかったし、三本の映画に出たが、どれもたいした作品ではなかったからでしょう」

実際には三本ではないことを、すでにスタンバーグは知っていた。それでもこの時点で彼が確認できたのは九本だけだった。実際はもっと多いのは言うまでもない。さらに舞台でのディートリッヒについても、スタンバーグはある程度、調べていた。

投げやりなディートリッヒの態度は、しかし、「青い天使」のヒロイン、ローラ・ローラそのものだった。ディートリッヒがそれを計算していたのか、どうせこの役ももらえないだろうと不貞腐れていたのかは定かではない。スタンバーグはしかし、もう決めていた。

ヒロイン決定

スタンバーグからカメラテストをしたいと言われると、ディートリッヒは自分がこれまでに出た三作――『奥様、お手をどうぞ』『失われし人々の船』『男が熱望する女』を観てからにしてほしいと言った。挑戦だった。これまでのはたいした映画ではない。それは監督のせいで主演女優のせいではないと思うのならば、呼んでくれ、そんな意味だった。

スタンバーグはその条件を呑んだ。そして彼女が言った三作を観た。そしてなるほどこれまでの映画は監督が二流だったから、ディートリッヒのよさが現れていないし、駄作だ。だが、自分ならこの女をスターにできるだろう――スタンバーグは確信した。自分の才能とディートリッヒの才能の両方を確信した。

ディートリッヒが見つかる直前まで、ローラ・ローラの最有力候補はルーシー・マンハイムという、それなりに有名な女優だった。ヒップが大きいことで知られ、ヤニングスのお気に入りの女優だった。カメラテストには、マンハイムとディートリッヒの二人が呼ばれた。このとき、マンハイムは作曲家のフリードリッヒ・ホレンダーを連れてきた。この映画の歌を――彼女のために――作ってもらおうという目論見だった。マンハイムはもうこの役は自分のものだと思い込んでやってきたのだ。

スタンバーグはその場で決めた。作曲家はホレンダー、しかし、ローラ・ローラはマンハイムではない、もうひとりの女優だ――と。

マンハイムの次にテストを受けるのが無愛想なディートリッヒだった。


スタンバーグが、ディートリッヒに決めていたにもかかわらずカメラテストをしたのは、UFA上層部に見せるためでもなかった。アメリカで配給することになっているパラマウントに見せるためのものだった。だが、そのことは誰も知らない。

ディートリッヒはかなりきついスパンコールの服を無理やりに着させられ、ヘアアイロンで髪をカールされた。彼女は〈その蒸気が天井にまで立ち上がるのを見た時、心の底から絶望感に陥った〉が、どうにか落ち着きを取り戻し、スタジオへ入った。

そこにはスタンバーグがいて、ピアノがあってピアニストもいた。

〈私はピアノの上にあがり、片方の靴下をくるぶしまで巻きおろしながら歌うように促された。楽譜を持って来ることになっていたが、私は持って行かなかった。どうせその役はもらえないだろう。だったら何のために楽譜を持ち歩く必要があるだろう。ではなぜ行ったのか。答えはただひとつ。行くように言われたからだ。〉

やる気のなさそうなディートリッヒに、スタンバーグは「楽譜がないのなら、何でも好きな歌を歌いなさい」と言った。ディートリッヒはアメリカの歌が好きだと言って、ピアニストにどんな歌なのかを説明した。ピアニストはその歌を知らなかった。その時、スタンバーグが言った。

「これこそ、私の欲しかった場面だ。実に素晴らしい。いまのやりとりをもう一回やってくれないか。すぐに撮ろう。彼に何を演奏すればいいか説明して、歌って聴かせるんだ」

スタンバーグ側の資料だと、最初、ドイツ語の歌を歌い、スタンバーグが英語の歌も歌ってくれと言ったことになっている。ディートリッヒはピアニストが戸惑っているので、ピアノの鍵盤を叩いて、口ずさみ、またピアノの上に戻って、歌った。

スタンバーグは、ディートリッヒの潑溂とした自由奔放さに瞠目した。そのバイタリティに感動した。こうして、青い天使は決まった。

この映画、『青い天使』(Der Blaue Engel) は日本では『嘆きの天使』のタイトルで公開され、それが定着しているので、以後、『嘆きの天使』とする。

主演女優に決まったとの報せがディートリッヒのもとに届くまでには数日から一週間かかった。UFAの上層部が反対したので、スタンバーグが「ディートリッヒが出ないのなら、アメリカへ帰る」と脅し、ようやく決まったのだ。

ディートリッヒのもとへはスタンバーグから電話があった。監督は彼女の夫のジーバーと話したいと言った。ジーバーは以後、ディートリッヒのマネージメントを担うのだが、このとき決まった出演料は五千ドルだった。ヤニングスはこの映画で二十万ドルを得るので、その四十分の一である。これが映画が撮影される前のディートリッヒの評価額だった。彼女はあまりに安いのでバカにされていると思ったが、チャンスであることは間違いないので承諾した。彼女は何か記念になるものを買おうと、出演料でミンクのコートを買った。

レニ・リーフェンシュタールが『嘆きの天使』のヒロインがディートリッヒに決まったという報せを電話で聞いた時、その場には映画雑誌「フィルム・クーリエ」の編集者がいた。彼女は動揺し、その日の編集者との約束をキャンセルしたという。

やはり、彼女もこの役を狙っていたのだ。その目的でスタンバーグに近づいたのだ。しかし、回想録にはそんな落胆ぶりは書かれていない。

役はディートリッヒに決まっても、リーフェンシュタールとスタンバーグの関係は変わらなかったと彼女は書く。

〈この時から私たちは毎日会った。私は彼の気に入り、彼は私の気に入っていた。恋のロマンスではなかったが、友情関係がどんどん深まっていった。スタンバーグは『嘆きの天使』については何でも話してくれた。私は彼の同僚といったところだった。〉

そして、リーフェンシュタールは、ディートリッヒはローラ・ローラに適役で、〈私は彼女がとても気に入っていた〉とも書く。なんと清清《すがすが》しいのだろう。

リーフェンシュタールによれば、二人はすぐ近くに住んでいた。リーフェンシュタールの部屋は五階で、そこから見える建物の三階にディートリッヒは住んでいた。

一九二八年にベルリンで開かれたパーティーで、ディートリッヒとリーフェンシュタールが並んで写っている写真がある（口絵参照）ので二人が親しかったのは、事実だろう。写真で二人の間にいるのは中国人女優アンナ・メイ・ウォンで、彼女は後にディートリッヒ主演の『上海特急』に出演する。

撮影現場は嫉妬と謀略の場

『嘆きの天使』のシナリオが出来上がったのは十月で、撮影は十一月四日に始まった。

ちょうどその頃、アメリカでは——一九二九年十月二十四日木曜日、ニューヨーク株式市場が暴落した。週明けの二十八日月曜日はさらに下げ、後に「ブラック・マンデー」と呼ばれる。世界大恐慌の始まりである。

その恐慌の最中の十一月十一日、ハリウッドではユニバーサル映画の『西部戦線異状なし』の撮影が始まった。第一次世界大戦の休戦記念日をあえて選び、話題づくりにした。監督はロシア生まれのルイス・マイルストン、主人公にはほとんど無名のリュー・エアーズが抜擢された。この主役探しは難航し、一時は原作者のレマルク自身が演じることも検討されたが、十八歳の役を三十一歳の彼が演じるのは無理と判断された。


ニューヨークに始まった恐慌はドイツも無関係ではなかった。企業倒産、事業縮小が相次ぎ、街には失業者が溢れた。ミュラー内閣は失業保険政策を打ち立てたのだが、内閣の中心となる社会民主党の支持が得られず、一九三〇年三月、退陣に追い込まれた。

経済界と政界が混迷するなか、『嘆きの天使』の撮影は続いた。

リーフェンシュタールは撮影中もスタジオに来て、スタンバーグのそばにいたという。『嘆きの天使』に出演できる可能性が消えているのに、なぜつきまとっていたのだろうか。

ある日、どうしてもディートリッヒの演技がうまくいかなかった。その夜、スタンバーグはリーフェンシュタールに会うと、「ディートリッヒからあの女（リーフェンシュタールのこと）が一度でもスタジオに顔を出したら仕事をしないと言われたよ」と言った。それは、ディートリッヒが自分に恋をしているからだともスタンバーグは言った。つまり、ディートリッヒはリーフェンシュタールに嫉妬しているというわけだ。念を押せば、本当にそういう会話があったのかどうかは分からない。リーフェンシュタールの回想録に書いてあるだけの話だ。彼女はさらにこうも書く。

〈私はスタンバーグを愛していなかったし、肉体関係もなかったから、彼とマルレーネとの間に色恋沙汰があっても、冷静でいられたのだろう。〉

それにしてもスタンバーグは忙しい。妻もベルリンに同行しているのに、昼間はスタジオでディートリッヒと仕事をし、夜はリーフェンシュタールのもとへ通っていたことになる。

撮影現場では、たしかにスタンバーグとディートリッヒは親しげで、すでに男女の関係にあるとの噂が流れていた。ディートリッヒと夫ジーバーは男女としての関係はすでにない。ディートリッヒにとってジーバーは、誰よりも親しく信頼できる友人であり、娘の父親というだけだ。ディートリッヒもまた恋多き女であったから、誰もがこの主演女優と映画監督の関係を疑った。いや疑いすらしなかった。二人は愛人関係にあると確信していた。それが自然だった。

二人が親密度を増すにつれて、スタジオでの人間関係は悪化していった。ヤニングスがこの映画の真の主役が自分ではなくディートリッヒだと気付いて機嫌を悪くしたのだ。この名優はスタンバーグとディートリッヒを憎み、最悪の雰囲気のなか、撮影は進んだ。

ディートリッヒの自伝にはこうある。

〈『嘆きの天使』の他の俳優も必ずしも付き合いやすいとは言えなかったが、自分の殻に閉じこもり、あらゆる人を憎んでいたエミール・ヤニングスに比べれば、はるかにましだった。〉

映画の後半、ヤニングスが狂気に陥り、ディートリッヒの頸を絞めるシーンでは本当に殺してしまいそうになったほどだった。

この映画はドイツ語版と英語版がある。セリフをドイツ語で話して撮影し、あとから英語に吹き替えたのではなく、まずドイツ語で撮り、次に同じシーンを英語で話して撮った。歌のシーンも同時録音だった。まだ吹き替えや、あとから音だけ入れる技術がなかったのだ。撮影と同時に録音された。スタジオでは四台のカメラが同時に回された。

この撮影を通じて、ディートリッヒはカメラや照明、そして編集にも初めて関心を抱いた。そしてスタンバーグがどの分野でも天才であると知る。

ディートリッヒはこれまで十数作の映画に出て、なかには準主役のものもあったが、映画を撮る側のことは何も学んでいなかった。この点では最初の映画『聖山』で撮影や編集に関心を持ったリーフェンシュタールに遅れをとっている。

『嘆きの天使』の撮影中、何人かのハリウッド関係者がスタジオに見学に来た。ひとりは、この映画の配給権を持っているパラマウントのベンジャミン・P・シュルバーグ、もうひとりはユニバーサルのジョー・パステルナークだった。ユニバーサルはディートリッヒの『男が熱望する女』の製作会社と提携していたので、前からディートリッヒを知っていた。パステルナークは、ディートリッヒにハリウッドへ来るよう誘った。彼女は即答しなかった。

この時点でディートリッヒはUFAと契約しており、今後の仕事はUFAに優先権があるとなっていた。ただし、同社がディートリッヒをその後も使うかどうかは経営陣が『嘆きの天使』の試写を観た後に決めるとなっていた。さらに彼女は演劇プロデューサーのロベルト・クラインと三年契約を結んでもいた。彼女はまだスターではなかったが、自分で自分のことを決められる状況になかった。

スタンバーグは自分がパラマウントにディートリッヒを連れて行きたいと考えていた。ユニバーサルの男がやって来たのは、彼にとっては好都合だった。これでパラマウントを催促できるからだ。ぐずぐずしていると、ユニバーサルに取られるぞと言えばいい。

さらに続く山岳映画

ディートリッヒにはハリウッドからの誘いがきている一方、『嘆きの天使』を逃して失意のどん底にあったリーフェンシュタールのもとにも新しい仕事が来た。彼女に同情したのか、ハリー・ゾカルがくれたものだった。

ファンクとパプストが監督した『死の銀嶺』は、撮影は六月に終わっていたが、まだ封切られていなかった。フランスでの公開も決まっており、先方の配給会社から、長いので十分カットしてくれと言われていた。それをやってくれと言うのだ。リーフェンシュタールはファンクが編集しているのをそばで見ていたことはあるが、自分でしたことはない。しかしこれを引き受けて、パリへ行き、十日ほどで作業を終えた。

リーフェンシュタールがカットしたことでファンクは不機嫌になったが、仕方がなかった。どの程度、リーフェンシュタールがカットしたのか、本当に彼女が編集したのかについては諸説ある。

『死の銀嶺』は十月にウィーンで先に封切られ、十一月になってベルリンで封切られると、その年の興行成績で第二位の大ヒットとなった。これを知り、アメリカでもユニバーサル映画の配給で封切られることになる。

この年の一月に封切られたパプストの『パンドラの箱』は、ドイツ人の役をハリウッド女優のルイーズ・ブルックスが演じたことで――あるいはマルレーネ・ディートリッヒを起用しなかったことで――反感をもたれ、ヒットしなかったので、『死の銀嶺』のヒットはパプストにとっても名誉挽回となった。

この映画のパリやロンドンでの公開にあわせ、リーフェンシュタールはそれぞれの都市を訪ねて、歓迎された。『死の銀嶺』は女優レニ・リーフェンシュタールにとって代表作となりそうだった。

この映画を見たスタンバーグは「きみはとてもうまい。ハリウッドへおいでよ。私なら君をスターにできるかもしれない」と言ったと、リーフェンシュタールの回想録にある。

戦後、スタンバーグはリーフェンシュタールと知り合いだったことは認めている。そして、リーフェンシュタールはどんな女性だったかとの質問に、「私の映画を崇拝するだけの才能はあった」と、微妙な言い回しで答えた。

リーフェンシュタールは、この時期、パプスト、ファンク、スタンバーグという三人の監督の近くにいたのである。そのうちのパプストとスタンバーグは才能がある名監督だったが、それゆえに、リーフェンシュタールを女優として起用してくれない。彼女を女優として使ってくれるのは、ファンクしかいない。

ファンクからは次の映画、『モンブランの嵐』（Avalanche Sturme Uber dem Montblanc）へ出てくれと言われていた。リーフェンシュタールにはそれ以外の映画の依頼はない。彼女はまたも山岳映画に出演するしかなかった。

ある後悔

『嘆きの天使』の撮影は、多くの映画がそうであるように、当初の撮影予定通りには進まなかった。四台のカメラで同時に撮るのはいいとしても、同時に録音もするという、ＵＦＡの撮影スタッフにとって初めての経験で時間がかかった。さらにスタンバーグはこの映画を物語の順に撮ることにこだわった。

通常は、ひとつのセットを組めば、そのセットでのシーンを全部撮り、次のセットを組んで、という撮り方をする。そのほうが効率がいいからだ。場合によってはラストシーンを最初に撮ることもあるわけだ。しかしこれだと俳優はやりにくい。スタンバーグは初めての大役を得たディートリッヒのために、順撮りにこだわった。物語が進行するにつれてヤニングスとディートリッヒとの関係が変化していく様子、とくにディートリッヒが変貌していく過程をドキュメンタリーとして撮るつもりだった。そのため、スケジュールは遅れ、予算は超過していった。

さらに問題が起きた。スタンバーグはパラマウントと契約しており、期間限定でベルリンに来ていたのだ。その期限、一九三〇年一月十四日が過ぎれば、UFAはパラマウントに損害賠償を払わなければならない。撮影はもちろん、それまでに編集もしなければならなかった。結局、一月十四日までには終わらず、一月末になって撮影は終わった。編集は、撮影と同時並行して作業していたので、『嘆きの天使』はほぼ完成していた。

一月二十六日にUFAではマスコミを呼んでのパーティーが予定されており、スタンバーグはそれに出てから、アメリカへ帰ることになった。そのパーティーに、スタンバーグが同伴者として誘ったのは、レニ・リーフェンシュタールだった。しかし、直前になってスタンバーグは断った。リーフェンシュタールによれば、ディートリッヒが「自分と一緒に行ってくれなければ自殺する」と騒いだからだという。

リーフェンシュタールはパプスト夫妻と一緒にパーティーへ行った。パーティーの数日後、アメリカへ帰る直前にスタンバーグはリーフェンシュタールと会い、改めてハリウッドへ来ないかと誘った。彼女は即答できなかった。「マルレーネはどうするの」と訊くと、「まだ決心がついていないようだ」とスタンバーグは言った。

ディートリッヒがアメリカへ行くかどうか悩んでいた最大の理由は、五歳になる娘を置いていくことの不安だった。

リーフェンシュタールの回想によれば、スタンバーグは前年十二月に『死の銀嶺』を観た後にも、彼女にハリウッドへ来ないかと誘った。

「きみはマルレーネとはまるで正反対だ。二人とも普通ではない生き物だ。私はマルレーネに魔法をかけたように、きみにも魔法をかけることができる。きみはまだ本物の才能を発掘されていない」

そこまで言われたのに、リーフェンシュタールは決断できなかった。

〈あの時、スタンバーグについてアメリカへ行ってしまわなかったことを、私は戦後しばしば悔やんだものだった。〉

これは——もし本当にスタンバーグから誘われたのであれば——本音であろう。

それにしても、野心家で自信過剰のリーフェンシュタールは、なぜアメリカへ行かなかったのだろう。ファンクの次の映画が決まっていたが、そんなものはキャンセルすればいい。英語に不安があったのかもしれないが、英語のできないデパートの売り子だったグレタ・ガルボだってハリウッドで成功したのだ。尊敬するスタンバーグが成功を約束しているのだ。不安はないはずだ。

回想録に書かれている「スタンバーグから誘われた」という話そのものが現実にはなかったと考えたほうがいいのかもしれない。ハリウッドへ来いと誘われた、しかし断った、それはいまとなってはもったいない話と後悔しています――という物語のほうが、彼女のプライドは守られる。スタンバーグがリーフェンシュタールをハリウッドに誘ったかどうかは、いまとなっては永遠の謎である。

ともあれ、ジョセフ・フォン・スタンバーグは『嘆きの天使』を完成させると、一月三十日にベルリンを去った。その鞄には、ディートリッヒが船中で退屈しないようにとくれた小説があった。『アミー・ジョリー――マラケシュから来た女』という、通俗恋愛小説だった。これが映画『モロッコ』の原作となる。

決断

一九三〇年二月になると、リーフェンシュタールは『モンブランの嵐』の撮影のため、スイスのアローザへ向かった。この映画はファンクにとってもリーフェンシュタールにとっても初めてのサウンド映画となった。

撮影は三月に始まった。サンモリッツを経て、ベルニーナ、そしてモンブランへ向かった。スキーでの撮影や飛行機での撮影が控えていた。

このロケ現場で、リーフェンシュタールはまたもカメラマンにして元恋人のシュネーベルガーと再会した。結局、ファンクの望む山岳地帯の映像を撮れるのは彼しかいないのだ。そしてもうひとり、リーフェンシュタールとシュネーベルガーの関係を破壊したとも言える人物、曲芸飛行家のウーデットも撮影に参加することになった。『死の銀嶺』の撮影時に、リーフェンシュタールが恋人シュネーベルガーを失うきっかけを作った人物だが、この映画の撮影中にリーフェンシュタールの新しい恋人となる。

この映画でも撮影現場では、リーフェンシュタールただひとりが女性だった。彼女は今回も危険なシーンを全て自分で演じた。あまりそういう評価はされないが、レニ・リーフェンシュタールは元祖アクション女優でもあるのだ。これは彼女が幼少期からスポーツに親しみ、抜群の運動神経をもっていたからこそのことだった。リーフェンシュタールは性格や思想性が、思想性のなさも含めて批判されるが、美貌であること、身体能力が優れていた点は疑いようがない。そして、彼女を目の前にすれば、たいがいの男はその魅力に惹かれてしまうのだ。

『モンブランの嵐』の撮影チームは四月の初めに、モンブランの近くのベルニーナの小屋に到達し、そこでの六週間にわたる撮影となった。春ではあるが、天気は荒れていた。そして春こそが雪崩の季節であり、撮影はそれを狙ってのものだった。

リーフェンシュタールは天文学者の娘の役だった。モンブランの測候所にいる気象観測員と文通しており、その観測員が遭難したと知って、知り合いの飛行士と共に救出に行く。その飛行士をウーデットが演じた。

これまでの山岳映画の要素に、飛行機での救出シーンを加えたのが新しい。

さらに言えば、これまでの山岳映画でリーフェンシュタールが演じた女性は、いずれも山頂には立てないまま物語が終わるのだが、この映画で初めてリーフェンシュタールは山頂に立つ女性を演じた。


『モンブランの嵐』の撮影が続いている頃、UFAでは、『嘆きの天使』の試写がなされた。経営陣はこの映画が理解できなかった。とくに保守政治家でもあるフーゲンベルクは退廃的すぎると激怒した。ラストで教授が死んだのかどうか分からず、それもよくないと言う。『嘆きの天使』は二月に封切られる予定だったが、延期となった。

上層部は「撮り直せ」と言ったが、監督がすでにいない以上、不可能だった。ベルリンにいたとしてもスタンバーグは応じなかっただろう。プロデューサーのポマーが上層部とかけあい、ラストにベートーヴェンの音楽を流すことで、どうにか決着した。現在の版では、この映画の音楽を担当したホレンダーによる曲となっている。

内容が退廃的だとか理解し難いという点ばかりに話題がいってしまい、UFA社内では主演女優のことはどうでもよくなっていた。誰も気にしないまま、ディートリッヒとの契約の優先権を行使するかどうかを決める期日が過ぎてしまった。

ディートリッヒは振り返る。〈誰もが、『嘆きの天使』はどう見てもスタンバーグの予告したような成功作ではなく、おそらくは不評で、悲劇的な結果になるだろうと思っていた。〉

ディートリッヒが演じたローラ・ローラは〈品がなく、不作法で、挑発的で気性が激しく、身持ちが悪い〉。これはもちろん虚構の人物である。スタンバーグとディートリッヒとが作り上げた新しいヒロインだった。こんな女性はこれまでの映画では、出たとしても脇役としてで、ヒロインにはならなかった。爛熟とは退廃の一歩手前だが、ドイツ映画の「黄金の一九二〇年代」と称された時代がまさに終わろうとしていた。この映画とそのヒロインはその時代の気分を半歩、先取りしようとしたものだった。

しかし旧弊な価値観に染まっているUFA幹部はマルレーネ・ディートリッヒという女優の将来性に気付かなかった。彼らはどんな大金を生み出す金の卵かも知らずに、優先権を行使できる期日をそのまま何も手を打たずに過ごした。

もっとも、UFAはより先を見ていたとも言える。「黄金の二〇年代」の次は、この時点では誰も知らないが、「褐色の三〇年代」となるのだ。たとえディートリッヒを専属にしていても、ナチス政権下では彼女がローラ・ローラのような女性を演じることはもうできなかっただろう。

ともあれ――これでディートリッヒはUFAから自由になった。彼女はスタンバーグとのみ仕事をするという条件で、パラマウントと二本の映画に週給千七百五十ドルで出る契約を結んだ。クラインとの契約はディートリッヒが専門家の友人に頼み、金銭で契約を解除してもらった。

ディートリッヒは娘をアメリカへ連れて行くかどうか悩んだが、ひとりで行くことになった。

『嘆きの天使』のプレミアは四月一日と決まった。主演女優としてプレミアに出る義務はあったが、ディートリッヒがUFAに拘束されるのは、それで終わりだった。

四月一日夕刻、ベルリンの繁華街、クーアフュルステンダムに聳え立つ、グロリア・パラスト劇場で、エミール・ヤニングス主演『嘆きの天使』のプレミアが行なわれた。劇場には実業界、金融界、藝術家、作家たち、そして演劇、映画関係者と、ベルリン中の著名人が集まった。

その日の午後には一般公開に先立って批評家に向けての試写会があった。映画が始まるまでは「名優ヤニングスの新作」だったが、映画が終わると、それは「新星ディートリッヒの映画」になっていた。

批評家やジャーナリストたちはこれまでも映画館のスクリーンや劇場で、何度もこの女優を観たはずなのに、『嘆きの天使』でのディートリッヒはまるで別人だった。こんな女優がどこにいたんだ。ベルリンの映画・演劇人たちの眼は節穴だったのか。スタンバーグが何か魔法でもかけたのか。ようするに、ベルリンの映画・演劇人の眼は節穴であり、スタンバーグが天才だったのだ。

夕刻からの一般客へのプレミアでも、観客はディートリッヒに夢中になった。終映後はカーテンコールが延々と続いた。白いロングドレスに毛皮をはおったディートリッヒは何度かそれに応えた。しかし、何度目かのカーテンコールが終わると、観客は立ち上がり、歓声を上げていたが、ディートリッヒは旅行用の服に着替えて、劇場を後にした。ベルリン市内での叔父の家でのさよならパーティーに顔を出した後、彼女はブレーメン行きの列車に乗った。

観客の熱狂的なカーテンコールを見て、ＵＦＡの経営陣が逃した魚の大きさを知った時には、もうその魚はベルリンにはいなかった。

マルレーネ・ディートリッヒを乗せた客船ブレーメン号が、ブレーメンの港から出港したのは四月二日の明け方だった。

『嘆きの天使』の主演女優はドイツから消えてしまったが、その姿はフィルムに焼き付けられていた。マルレーネ・ディートリッヒは伝説となった。

第四章

聖林《ハリウッド》

映画の都、ハリウッド——そこは夢と挫折、希望と絶望、愛と憎しみの都でもあった。
マルレーネ・ディートリッヒはこの虚構の帝国で、瞬く間に女王のひとりとなる。

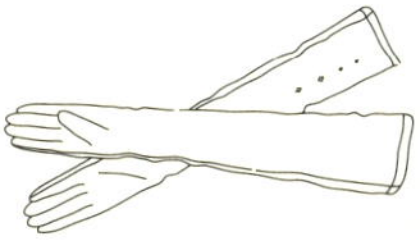

ハリウッド到着

一九三〇年四月九日、マルレーネ・ディートリッヒを乗せたブレーメン号はニューヨーク港に着いた。『嘆きの天使』で衣装係だったレージーという女性が身の回りの世話をするために同行していた。

一週間ほどの船旅だった。その間、何通もの電報が届いた。夫のジーバーやベルリンの映画関係者からだった。いずれも『嘆きの天使』が絶賛されている、大ヒットしているとの内容だった。船旅の間に、マルレーネ・ディートリッヒの名はドイツで知らぬ者はないほど有名になっていた。

やがてディートリッヒがこの映画の中で歌った《フォーリング・ラヴ・アゲイン》は、歌手としての彼女の代表曲となる。そして映画で披露された美しい脚もまた彼女のトレード・マークとなり、その脚には百万ドルの保険がかけられているという伝説が生まれる。

その一方で『嘆きの天使』とディートリッヒを攻撃・批判するメディアもあった。それはナチス系のメディアだった。理由は単純な話だった。監督のスタンバーグがユダヤ系だからだ。さらにナチスはバイエルン州バイロイトで開催された集会では『嘆きの天使』を「二流の作品で退廃的で通俗」として上映中止を求めた。

こうしてニューヨークへ着くと、大勢の群衆と報道陣がベルリンの大スターを出迎えた――わけではなかった。まだ彼女はアメリカでは無名だった。『嘆きの天使』はベルリンで封切られたばかりで、ドイツでは話題になっていたが、大西洋の反対側ではまだ誰も見ていない。ディートリッヒがこれまでに脇役で出た映画のいくつかはアメリカでも公開されていたが、彼女に注目した者はほとんどいなかった。

〈船が着いて、黒いドレスとミンクのコートに身を包んで朝日のもとに降り立った時、私は感激と不安のいりまじった気持ちだった。しかし私には面倒をみてくれるパラマウント社があり、ホテル・アンバサダーへ案内された。〉

ディートリッヒにアメリカへ来いと言ったスタンバーグは大陸の反対側、ハリウッドにいた。スタンバーグは電話でこう言った。

「求められたことはするように。ただし、もし問題が起こったら、すぐに電話をよこすんだ」

ディートリッヒは着いたその日に記者会見に出た。写真家がやって来て写真を撮った。しかしそれは、自分の許可無しには写真を一枚も撮らせないというスタンバーグとパラマウントとの契約に反していた。それを知ったスタンバーグはネガごと破棄しろとディートリッヒに言ったが、彼女は気に入った写真は破棄しなかった。

そして問題はその夜に起きた。パラマウントの東海岸制作部長がもぐりの酒場へ連れて行ったのだ。当時はまだ禁酒法があった。そんな場所にいるのがバレたらハリウッド・デビュー前にして大スキャンダルである。

電話でそれを知ったスタンバーグはすぐにハリウッドへ来いと命じた。そして自分も途中で出迎えることにして鉄道に乗った。妻が騒いだが、そんなことはかまっていられなかった。

ディートリッヒはまずはシカゴ行きの列車に乗り、シカゴに着くとサンタフェ行きに乗り換えた。スタンバーグとはニューメキシコで合流し、十三日にカリフォルニア州ロサンゼルス郊外のパサデイナに着いた。やって来たマスコミが何をしているのかと質問すると、スタンバーグは「シナリオのミーティングだ」と答えた。

ディートリッヒがハリウッドへ着いたのは、前年十一月に撮影が始まったハリウッドのユニバーサル映画『西部戦線異状なし』が、ロサンゼルスでプレミア上映された直後だった（四月二十一日）。

この映画は製作費が百四十五万ドルもかかってしまい、よほどヒットしないと赤字になりそうだったが、公開されるや大ヒットした。興行的に成功しただけでなく、アカデミー賞の作品賞と監督賞を受賞した。

ディートリッヒのお目見えは、べヴァリー・ウィルシャー・ホテルだった。その日はMGMの盟主ルイス・B・メイヤーの娘アイリーンと、同社の製作アシスタントからパラマウントへ移ったばかりのデヴィッド・O・セルズニック――後に『風と共に去りぬ』のプロデューサーとして名を遺す――との婚約披露パーティーが開催され、ハリウッド中の名士が集まっていた。

盛り上がっていたパーティーの雰囲気が突然、変わった。談笑していた客たちが沈黙したのだ。主役であるアイリーンはそれに気づいた。何かが起きている。彼女がふと見ると、宴会場の正面の観音開きの扉が開き、女性が入ってきた。そこにいたハリウッド中の名士たちの視線は一点に釘付けとなった。いったい誰なんだ、この女は――と人々が思った瞬間、パラマウントの撮影所長ベンジャミン・P・シュルバーグが叫んだ。

「紳士淑女のみなさん、パラマウントの新しいスター、マルレーネ・ディートリッヒです」

ライバル会社の社長の娘の婚約パーティーで、ディートリッヒはハリウッドへデビューしたのだ。アイリーンはのちのちまでディートリッヒのせいで「パーティーはぶちこわしだった」と怒りを隠さない。主役を奪われた女性の恨みは深いのだ。それが原因ではないだろうが、結局、アイリーンとセルズニックは結婚するも離婚し、セルズニックは女優ジェニファー・ジョーンズと再婚する。

リーフェンシュタールの自問自答

ハリウッドに新しいスターが誕生しようとしていた頃、ドイツ政界は混迷していた。

三月に社会民主党中心の連立政権であるミュラー内閣が退陣に追い込まれると、次の内閣をどうするか、なかなか決まらない。

ヒンデンブルク大統領はこの機会に、社会民主党中心の内閣から、保守派の国家人民党と中央党との連立内閣を望み、国防次官クルト・フォン・シュライヒャーの推薦する、中央党出身のハインリヒ・ブリューニングを首相に任命した。

ブリューニングは政権の安定のためには社会民主党との連立が好ましいと考えていたが、ヒンデンブルクが社会民主党の内閣入りを望まず、さらには連立にドイツ人民党が加わると決まると、社会民主党のほうから連立を拒否した。

この結果、ブリューニング内閣は議会第一党である社会民主党を野党にした少数与党内閣としてスタートした。ヒンデンブルク大統領としては、左翼色が薄まることを期待した。

だが少数与党なので内閣提出の法案が議会で可決される可能性は低い。そんな場合に備えて、憲法では大統領大権としての「緊急令」が定められていた。ブリューニングは大統領緊急令を使って政権運営をしていくが、議会は抵抗した。憲法では大統領独裁にならないよう、緊急令は国会で破棄できることにもなっていた。その議会に対して首相には解散権があった。

政治の主要課題は、大恐慌で打撃を受けた財政の再建だった。ブリューニングは支出削減案を出したが、これに与党の国家人民党が反対し、野党の社会民主党、共産党も反対したので、七月十六日に法案は否決されてしまった。そこでブリューニング首相は大統領緊急令で法案を公布させるが、社会民主党がこれに抵抗して国会に緊急令廃止動議を出すと、共産党とナチスが手を結び、十八日に動議を可決させた。かくなるうえは議会を解散するしかないとなり、大統領による解散命令がその日のうちに出され、国会は解散となった。選挙は九月十四日と決まる。

政界が混乱している間も『モンブランの嵐』の撮影は続き、九月に終わった。これはファンクにとって、またアルプスを舞台としてアルプスで撮影された映画としても初のトーキーだった。自然の風景の美しさが売り物の山岳映画といえども、音なしでは観客動員は見込めないとの判断だった。ファンクは本物の雪にこだわったように、この映画では自然の本物の音にこだわった。山中での暴風や雪崩の音は現地で録音された。

リーフェンシュタールは自問自答した。この仕事は私を満足させたのか。答えはノーだった。

〈自分が演じた役柄に私は不満だった。きちんとした役なんてものではない。この映画での仕事ときたら、とても疲れて危険なことばかりだった。もう凍てつく寒気と嵐と氷河はこりごりだ。〉

そして、自分は演技者ではなく、撮る側の人間になるべきだと考える。

〈私の関心はますます映画の構成のほうへ向いていった。はじめは抵抗した。私は女優なのだ。しかし、そのうちに、私は全てを作る側の眼で眺めるようになっていた。〉

自分を女優として開花させてくれる監督と仕事ができないのなら、自分で作るしかないではないか。

『モンブランの嵐』のロケ中からリーフェンシュタールは映画の構想を練り、物語のシノプシスを書いていた。後に『青の光』（Das blaue Licht）となるものだ。

リーフェンシュタールが映画を作りたいと言い出すと、ファンクは猛反対した。師が喜んで協力してくれるかと思ったが、逆の反応をされたことに彼女はショックを受けた。何人かのプロデューサーにもシノプシスを見せたが、誰も賛成してくれなかった。

ナチスの躍進

一九三〇年九月十四日、ドイツでは国会の選挙が行なわれた。ヒンデンブルク大統領とブリューニング首相としては政権基盤の安定を狙っての解散・選挙だったが、結果は裏目に出た。不景気が続いていたため、無党派層は中道勢力ではなく左右それぞれのより過激な言動をする政党へ票を投じた。その結果、共産党とナチスが躍進することになった。

とくにナチスは二年前の前回は八十一万票だったが、一気に六百四十一万票と八倍の票を獲得し、百七議席を得て社会民主党に次ぐ第二党となった。得票率は十八・三パーセントである。共産党も票を伸ばし、二十三議席増の七十七議席を得た。

一方、ナチスに票を取られたのが右派の国家人民党で前回の七十三議席から四十一議席となった。首相を出している中央党は七十八議席から八十七議席と増やしたものの、単独では過半数にはるかに及ばない。

選挙結果を受けて、ヒンデンブルク大統領は初めてヒトラーと会った。ヒトラーのほうから、選挙結果で明らかになった大衆のナチスへの支持をアピールし、首相に指名するよう求めたのだ。しかし大統領は会っただけで、そんな話はまるで相手にしなかった。第一党になったのならともかく、第二党に躍進したぐらいで首相になれるなど、身のほど知らずだと大統領は思っていた。軍の最高位である元帥だったヒンデンブルクにとって、伍長でしかなかったヒトラーなど、対等に話す相手ではなかった。

選挙の結果、ブリューニング内閣は政権維持と安定のためには以前にも増して社会民主党の協力を得るしかない状況となった。しかし社会民主党は連立を拒み、閣外協力に留まった。

ドイツ国債の格付けが下がり、外資が引き上げられ、景気は悪くなっていく。社会民主党は閣外協力ではあったが、大統領緊急令によって法律が成立するのを黙認し、さらには共産党とナチスが法案無効の動議を出せば、それを廃案にさせた。社会民主党としては、ブリューニング内閣を支持するわけではないが、共産党やナチスはそれよりも悪いという判断だった。

社会民主党のこうした態度は、右からも左からもどっちつかずと攻撃された。この社会民主党の煮え切らない態度が、極論を主張するナチスへの支持層をますます増やしていく。

『モロッコ』での三角関係

ディートリッヒと再会した時、スタンバーグの手には、すでに新しい映画のシナリオがあった。ベルリンを去る時にディートリッヒがくれた通俗恋愛小説を原作にした『モロッコ』（Morocco）である。

〈私はその映画で、英語を流暢に話し、その上謎に満ちた雰囲気を表現しなければならないという、ひどく難しい問題に直面した。謎めいたことというのは、まだ私の得意分野ではなかった。自分に求められているものが何かは分かっていたが、私は謎に満ちたオーラを作り出すことができなかった。〉

ディートリッヒに言わせれば、『モロッコ』のヒロインは『嘆きの天使』のローラ・ローラとは正反対の性格だった。謎めいたオーラもさることながら、最初の大問題は英語の発音だった。Helpというだけで何回ものテストが必要だったほどだ。

ハリウッドでは、ディートリッヒはスタンバーグの住むマンションの向かいの部屋に住むことになった。見知らぬ土地で暮らすディートリッヒを思ってのことだった。彼女にはスタンバーグ以外の知り合いはいないのだ。役作りの相談もあった。近くに住むのは合理的といえば合理的だった。

しかし、スタンバーグの妻ライザにとっては、それは非常識であり不合理だった。

「そんなにそばにいたいのなら、一緒に暮らしたらどうなの」とライザはスタンバーグを責めた。彼は「あの女と一緒に暮らすくらいなら、コブラと電話ボックスに入ったほうがましだ」と言った。

しかし、スタンバーグは邪魔になったライザを追い出した。これが五月十一日のことで、ライザが離婚訴訟を起こすのは六月二日だった。

『モロッコ』の撮影は七月に始まった。相手役には若手のゲイリー・クーパーが起用された。この年、二十九歳である。一九二五年に本格的に映画デビューしたクーパーは、二七年に『アリゾナの天地』で初主演したものの しばらくはB級西部劇に出ており、二九年の『バージニアン』でようやくスターの座を得たばかりだった。この『モロッコ』で名声を確実にするのだ。

舞台はモロッコだが、ディートリッヒの役は『嘆きの天使』と同じ、キャバレー歌手だった。富豪から求愛されるが、クーパー演じる外人部隊の若い兵士との恋を選ぶ。ディートリッヒが言うように、『嘆きの天使』のローラ・ローラとは性格はだいぶ異なる。

撮影が始まり、撮り終えた部分のラッシュを観たパラマウントの幹部はディートリッヒの美しさとその妖しい魅力に驚いた。このドイツ女優は大スターになる。そうなると、契約を保留していた『嘆きの天使』のアメリカでの配給権を急いで買わなければならない。『嘆きの天使』はすでにヨーロッパでは大ヒットしていたが、パラマウントはアメリカでの正式な契約はしていなかったのだ。

共演者と恋愛関係になる点では、ディートリッヒもリーフェンシュタールと同じだった。彼女は恋人のいたゲイリー・クーパーと、愛人であるスタンバーグの目の前で恋に落ち、恋に走った。せっかく妻を追い出したのにディートリッヒからそういう仕打ちを受けたスタンバーグは、しかし彼女を憎むことはできず、クーパーを無視し、ディートリッヒにはドイツ語で指導し、指示を出した。腹が立ったクーパーは「この国で仕事をしたいのなら、ここで使われている言葉を習ったらどうだい」と監督に言った。スタンバーグはスタジオを出て行き、その日は戻って来なかった。しかしこれはスタンバーグの映画だった。彼には職場放棄はできない。

スタジオでの三角関係が続くなか、撮影は八月末まで続いた。スタンバーグはもうひとつの三角関係——妻とディートリッヒとの——も抱えていた。

有名なラストシーン、クーパーの後を追ってディートリッヒが砂漠を裸足で歩くシーンを撮り終えると、暑さのため、彼女は倒れてしまった。気付いた時、彼女は担架の上だった。朦朧とした意識のなかで彼女はスタンバーグに言った。

「クローズアップは必要かしら」

するとこの監督は冷淡に言い放った。「クローズアップではなく、クロースアップだ」

日本ではclose-upを「クローズアップ」と発音するが、英語では濁らない。しかしディートリッヒはドイツ式に濁ったので、この期に及んでスタンバーグは発音を正したのである。この執拗さは、スタンバーグの性格を物語るし、いかにディートリッヒにいらいらしていたかも推察できる逸話として知られている。

ガルボかディートリッヒか

『モロッコ』は九月末には編集も終わり、十一月に封切られることが決まった。『嘆きの天使』はその後にアメリカ公開される。つまり、アメリカ人は先に『モロッコ』を観るのである。

『モロッコ』の大ヒットを確信したパラマウントはすぐに次回作を作れとスタンバーグに命じた。パラマウントとディートリッヒとは二本の映画をスタンバーグが監督して撮ることになっていた。ここでパラマウントは慌てた。あと一本しかないのか。ディートリッヒは改めてパラマウントと二年間の契約を結んだ。映画一本あたりの出演料は十二万五千ドルになった。

その次の作品、スタンバーグとディートリッヒにとっての三作目は女スパイの物語となった。『間諜X27』（Dishonored）である。舞台は第一次世界大戦中のオーストリアだ。ディートリッヒは娼婦だったが、度胸がいいのを買われて警察のスパイとなる。しかしスパイ活動中に敵国ロシアのスパイを愛してしまう。この映画でも彼女の脚の美しさがアピールされた。

『モロッコ』が完成した直後——つまりまだ封切り前の十月初めから『間諜X27』の撮影が始まった。オーストリアが舞台ではあるが、ハリウッドで全て撮影された。相手役にはクーパーが予定されたが、彼のほうから断った。これにはスタンバーグは内心はほっとしたらしい。代わりにヴィクター・マクラグレンがディートリッヒの愛人の役に起用された。

『モロッコ』公開にあたりパラマウントは周到かつ大々的なプロモーションを展開した。たとえば「ニューヨーク・タイムズ」は特集を組み、ディートリッヒを絶賛した。

ニューヨークのリヴォリ劇場で十一月十四日にプレミア上映されると、『モロッコ』はこの劇場の持つ観客動員記録の全てを塗り替える大ヒットとなった。つづいて十日後にハリウッドのグロウマンズ・チャイニーズ・シアターで上演された。このオープニングには監督と主演女優と主演男優も姿を見せ、その他ハリウッドの名士たちが揃った。上映後のパーティーには、スタンバーグの恩人で、ハリウッド最大のスターであるチャールズ・チャップリンもいた。ディートリッヒが喜劇王と会うのはこの時が最初だった。

パラマウントのディートリッヒが一躍スターになると、最初に始まったのは、MGMのグレタ・ガルボとの比較合戦だった。

ガルボは五年前の一九二五年七月にスウェーデンからハリウッドへ着き、一九二七年のクラレンス・ブラウン監督『肉体と悪魔』でスターの座を確実にした。ブラウンとはこの作品を含めて七作を作り、関係が噂になった。同年には続いてトルストイ原作の『アンナ・カレーニナ』にも出て、一九三〇年一月に封切られた『アンナ・クリスティ』がガルボ初のトーキー映画で「ガルボが話した」をキャッチフレーズにした。ディートリッヒがハリウッドへ来たのは、ちょうどこの映画がヒットしていた頃だ。

ガルボとディートリッヒはどちらが美人か、どちらがチャーミングか、どちらが個性的か、どちらが機知に溢れているか——映画業界、映画ジャーナリズム、そして映画ファンの間での比較合戦に加わらなかったのは、グレタ・ガルボだけだった。彼女は言った。「マルレーネ・ディートリッヒって、だあれ?」

しかしマルレーネ・ディートリッヒは反応してしまった。「私はガルボに似ていない。いいえ、もしかしたら『モロッコ』ではちょっとは似たところがあったかもしれないけれど、それは意図したものではないし、『嘆きの天使』を観てもらえば似ていないことは分かる。だいたいガルボを真似しようとしても無理よ」

ガルボかディートリッヒかの論争が盛り上がれば盛り上がるほど、儲けたのはパラマウントだった。『モロッコ』の観客動員は落ちることがなく、記録をどんどん更新していった。

その間に『間諜X27』は十一月末には撮影が終わっていた（公開は翌年三月）。ディートリッヒのパラマウントとの最初の契約はこれで終わりだ。次の二年契約が始まる前に、彼女にはやることがあった。ベルリンへ帰り、娘と会うことだ。

そのベルリンではレマルク原作のハリウッド映画『西部戦線異状なし』が封切られようとしていた。この映画はアメリカ国内ではヒットしたが、問題はドイツだった。ドイツはハリウッド映画にとって無視できないマーケットだ。この時点で国内に五千もの映画館があった。この国で上映できないとなると、損失は大きい。

だが『西部戦線異状なし』の内容が反戦的であることから、ドイツ国内の保守派や軍部はこの映画に神経を尖らせていた。そこでユニバーサルは、ドイツ向きに、十五分カットした版を作った。それでもドイツ国防省は「反ドイツ的」だと上映禁止を内務省の管轄下にある検閲委員会に求めたが、これは却下され、十一月二十四日に関係者のための特別試写会が行なわれ、これにはレマルクも出席した。

ドイツでの『西部戦線異状なし』の一般向きのプレミアは十二月四日で、ノルレンドルフ広場にあるモーツァルト・ザールで始まった。ここはかつてレニ・リーフェンシュタールがファンクの『運命の山』を観た映画館だ。同館で翌五日から一般公開が始まり、その日の夜七時からの回で事件が起きた。

〈突然映画館内に悲鳴が起こって、パニックとなった。私は最初、火事が起きたと思った。女の子や女性たちは叫びながら席を立った。〉

その日、この映画を観に来ていたレニ・リーフェンシュタールはこう回想している。

この回の上映は中止となり、リーフェンシュタールが外に出ると、〈これまで名前も聞いたこともなかったゲッベルスなる人物が、上映開始後に館内に何百ものハツカネズミを放ってこの騒ぎを引き起こしたと伝えられた。〉

リーフェンシュタールはこの時期すでにレマルクとは交流がなかったようで、彼がアメリカへ亡命したことも新聞で知ったとある。

自分の友人の関係する映画が妨害されたのを目の当たりにして、レニ・リーフェンシュタールは何を思ったのだろうか。〈上映反対デモの力はたいしたもので、聞いたところでは、十二月にはこの映画はあちこちの国で上映禁止となったそうである。〉と他人事のようだ。さらにゲッベルスのことを名前も知らなかったと、さりげなく主張している。

国会の選挙で第二党となったことでナチスは増長し始めていた。

ゲッベルスはこの時期、ナチスの宣伝全国指導者というポストにあった。最高幹部のひとりである。宣伝全体を指揮し、プロパガンダの才能を磨き上げていく。それまでの政党はビラやポスターという従来の手法に頼っていたが、ゲッベルスは野外集会や突撃隊の街頭での行進など、ひと目につく行動で注目させることを重視した。さらに、映画という新しいメディアに目をつけた。音を持つようになり、視覚と聴覚とに同時に訴えることのできる映画は政治宣伝に使えると誰よりも早く見抜いたのだ。

ゲッベルスは映画を重視していたので、その影響力を熟知し、ナチスに都合の悪い映画を排除しなければという思考に行き着く。さらに党内的にも何か具体的な目標を提示して街頭での運動をさせたほうがいいことから、特定の映画を攻撃し上映を妨害する活動をしていたのだ。

ドイツの政治家で誰よりも映画好きで映画を理解していたゲッベルスは、それゆえに映画の最大の敵となる。

凱旋

『嘆きの天使』のアメリカでのプレミアは十二月五日（一般公開は翌三一年一月三日から）で、ディートリッヒはグロウマンズ・チャイニーズ・シアターでの深夜の上映会に出て、大喝采を浴びると、その翌日にはニューヨークへ向かい、ヨーロッパへの船に乗った。ベルリンでのプレミアの直後に船に乗ったのとまったく同じだった。まるでフィルムを逆回転させるように、ディートリッヒは大西洋を東へ向かった。

そして六日後に彼女はベルリンに着いていた。四月にニューヨークへ着いた時には出迎える報道陣はいなかったが、ベルリンに着いた時は熱狂的な報道陣に囲まれた。国際スターとなっての凱旋だった。それは娘マリアの誕生日である十二月十三日だった。

ディートリッヒがベルリンへ着いた時、すでにこの生まれ故郷でも『モロッコ』が公開されていた。ニューヨークやロサンゼルスを抜いて、この都市での観客動員は世界一を記録する。その一方で、『西部戦線異状なし』はナチスのいやがらせを受けていたのだ。さらに言えば、『嘆きの天使』もナチスから攻撃されていた。

ドイツでマルレーネ・ディートリッヒを知らない者はいなかった。だが、大スターとなったディートリッヒはベルリンでは孤独だった。かつて彼女を端役や脇役に起用した映画関係者や同僚たちは、彼女に合わせる顔がなく、誰も寄ってこなかった。

映画界へ入るきっかけを作ってくれた叔父とその妻ヨリー・フェルシングとの再会もディートリッヒが楽しみにしていたことのひとつだったが、ヨリーは他の男とアメリカへ行ってしまったという。その男とは、レニ・リーフェンシュタールの友人のひとり、曲芸飛行の名手、エルンスト・ウーデットだった。叔父はすっかり落ち込んでいた。やがて健康も害して亡くなった。

夫ジーバーはディートリッヒがいない間に愛人タマラとの関係を深めていた。それでもこの夫婦は互いのプライバシーには関与しないという不思議な関係を保っていた。

ベルリンで娘と暮らしながらも、ディートリッヒは『モロッコ』のパリやロンドンでの公開に合わせて、その地へキャンペーンへ行くなど、スターとして忙しい。


ディートリッヒがアメリカを発ってから二カ月ほど後の一九三一年一月三十一日、チャールズ・チャップリンの初のサウンド映画『街の灯』のプレミアがロサンゼルスで行なわれ、その翌日、チャップリンは世界一周旅行のために、まずヨーロッパへ向かった。

故国イギリスに滞在した後、チャップリンはいくつもの都市を訪問し、三月にベルリンへ向かった。出迎えたのはマルレーネ・ディートリッヒだった。

ベルリンでチャップリンは熱狂的に迎えられた。彼をひと目見ようと駅からホテルまでの八百メートルの道は大群衆で埋め尽くされた。この群衆の中にはナチスの工作員もいた。ゲッベルスの命令で歓迎を妨害しようとしていたのだが、何もできなかった。

ナチスはなぜ喜劇俳優に過ぎないチャップリンを攻撃対象にしていたのであろうか。一応、理由はある。一九一九年の『サニーサイド』は家事労働の虐待を描き、一九二二年の『給料日』は工場労働者への悪意に満ち、一九二三年の『偽牧師』はキリスト教会を侮蔑しているというのだ。しかし、いずれもこじつけで批判のための批判だ。ナチスは何を根拠にしたのか、チャップリンがユダヤ人だと信じており、それがチャップリン攻撃の最大の理由とされる。

だが隠された真の理由は、チャップリンがヒトラーに似ていたからだった。チャップリンとヒトラーの生年月日がごく近いことと、チョビ髭の風貌がよく似ていることは周知の事実だ。二人が似ていることを利用して、チャップリンは後に『独裁者』を作るわけだが、では、どちらが先にチョビ髭にしたのか。

チャップリンが映画の中で初めてチョビ髭で登場したのは一九一四年一月だった。まだデビューしたばかりの短編映画の時代だ。一方、ヒトラーのチョビ髭が確認できる最も古い写真は一九一四年八月に撮られたものだ。この一カ月後にヒトラーは軍に入り、戦場へ行く。まったく無名の青年だ。したがってチャップリンがヒトラーの真似をしたのではない。一方、ドイツあるいはオーストリアでチャップリンの映画が上映されるのは一九一五年からなので、ヒトラーが一九一四年八月以前にチャップリン映画を観て真似たとも考えられない――と、大野裕之著『チャップリンとヒトラー』にはある。

たしかにヒトラーは一九一四年八月には軍に入りそのまま戦場に行くので、チャップリンを知るのはもっと後であろう。二人がともにチョビ髭にしたのは、それが欧米で流行していたからという単純な理由だ。

しかしヒトラーはある時点で、チャップリンという喜劇俳優が自分とよく似ていることを知り、驚いたはずだ。似ていることを否定したいのなら、チョビ髭を剃ってしまうか別のタイプの髭にすればいい。ヒトラーがそうしなかったのは、この喜劇俳優が人気者なら、自分もその人気にあやかろうという思いがあったからかもしれない。

だが権力が近づくと、ナチスの偉大なる指導者がアメリカの喜劇俳優――しかもユダヤ人と彼らは思っていた――と似ているのは具合が悪い。そこでナチスはチャップリンを徹底的に攻撃したのではないか。

だが、このチャップリン攻撃は結果として逆効果になる。チャップリンはヒトラーの敵意を感じ取り、やがてヒトラーが権力者になると、自分のこの風貌を最大限に利用しようと考えるからだ。ヒトラーとナチスは必要以上に過敏に反応したがために喜劇王を怒らせたのかもしれない。

幻の映画

『モンブランの嵐』を完成させたアルノルト・ファンクは、すぐに次の企画を考えた。

カメラマンのシュネーベルガーの戦争中の体験談に基づくアクションもので『黒猫』と題された。山岳地帯の要塞の攻防戦の物語である。実話では女性が出てこない。そこでファンクは黒猫と呼ばれる山岳ガイドの娘を創作した。もちろん、レニのためである。主人公にはトレンカーを起用しようとして持ちかけたが、彼は断った。

『黒猫』のシナリオをリーフェンシュタールはファンクの作品のなかでベストのものだと褒めている。自分が演じるのがかつてないドラマチックな役だと思ったからだろう。

しかし、この『黒猫』は幻に終わる。まずUFAが戦争映画は当たらないとして断った。そこでゾカルが資金集めをすることになり、うまくいきかけたが、思わぬ事態となった。

主演を打診したトレンカーが、自分で監督して映画『火の山』を製作すると発表したのだが、それが『黒猫』とよく似た物語だった。

これにファンクは驚き、激怒した。トレンカーがリーフェンシュタールとファンクに怨みを持ち、邪魔してやろうとの思いで企画を盗んだのか、それとも偶然なのか。

リーフェンシュタールは回想録で、「盗まれた」と主張する。ファンクのスタッフのひとりがシナリオを書き写して、トレンカーに渡したというのだ。そのスタッフは、ファンクのチームで第二カメラマンだったが、トレンカーのもとで第一カメラマンとなり、その映画を撮った。それが動かぬ証拠だと言う。しかしファンクがトレンカーに主演を打診していたのなら、その時点でどんな物語なのかは知られていただろう。

ファンクとゾカルはトレンカーを訴えた。第一審ではファンク側が勝利した。しかし、第二審では、トレンカーが勝った。小説のようにフィクションならば似た話であれば盗作、剽窃と言えるが、これは実話をもとにしていたので、『黒猫』のシナリオを読まなくても似た話ができる可能性はあるとされた。

ファンクの『黒猫』と『火の山』とでは決定的な違いがあった。『火の山』には黒猫という女は出てこないのだ。ゾカルは二作のシナリオを読み、どちらが優れているかが分かっていた。この男たちの闘いの物語に女は不要なのだ。ファンクはリーフェンシュタールに未練があるので、彼女が登場する映画にしたくて、黒猫というキャラクターを創案したが、それは余計なことだった。ゾカルが途中でそれに気付き、裁判で手を抜いたのも、敗訴の理由かもしれない。

かくしてファンク監督、リーフェンシュタール主演の『黒猫』は幻の映画となり、トレンカー監督・主演の『火の山』は一九三一年九月に封切られると大ヒットした。トレンカーは一躍、ドイツ映画界のスターとなり、以後も山を舞台にした作品を撮っていく。そしてナチス時代の名士のひとりとなる。

『黒猫』が幻となったので、ファンクのチームはそのまま別の作品を作ることになった。『大いなる跳躍』と同じような山岳コメディ『白銀の乱舞』(Der Weiße Rausch - Neue Wunder des Schneeschuhs)である。原題をそのまま訳すと「白い陶酔」となる。

リーフェンシュタールの長い回想録は、ファンクの作品で自分が出演したものについてはどれも一章を割いているが、『白銀の乱舞』は『青の光』の章のなかで出演料が欲しくて出たと書かれているだけだ。彼女にとってどうでもいい映画だったのだろう。

実際、『白銀の乱舞』はどうでもいい映画だったようで、評価は低い。リーフェンシュタールは小生意気なベルリン娘の役で、スキーの競技大会を見学に来ていて、ハンブルクから来た二人の大工と知り合い、意気投合して、一年後には名スキーヤーになっている。ここでもまた一人の女と二人の男という構図なのだが、深刻な三角関係のドラマではない。

『白銀の乱舞』は一九三一年の冬から春に撮影され、この年の十二月十日に封切られた。

メルヘン『青の光』

『白銀の乱舞』の撮影と並行して、リーフェンシュタールは映画の構想を練っていた。三一年一月、その映画、『青の光』のシナリオの第一稿が完成した。この時点ではシナリオを書いただけで、自分で監督し、さらには主演もするとは考えていなかったという。では何をするつもりだったのだろう。真意と経緯はよく分からないのだが、結局、リーフェンシュタールのシナリオを監督する者はなく、また主演女優も見当たらず、彼女が自作自演する。

レニ・リーフェンシュタールは少女時代はメルヘンが好きだった。映画を作ろうと思いたった時、彼女が選んだのは、そんなメルヘンの世界、伝説の世界だった。ダンサー時代のレパートリーに「青の花」という作品があり、彼女はこの世界と、山の美しさと恐ろしさを融合してみようと考えて、シナリオを書いた。

シナリオを読まされたリーフェンシュタールの友人たちの間では評判がよかったと彼女は回想す

るが、書いた当人に向かってつまらないと言えなかっただけだろう。映画関係者は誰もがストーリーが退屈だと言ったという。つまり、うっかり面白いと言えば、資金を出せ、協力しろと言われるからだ。

しかしリーフェンシュタールは友人たちの言葉を信じた。そして映画の師であるファンクの意見を求めた。この監督は「筋は悪くないが、製作費がかかる」と言った。

シナリオの第一稿がどんなものだったのかは分からないが、完成した映画『青の光』は、アルプス地方の村の外れにひとりで暮らしている少女ユンタの悲劇である。タイトルの「青の光」とは山の中腹にある秘密の洞窟の中にある水晶の光のことだ。満月の夜にはその光が外に届く。そしてこの光に誘われて山を登ろうとした青年たちはみな崖から転落死するので、それはユンタのせいで彼女は魔女だと思われている。ユンタと親しいのは羊飼いの少年だけだ。

ユンタと青い水晶が聖なるもので、麓の村の人々は俗なるものだ。そんな世界に、部外者としてドイツ人の画家が村を訪れる。

画家はユンタが魔女ではないと信じる。そして満月の夜、ユンタの後をつけて洞窟の場所を突き止め、そこに水晶があることを知る。青い光の正体が分かったのだからユンタは魔女ではない。画家は村へ戻り、水晶のことを話す。それを聞いた貪欲な村人たちは、洞窟に押しかけて、水晶を全て持ち去る。空になった洞窟を見たユンタは絶望して、山の頂から身を投げる――と、このような話である。

リーフェンシュタールによれば、青い光そのものが、理想を意味する。しかし村人たちは水晶の金銭的価値しか見ようとしない。光の美しさなど理解できない。その俗なるものによって美を穢され奪われた聖なるユンタには死を選ぶことしかできない。つまり理想が砕け散ったのである。リーフェンシュタールはこう語っている。

〈私はこれと似たことを実生活のなかでしばしば見てきました。美を愛し理想を抱いている人は、現実の世界に直面すると、崩れ落ちてしまうのです。〉

スタンバーグのベルリン往復

アメリカでは三月五日に、『間諜X27』が主演女優不在でプレミア上映され、四月から一般公開となった。アカデミー賞では『モロッコ』が監督賞と主演女優賞にノミネートされたが、どちらも受賞できなかった。結局、ディートリッヒは以後一度もノミネートすらされないまま無冠の女王で終わる。スタンバーグも翌年の『上海特急』(Shanghai Express)でのノミネートが最後で無冠のまま生涯を終えるので、このコンビは最初期が頂点だったとも言える。

ディートリッヒが去った後、ハリウッドに残されていたスタンバーグは、シルヴィア・シドニーを起用して、アメリカの社会派作家セオドア・ドライザーの『アメリカの悲劇』を原作にした映画を撮っていた。シドニーは一九一〇年生まれの女優でブロードウェイの舞台に出ていたが、一九二九年に映画デビューしていた。年齢はディートリッヒより九歳若い。

『アメリカの悲劇』はディートリッヒが不在のためにスタンバーグにまわってきた仕事だったが、彼にとって不本意な結果となった。原作者から訴えられただけでなく、四月に公開されると興行的にも失敗した。彼には三作のディートリッヒ主演作がどれもヒットしたという実績があったので、多少の失敗は許されたが、次は失敗できない。となれば、やはりディートリッヒしかいない。

当初、スタンバーグとしては契約にあった二本だけで、ディートリッヒとの仕事は終えるつもりだった。彼女をスターにしたら、あとは他の監督に任せ、自分は自分の道を行こうと考えていたのだ。だが、ディートリッヒがさらに二年の契約を結ぶ際に、スタンバーグを専属監督にするとの条項があり、彼もそれに同意していた。

パラマウントはディートリッヒなしのスタンバーグは必要としていない。ディートリッヒはスタンバーグなしのパラマウントでは仕事をしない。では、スタンバーグにとってディートリッヒは必要なのか。すでに妻を追い出した。それはディートリッヒのためだった。答えは決まっているのだ。スタンバーグにもディートリッヒが必要だった。

スタンバーグはディートリッヒを連れ帰るためにベルリンへ向かった。

この時、スタンバーグがディートリッヒ主演で希望していたのは、アーネスト・ヘミングウェイの『武器よさらば』の映画化だった。だがパラマウントはディートリッヒの主演に反対し、監督はフランク・ボーセイギ、主演女優はヘレン・ヘイズ、そして主演はゲイリー・クーパーとなった。

この時点ではまだディートリッヒとヘミングウェイとは知り合っていない。『武器よさらば』がだめならば、とスタンバーグは新たな物語を探した。

ベルリンに帰っていたディートリッヒは、『モロッコ』で劇中に歌った曲のレコーディングをした。これは夫ジーバーが契約を取ってきた仕事だった。他人からは奇妙に見えても、この夫婦は互いに必要としていたようだ。ジーバーは映画監督にはなれず、といって映画以外の仕事にも就く気はなかった。妻のコネを利用してこの業界で仕事を続けるしかない。

夫婦は今後のことを話し合った。ディートリッヒは娘マリアと一緒に暮らしたかった。この大女優は母親であることにもこだわる人だった。ジーバーは愛人タマラと暮らしたかった。ただし、ベルリンでディートリッヒの夫が愛人と暮らすのは体面的にまずかった。そこでジーバーとタマラはパリで暮らすことになった。ジーバーはパラマウントの映画をヨーロッパに配給する仕事をすることになった。そして娘マリアはディートリッヒとハリウッドで暮らすのだ。

スタンバーグにとっては、それでよかった。よくないのはパラマウントだった。ディートリッヒを妖婦のイメージで売り出そうとしているのに一児の母だとばれるのは好ましくない。だがスタンバーグが粘り強く交渉し、娘とのハリウッドへの帰還を認めさせた。

彼は先にハリウッドへ戻り、次の作品の準備をすることになった。彼が考えていたのは大作で「汽車に乗った女」という仮タイトルの作品だった。

ディートリッヒとマリアは四月十六日にベルリンを出た。資料によっては、この時を最後に戦後まで彼女はベルリンへ帰らなかったとあるが、実はもう一度、密かに訪れている。

母娘は二十四日にカリフォルニアに着いた。出る時も着いた時も大報道陣が待ち受けていた。この頃はまだマルレーネ・ディートリッヒは一九〇四年生まれとされ、娘マリアも六歳半なのに四歳ということになっていた。

『青の光』に協力する男たち

五月十三日、国際オリンピック委員会（ＩＯＣ）は、一九三六年のオリンピックの開催地がドイツのベルリンに決まったと発表した。

レニ・リーフェンシュタールは自らの理想の美を実現するため、持っている人脈の全てを使った。

当初、彼女は主演をするつもりはなかったと回想録にはある。もともと、自分で映画を作ってみたいというところから始まった企画だ。彼女はカメラの前ではなく、うしろにいるつもりだった。しかし、手許にある資金では、とても主演女優に出演料は払えそうもない。そこで自分で演じることにした。

『青の光』のカメラマンには元恋人のシュネーベルガーがほとんど無報酬で引き受けた。というよりも、引き受けさせられたのだろう。彼女に求婚したゾカルはこの映画には当初は協力しようとしなかったが、やがて資金の面倒を見る。映画のためのフィルムはメーカーのアグファから提供を受けられることになり、ガイヤー現像所も無償で編集室と編集者を提供してくれることになった。

問題は監督だった。リーフェンシュタールには演出料を払う余裕はない。そこで自分で監督することにした——という話になっている。つまり、主演も監督も、他人に報酬を払えないので自分でしたというのだが、これも真実味は薄い。最初から自分で主演・監督するつもりだったのではないだろうか。

初夏というから五月頃に、レニ・リーフェンシュタール・スタジオ・フィルム会社が設立された。そして六月にリーフェンシュタールはロケハンに出発した。彼女の他、シュネーベルガーら合計八人の撮影チームだった。村人たちは俳優を雇う資金がないので現地の農民に出てもらうことにした。これは映画会社が製作する映画ではなく、映画作家の自主製作映画だった。

イタリアとの国境では、大量のフィルムを持っていたことから税関で足止めをくらった。関税と担保を払えという。税関の役人と交渉しても話が進まないので、リーフェンシュタールはムッソリーニ首相に電報を打ち、どうにかしてくれと頼んだ。すると六時間後に通っていいとの返事が届いた——このように、さりげなく彼女は回想する。この時点ですでにリーフェンシュタールはムッソリーニと面識があったのか。

ロケハンで撮ったテストフィルムをベルリンの事務所に送ると、数日後にファンクから「おめでとう。素晴らしい」との電報が届いた。さらにゾカルからも「素晴らしいので出資する」との電報が届いた。さらにファンクの映画のファンだったハンガリーの作家にして詩人、そして映画理論家でもあるバラージュ・ベーラ（ハンガリーは日本と同じように姓が先になる）がシナリオに協力してくれることにもなった。バラージュはシナリオ作りだけでなく撮影現場にも来て、アドバイスをしてくれる。しかし彼はユダヤ人でマルクス主義者だった。この時はまだそれは問題にはならないが、数年後には問題となる。さらに『伯林――大都会交響楽』や『カリガリ博士』のシナリオを書いたカール・マイヤーも協力した。

これだけの人材が揃ったのはリーフェンシュタールの人望とも人徳とも言えた。彼女には、何かをしてやりたいと男たちに思わせるものがあったとしか考えられない。見返りは、期待できない。それでもよかった。そういう男たちが、少なくとも一本の映画を完成させられる力になるだけはいた。もちろん、それはリーフェンシュタールが女だからだった。

女の映画作家など存在しない時代だった。彼女だけが映画作家になろうと考え、そしてなった。リーフェンシュタールに対しては、上昇志向、自己顕示欲、自信過剰、自分勝手と、いくらでも批判・揶揄はできるが、それこそが女性蔑視であろう。だが彼女が女であることを最大限に利用していたのも事実だった。

六月にロケハンで始まった映画作りは、山での三カ月の撮影へと進んでいく。男ばかりのなかでリーフェンシュタールのみが女だった。そしてスタッフのほとんどと彼女は恋愛関係にあった。当然、複雑な人間関係があったはずだが、ここまで複雑だとかえってトラブルは起きなかった。少なくとも、彼女はそう思っていた。

〈三カ月の山岳ロケの間、険悪なムードはおろか、いらいらや不満が起こったことは一度もありませんでした。私たち八人は、まるでひとつの家族のように素晴らしい一体感を抱いていました。〉

『青の光』はこうして九月に撮影が終わると、編集作業に入った。この段階でファンクが手伝うことになった。当初はリーフェンシュタールが自分で編集したのだが、どうにもならなかった。そこでゾカルがファンクに頼んだ。しかしこれはリーフェンシュタールのプライドを傷つけた。真相は例によって藪の中だが、リーフェンシュタールとファンクの間でかなり激しいやりとりがあったようだ。

だが、この過程でリーフェンシュタールが編集の極意を学んだのは確かだ。後に彼女が作る創作的ドキュメンタリーは、まさに編集によって創作されるものだ。それを可能にするだけのセンスと技術をリーフェンシュタールは『青の光』で学んだ。ファンクは「動きを優先させて編集する」という原則を示した。

編集だけではない。撮影技法も学んだ。この映画のストーリーは陳腐だが、映像は美しい。リーフェンシュタールが最も美しく撮られているのもこの映画だ。

リーフェンシュタールと同じように「美を愛し理想を抱いていた」、アドルフ・ヒトラーは一九三一年のこの頃、まだ政権には遠い。ナチスは国会で第二党となってはいたが、ブリューニング内閣が出す法案の成立を阻止することしかできず、自らの理想の実現はできなかった。

『上海特急』での絶頂

スタンバーグとディートリッヒの第四作『上海特急』は九月末に撮影が開始された。マスコミはスタンバーグと妻との泥沼化した訴訟を面白おかしく書き立てた。ディートリッヒがスタンバーグとは仕事上の関係しかないと言うと、いちばん怒ったのは妻のライザだった。「彼（スタンバーグ）は全てを賭けてあの女を愛しているというのに」とライザは怒りを爆発させたのだ。このあたり、思考が倒錯している。

人妻でありながら妻のいる夫を盗み取った女というイメージが、ディートリッヒにはできつつあった。ディートリッヒは夫を愛し、何よりも娘を愛している母親であるはずだった。彼女自身がそう思っている。このイメージのギャップはしかし、次の映画では有利に働いた。

『上海特急』のヒロイン、上海リリーは謎めいた女である。舞台はタイトルが示すように中国大陸で、北京から上海へ向かう列車で物語は進行する。商人、中国人娘、英国軍医、伝道師、フランス軍の大佐などさまざまな謎めいた人物が登場し、誰が味方で敵なのか、その人間関係が瞬時に変わっていく。スタンバーグとディートリッヒ作品で最も娯楽色の強い映画となった。

そんな映画の主演女優に謎が多いのは、パブリシティとして絶妙だった。

パラマウントはスタンバーグ夫妻の泥沼を隠すどころか宣伝に利用していた。

さらに、ジーバー夫妻もそれに協力し、夫ジーバーがヨーロッパからやって来て、夫婦の仲がいいところをアピールした。ディートリッヒ、ジーバー、そしてスタンバーグの三人と娘マリアは仲良く一枚の写真に納まった。全て映画の話題作りだった。ファンは何を信じたらいいのか分からなかったが、その何を信じていいのか分からない状況を楽しんでいた。

この映画は恋愛ものでもあり国際謀略ものであり活劇だった。上海特急は出てくるし、北京らしき駅も出てくるし、何よりも汽車そのものが舞台であり、丁寧に描かれていたが、もちろん中国大陸でのロケなどしていない。全てが虚構だった。そして完璧な虚構だった。

『上海特急』の撮影は一九三一年の暮れには終わった。マルレーネ・ディートリッヒはハリウッドで三十歳の誕生日を迎えた（公には、二十六歳）。

年が明けると、ベルリンからの報せが届いた。ナチスが『間諜X27』が戦争政策を批判しているとの理由で上映禁止を求めているという。さらに、ディートリッヒがドイツを出てアメリカでスターになっていることも批判された。

ベルリンはそんなに不穏な状況なのかと、ディートリッヒは不安になった。そこにはまだ母や姉が暮らしているのだ。

『上海特急』は一九三二年二月二日にニューヨークで封切られ、十二日から全米で公開された。スタンバーグとディートリッヒのコンビの作品で最大のヒットとなる。パラマウントはこの映画で三百万ドルを得た。

ポスターからの啓示、再び

『青の光』は完成したが、公開されるまでの間、リーフェンシュタールは仕事がなかった。誰もまだその映画を観ていないのだから、彼女の監督としての力量は誰も知らない。リーフェンシュタールはスキーと登山ができる美人女優でしかない。そんな彼女にオファーがあったのは、またしてもファンク監督作品への出演だった。『S・O・S氷山』(S.O.S. Eisberg)である。ハリウッドのユニバーサル映画がファンクが監督するグリーンランドを舞台にした映画を製作することになり、女性パイロットの役で出てくれという依頼だった。

しかしそれはファンクからの依頼ではなく、ユニバーサルからの依頼だった。ファンクはむしろリーフェンシュタールの起用に反対していた。

映画はドイツ版とアメリカ版とが作られ、リーフェンシュタールには両方の版に出てくれという。つまり、ハリウッド・デビューが実現するのだ。

リーフェンシュタールは迷った。女優としてハリウッドにデビューできるのは魅力的だ。グリーンランドというまだ行ったことのない北の国にも関心がある。しかし、『青の光』で彼女は映画監督という仕事にも手応えを感じていた。この映画が公開されれば、自分には監督の仕事がたくさん依頼されるはずだと確信していた。

彼女はユニバーサルに断りの電報を打った。すると、ユニバーサルは出演料を上げてきた。結局、彼女は引き受けた。その最大の理由は〈かつての撮影仲間と一緒にもう一度、そして多分これが最後の探検旅行をしたいという望み〉だったという。

この話も、別の史料では粉砕される。『青の光』の撮影を終え、リーフェンシュタールは生活費にも困るありさまだった。編集をめぐりファンクとは大喧嘩をして決裂していた。したがって、いまやファンクとしてはリーフェンシュタールは可愛さ余って憎さ百倍であり、主演を頼むはずがない。興行的理由で、ユニバーサルがリーフェンシュタールを起用したがったが、ファンクは反対していた。

それを知ったリーフェンシュタールは、ユニバーサルのドイツ支社の代表で、この映画のプロデューサー、パウル・コナーをドレスデンにまで訪ねた。コナーは結婚の直前で減量のために温泉地に来ていたのだ。そのコナーをリーフェンシュタールは強引に誘い、関係を持った。出演料欲しさに主役を得るためだった。コナーは罪悪感から、ファンクを説得してリーフェンシュタールの出演が決まった。

コナーはユダヤ系だったので、一九三三年八月にこの映画が公開された時はポスターや映画そのものから彼の名は抹消されていた。そして当然、ドイツを去る。したがってヒトラーと親しいリーフェンシュタールに対して悪感情を抱いている人物の証言なので、どこまで本当かは疑わしい。

真相がどうであれ、ファンクとリーフェンシュタールの映画は、このグリーンランドを舞台にした『S・O・S氷山』が最後となる。

『青の光』の封切りは、一九三二年三月二十四日と決まった。

その数週間前、リーフェンシュタールはかつてファンクの『運命の山』のポスターを駅で見て啓示を受けたかのように立ちすくんだように、今度は、ベルリンのいたる所に貼ってあったナチスのポスターを見て啓示を受けた。そのポスターには、二月二十七日にアドルフ・ヒトラーがベルリンのシュポルトパラストで演説をするという集会の告知があった。

〈とっさに行ってみようと思った。〉

リーフェンシュタールは、本人の弁によると政治には何の関心もなかった。これまで政治家に興味を持ったこともなければ、政治集会に出かけたこともなかった。そんな彼女がナチスの集会にポスターを見ただけで行こうと思うのだろうか。

いや地下鉄の駅で『運命の山』のポスターを見て約束をほっぽり出して映画館へ行ったリーフェンシュタールなら、さらには映画を観てアルプスにまで出かけた彼女なら、ポスターを見て政治集会へ行くこともありえるだろう――人々にそう思わせる伏線として、『運命の山』のエピソードは作られたのかもしれない。

二月二十七日、リーフェンシュタールはポスターにあった政治集会へ行き、ヒトラーの姿を初めて見てその演説を初めて聞いた。

ヒトラーが「わが国民同胞たちよ」と話し始めた瞬間、リーフェンシュタールは〈生涯忘れることのできない黙示録的な幻影を見たのである〉と回想する。その幻影を彼女はこう記す。〈目の前で地面がぐんぐん広がり、突然、半球が真っ二つに割れたかと思うと、すさまじい勢いで水が吹き出した。あまりの激しさに、天まで届き、地を揺るがすと思うほどだった。私は完全に麻痺状態だった。〉まるで官能小説のセックスシーンである。ヒトラーの演説が同時代の女性には性的な興奮を感じさせたとはよく指摘されるが、ここにその典型例がある。

リーフェンシュタールの回想録には記されていないが、この時期にナチスがなぜ政治集会を開き、ヒトラーが演説していたのかというと、大統領選挙の最中だったのである。

第五章 政権

レニ・リーフェンシュタールは、ひとの能力を見抜く才能については抜群だったと言っていい。アルノルト・ファンクもジョセフ・フォン・スタンバーグも、彼女が出会った時よりも、それ以後の方が名声は高まった。アドルフ・ヒトラーもまた、彼女が出会ってから大出世する。

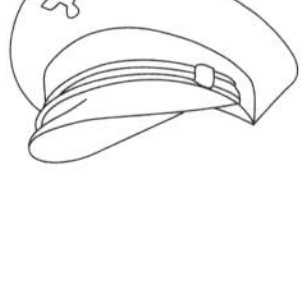

大統領選挙と『青の光』公開

一九三二年春、ヒンデンブルク大統領の七年の任期が終わるため、大統領選挙が行なわれた。ヒンデンブルクは八十四歳と高齢で、さらに七年の任期が務められるとは思えなかったが、ブリューニング首相らが再選出馬を求めた。

大統領選挙に立候補したのはヒンデンブルク、ナチスのヒトラー、共産党のエルンスト・テールマン、右翼の国家人民党・鉄兜団のテオドール・ディスターベルクらだった。社会民主党は独自候補を出せず、ヒトラーよりはいいとしてヒンデンブルク再選を支持した。

投票日は三月十三日である。つまり、リーフェンシュタールが行った政治集会は投票日の二週間前の時期にあたる。

三月十三日の大統領選挙第一回投票では、現職のヒンデンブルクが一八六六万票、ヒトラーが一一三三万票、共産党のテールマンが四九八万票、国家人民党のディスターベルクが二五五万票となり、誰も過半数に達しなかった。そこでもう一度、選挙をすることになる。

その十一日後の三月二十四日、リーフェンシュタールの『青の光』がベルリンのUFA・パラストで封切られた。

〈予期しなかったほどの成功。夢にも思わなかった勝利。センセーショナルを巻き起こす。ベルリンの批評家たちは絶賛した。〉

たしかに『青の光』は成功した。ロンドンとパリでも公開されるし、この年のヴェネチア映画祭では金メダルを獲得した。一九三四年にアメリカで公開されると、「ニューヨーク・サン」誌は「本年度最高傑作のひとつ」と絶賛し、「ニューヨーク・ヘラルド・トリビューン」紙は「画面の美しさにかけては、おそらく右に出るものはないだろう。主役・脚本家・監督のこの女性は何と完璧にその仕事をやってのけたことか」と書かれる。

山岳映画の自然美と、昭明や撮影技術によって創りだされた幻想的な画面とが融合した表現主義的な映画でもあった。ホラー映画の要素もあるし、ドイツ文化の王道でもあるロマン主義の延長にもあった。

ようするにすでにあるものを寄せ集めたとも言えるが、それを融合させた手腕と、何よりも美的センスは誰もが認めた。物語は陳腐ではあるが、メルヘンだと本人が言うのだから陳腐だと批判しても仕方がない。メルヘンとはそういうものだ。

現代日本風に言えば乙女チックな映画だが、なぜかそれをヒトラーやゲッベルスは絶賛する。そこにゲルマン民族の伝統を見たのだろうか。

大統領選挙第二回の投票日は四月十日である。第一回選挙で四位だった国家人民党のディスターベルクは当選の見込みがないとしてヒトラー支持を表明して立候補しなかった。ドイツの大統領選挙のルールでは第一回投票では過半数を得なければ当選できないが、第二回は立候補者のなかで最多得票を得たものが当選できる。投票の結果、ヒンデンブルクは一九三五万票、ヒトラーは一三四一万票、テールマンは三七〇万票で、ヒンデンブルクの再選が決まった。ヒトラーは辞退したディスターベルクの分も上乗せされたので、第一回投票よりも二百万票増やしたが、ヒンデンブルクには及ばなかった。

大統領選挙でリーフェンシュタールが誰に投票したのかは回想録には記されていない。再三にわたり自分は政治には興味がないと言っているのを信じるのならば、彼女は投票へも行かなかったのではないか。

そんなリーフェンシュタールがなぜヒトラーの政治集会に行ったのかについては、「ポスターを見て行ってみようと思った」以外の説明はない。

リーフェンシュタールの回想録は時間の流れに沿って書かれている。日付もかなり細かく書かれており、その記録能力と記憶力とが賞賛されたほどだ。もっとも、書かれていることの信憑性が疑わしいという点では、厄介な史料である。

『回想』ではほとんどのシーンが時間の流れの順に書かれているのに対し、意図的にか、ヒトラーをいつ知ったかについては、時間軸が混乱している。

『青の光』について書かれた章は、この映画を思いついたところから公開されるまでが書かれており、その最後に公開後のキャンペーンでドイツ中をまわっていた時に〈私は初めてアドルフ・ヒトラーの名前を聞いた〉とある。父の経営する会社が不況のため従業員の三分の二を解雇したこともあげ、当時のドイツがいかに〈窮乏と絶望感がますますつのり〉、〈社会福祉制度は崩壊し、もはや貧困に歯止めをかけることはできない状態で、貧民層にはすでに飢餓が蔓延していた。〉と説明する。そういう状況下、〈私の行く先々で、アドルフ・ヒトラーが話題になり、彼にこの窮状の収拾を期待する人は多かった。〉

だが――リーフェンシュタールはヒトラーの写真を新聞などで見る限り、〈この男が人々の期待に応えうるとはとても思えない。〉と書く。ここまではいい。その次に彼女はこう書く。〈自分自身で彼の像を作り上げてみたいものだ。〉

この一文で『青の光』の章は終わり、次の「運命の出会い」の章がこう始まる。
「映画のキャンペーンを終えて、ベルリンに戻ってくると、アドルフ・ヒトラーがベルリンの（以下略）」となって、政治集会のポスターを見たという話になり、それは一九三二年二月末だと書く。だが、『青の光』の公開とキャンペーンはもっと後なのだ。

単なる記憶の混乱、あるいは『青の光』に関することは多少、時間が前後してもまとめておきたいということからの章の編成なのか。

しかし、人々が最も知りたいはずの、「ヒトラーをいつ知ったのか」「ヒトラーといつ会ったのか」に関する事柄だ。最も慎重に書くべきところで、このような時間の矛盾が生じているのは、むしろ意図的に混乱させていると考えるべきだろう。

映画のキャンペーンでドイツ中をまわる前から、『青の光』公開前から、リーフェンシュタールはヒトラーのことを知っていたのだ。それどころか、彼女は『青の光』の撮影中に、時間があれば、『わが闘争』を読んでいたとの目撃談もある。

ヒトラーは有名人であり、『わが闘争』はよく読まれていたので、リーフェンシュタールが読んでいたとしても、不自然ではない。知らないほうが不自然なのだが、この件についてはリーフェンシュタールは自分は無知だったと主張する。そして、ポスターを見た瞬間から全ては始まったという物語を強調する。ヒトラーとの出会いは、ファンクとの出会いの経緯と同じだと印象づけようとするのである。

それならば――その物語を信じてみよう。こんなふうになるはずだ。

偶然見たポスターでヒトラーの集会があることを知り参加して、ヒトラーの演説を聞いたリーフェンシュタールは、啓示を受けた。彼女は妄想の世界に生きる。そして――例によって――彼女は決断する。あの人に会わなければ。

ファンクに会おうとした時のリーフェンシュタールはまだ駆け出しのダンサーだった。しかし、いまやリーフェンシュタールは人気女優であり、映画監督なのだ。無名ではない。

自信家のリーフェンシュタールは、自分がコンタクトを取ればヒトラーは会うだろうと確信していたはずだ。ヒトラーと会ってどうしたいのかまでは何も考えていなかったにせよ、必ずこの政治家は自分と会うだろう、と。

それがハリウッドで大スターとなっているマルレーネ・ディートリッヒに対抗できる唯一の方法だと思ったのかもしれない。なにしろこの一九三二年春、ディートリッヒは『上海特急』の大ヒットで絶頂にあった。

決まらない新作

『上海特急』の次のスタンバーグとディートリッヒの次回作は二月に製作がスタートしたが、内容がなかなか決まらなかった。とりあえず「ニューヨークもの」とパラマウント社内では呼ぶことにしていたが、本当にニューヨークが舞台になるのかも分からなかった。

ディートリッヒが希望したのは、母性愛の物語で、彼女自身がストーリーを書いた。原作者なのだが、クレジットには表記されなかった。

パラマウントは妖婦のイメージで彼女を売っていたが、ディートリッヒが望んだのは、母親の役で人情話だったのだ。パラマウントはこれに反対したが、スタンバーグはディートリッヒの言いなりなので、この企画を押し通した。ディートリッヒも、これがダメならば舞台に復帰すると言い、パラマウントを慌てさせた。

スタンバーグの妻ライザのディートリッヒ攻撃はまだ続いていた。さらにディートリッヒにはスキャンダルが起こっていた。フランスの歌手・俳優でハリウッドに来ていたモーリス・シュヴァリエと関係ができたのだ。二人ともヨーロッパから来て、ハリウッドでは孤独だったので、理解し合えた。シュヴァリエはフランスへ帰ろうとしていたので、ディートリッヒを誘ったのだ。それを知ったシュヴァリエの妻は離婚訴訟を起こした。

そんな時、ジーバーがアメリカに来た。UFAから頼まれて、ディートリッヒをドイツへ連れ戻そうとしたのだ。スタンバーグも一緒でいいという。

この動きにパラマウントは慌てて、「母もの」のストーリーを了承し、『ブロンド・ヴィーナス』(Blonde Venus)の撮影が五月に始まった。

ディートリッヒの相手役は、夫にはイギリスの俳優ハーバート・マーシャルが、若い愛人にはケイリー・グラントが起用された。グラントはまだ二十八歳でブロードウェイから前年にハリウッドへ来たばかりの駆け出しだった。撮影現場の職場恋愛に懲りたのか、好みのタイプではなかったのか、ディートリッヒはこの映画では共演者二人のどちらとも恋には落ちなかった。

運命の出会い

リーフェンシュタールがヒトラーへ宛てて書いた手紙の日付は五月十八日である。演説を聞いたのが二月二十七日だから、二カ月以上が過ぎている。その間にヒトラーは大統領選挙を闘い、リーフェンシュタールは『青の光』の公開とキャンペーンがあったので、これくらいの時間が必要だったのだろう。しかし、リーフェンシュタールは次の映画『S・O・S氷山』のロケのためにグリーンランドへ行くことになっていたので、その準備で忙しいはずだ。なぜこの時期に手紙を書いたのだろうか。

ヒトラーが受け取った現物は確認されていないが、その手紙はリーフェンシュタールの回想録に載っている。控えをとっておいたのだろう。それはこの時代、よくある話だ。

初めて政治集会へ行き、あなたの演説に深い感銘を受けたとあり、〈告白せねばなりません。貴方様と個人的にお知り合いになりたいというのが私の願いでございます〉とあまりにも正直に書かれている。そしてこの後すぐにグリーンランドへ行かなければならないとあり、〈出発前に御面会を許されるなど、ほとんど不可能なことでございましょうね。この手紙がお手許に届くかどうかさえも確かではありませんもの。それでもお返事をいただければ、どんなに幸せでしょうか。〉と結ばれる。

「いつでもいいからご都合のいい時に会いたい」と書けば、本当にいつでもよくなってしまう。むしろ、あと数日でドイツから出て行くのでその前に、と書いたほうが会える確率は高くなるという計算だったのだろう。

そして彼女の計算は当たる。三十歳になり、多くの男を自分の意のままに操ってきたリーフェンシュタールは、ヒトラーを遠隔操作できたのだ。二十一日、ハンブルク経由でグリーンランドへ出発するその前日になって、ヒトラーの副官ブリュックナーと名乗る人物から電話があった。そして、明日二十二日午後四時にヴィルヘルムスハーフェンでヒトラーが会いたいと言っていると伝えてきた。明日はファンクたちとベルリンを出発する日だったが、ハンブルクを出発するのは二十四日だった。リーフェンシュタールの計算は早い。ヴィルヘルムスハーフェンへ寄っても間に合う。彼女は「行きます」と答えた。

それは偶然だった――とリーフェンシュタールの回想録にはある。ヒトラーは前からリーフェンシュタールの映画は見ており、たまたま副官ブリュックナーと浜辺を散歩していた時に映画の話になり、『聖山』のことを話した。その後、ブリュックナーがヒトラーへの郵便物を整理していたら、『聖山』の主演女優からの手紙があった。ヒトラーに渡すとすぐに読み、「リーフェンシュタール嬢と連絡をとってくれ」と言った。そういう経緯だという。

かくして――一九三二年五月二十四日、後に世界映画史に遺る名作『オリンピア』を生むことにつながる運命の出会いが実現した。

この時期のヒトラーは何をしていたのか。四月十日に大統領選挙が終わると、再選されたヒンデンブルクはナチスの親衛隊（SS）と突撃隊（SA）の活動を禁止する緊急令を出した。ナチスの擡頭、とくに街頭での暴力を警戒したブリューニング首相らの要請によるものだった。ヒトラーは反抗しないように党組織に命じた。ここでいたずらに抵抗するよりも組織を温存したほうがよいとの判断だった。

四月十六日から二十二日まで、ドイツの各州の選挙のためにヒトラーは精力的に二十五の都市を遊説してまわり、二十四日投票の選挙では、プロイセンをはじめ、バイエルン以外は第一党となった。

リーフェンシュタールと会った日は投票日にあたり、選挙運動はもうできないので、いちばん暇な日だったのだ。この後、ドイツ政界は混迷を極め合従連衡が相次ぎ、そのなかでヒトラーは少しずつ存在感を増していく。

リーフェンシュタールが北海沿いの町、ヴィルヘルムスハーフェンの駅に着くと、ヒトラーの副官ブリュックナーが近づき、自動車に乗せられた。そして一時間ほどで浜辺に着くと、そこにヒトラーがいた。リーフェンシュタールとヒトラーとの会話はナチスの公式行事ではないので記録はない。いまとなってはリーフェンシュタールの記憶だけが頼りで、彼女が言うのを信じるしかない。

二人は海辺を歩きながら話したという。ヒトラーはリーフェンシュタールが主演した『聖山』を褒め、なかでも「冒頭であなたが踊るシーンがいい」と言った。リーフェンシュタールが出た映画は全て観たとも言い、最新の主演作で監督作でもある『青の光』が最も印象が強いとも言った。

これも回想録への疑問のひとつだ。『青の光』の封切りは三月二十四日で、ヒトラーと会ったのは五月二十四日である。この二カ月の間にヒトラーは『青の光』を観たことになるが、この時期は大統領選挙と重なっている。全国を飛び回っていたヒトラーに映画館へ行く時間的余裕など、ありえないだろう。政権をとってからであれば、その権力でフィルムを取り寄せて、好きな時間に観ることもできただろうが、その前である。

これは、リーフェンシュタールがヒトラーと初めて会った時点で、自分はすでに映画監督として成功していた、したがって、権力者の庇護も後援も必要としていない、そしてヒトラーはまだ権力者ではなかったということを強調したいがために、この時点ですでにヒトラーが『青の光』を観ていたことにしておきたかったのではないか。

したがって、以下の会話も疑わしいが、こう話したという。ヒトラーは、

「うら若き女性が、映画業界の抵抗や好みに反抗して、自分を主張することができたのは、これまでにあまりないことだ」とも言った。それから、ヒトラーはリーフェンシュタールに映画について

のさまざまな質問をしたという。そして、「我々が政権を獲得したら、あなたは私の映画を撮ってくれますね」と言った。

リーフェンシュタールは即時に「そんなこと、できません」と言った。

その夜は、小さな漁村のひとつしかないホテルに、ヒトラーとその部下、そしてリーフェンシュタールは泊まった。ヒトラーはご機嫌だった。夕食の後、彼はリーフェンシュタールを散歩に誘った。二人の副官が少し離れてついてくる。

しばらく歩いたところで、ヒトラーが立ち止まった。

〈彼は立ち止まり、私をじっと見つめると、そっと手をまわして、抱き寄せた。この突然の出来事に不意をつかれ、私はすっかりうろたえてしまった。彼は興奮して私を見つめていたが、私がいやがっているのに気づくと、すぐに腕をほどき、少し私から顔をそむけると、両手を高く差し上げて、誓いを立てるように言った。「私は自分の仕事を完成させるまでは、女性を愛してはならない」〉

――この話を信用するかどうかは、人それぞれだ。

リーフェンシュタールは戦後になってから、ヒトラーとの男女関係をきっぱりと否定するが、ヒトラーが権力の座にあった時も仄めかしはしたが、認めはしなかった。彼女は自分の思うように物事を動かそうとする時に、ヒトラーと親しい関係にあることをアピールするのだ。人々が誤解するように。

二人の間に何があったかは、二人しか知らない――だが、それは一般人の場合だ。この時も二人の副官がそばにいたように、ヒトラーにはもはや完全なプライバシーはない。誰にも知られずに二人が会うことはありえない。

レニ・リーフェンシュタールが何を考えてヒトラーに近づいたのか。映画を作りたかったというのは理由のひとつだろうが、この時に彼女が作りたかったのは『意志の勝利』でも『オリンピア』でもなかった。そんな記録映画のことは考えてもいなかったはずだ。

それに――まだこの時点ではヒトラーが政権を獲得するとは誰も思っていなかった。

飛行機から降りた女優

ナチスの指導者アドルフ・ヒトラーと北海に面した漁村で同じホテルに泊まった――二人だけではなかったが――リーフェンシュタールは、翌朝ヒトラーが用意させた飛行機で、『S・O・S氷山』の撮影隊が待っているハンブルクへ飛んだ。その手にはヒトラーからの花束があった。

出迎えたアルノルト・ファンクをはじめとする撮影隊は、ナチスの飛行機を見て、リーフェンシュタールがなぜベルリンの集合時間に現れなかったのか、すぐに察した。本人はヒトラーと会ったことを〈秘密にしておいた〉と書いているが、話すまでもなく、みんな知っていたのだ。花束だけではない。リーフェンシュタールは飛行機から降りた時、『わが闘争』とヒトラーの大きな写真も抱えていた。

ナチスと飛行機は密接に結びついていた。ナチスは飛行機を駆使して全国遊説をした最初の政党である。この時代、飛行機もまた新しいメディアと言っていい。テレビのない時代だ。ヒトラーの姿をひとりでも多くのドイツ人に見せるためには、ひとつでも多くの都市に行くしかない。そのためにナチスは最新の交通手段である飛行機を使った。さらにヒトラーの演説を録音したレコードを作り、それもばらまいた。ヒトラーの演説は短篇映画にも撮られ、ナチス支持の映画館で本編の前に上映された。これらには莫大な資金が必要だ。彼らを公然とあるいは密かに支持する資本家と富裕層がかなりいたことを意味する。

飛行機から降りてきたリーフェンシュタールは、その手に『わが闘争』とヒトラーの写真を持っているだけで、すでにナチスの広告塔の役割を果たしていた。その宣伝効果は、しかし、すぐには現れなかった。

遅れて来たリーフェンシュタールに、ファンクはいまいましく思っただろうが、そんなことよりも映画のほうが重要だった。

『S・O・S氷山』の撮影隊はグリーンランドへ向かった。

リーフェンシュタールは六月から九月までロケに加わった。しかし膀胱炎あるいは大腸炎となり、九月末に彼女だけベルリンへ帰った。この映画の撮影はまだ続く。

リーフェンシュタールがロケに行っている間にドイツ政界はさらに混迷を極めていた。

再選されたヒンデンブルク大統領は、五月一日に改めてブリューニングを首相に任命したが、不況打開策で対立し、内閣は一カ月後の五月三十日に総辞職に追い込まれた。

後継の首相はカトリック中央党のフランツ・フォン・パーペンが指名された。パーペンは、中央党員でありながら保守・右翼に近かった。シュライヒャー将軍が自分の傀儡になる人物としてパーペンを大統領に推薦したのだ。将軍は新内閣では国防大臣になった。パーペンは党の了承を得ずに首相になったことで所属していた中央党を除名され、最初から不安定な政権となった。

パーペンは六月四日に政権の安定を求めて国会を解散した。七月三十一日の選挙では、ナチスが一三七五万票・二百三十議席を取り、ついに第一党となった。第二党は社会民主党の百三十三議席、つづいてカトリック中央党が九十七、共産党が八十九、パーペン首相が期待した国家人民党は三十七議席しか取れなかった。

ヒトラーとナチスにとっては念願の国会での第一党ではあるが、過半数を得たわけではなかった。パーペンとシュライヒャーは、ナチスなしでは組閣ができないと判断し、ヒトラーを呼び、三者会談がもたれ、ヒトラーは副首相としての入閣を要請された。しかし、ヒトラーはナチスが第一党なのだから首相以外のポストは受け容れられないと断った。三者会談はその後も続き、十三日にはヒンデンブルク大統領が乗り出したが、ヒトラーはなおも首相以外の入閣を拒否した。結局、ナチスは野党となり、パーペン内閣打倒を目指すことになる。

八月三十日の国会議長選挙ではナチスのゲーリングが中央党の支持も受けて、三百六十七票を取って当選した。翌九月一日、ヒトラーはベルリンで二万人の聴衆を前にしてパーペン内閣を徹底的に攻撃し、国会の内外で内閣打倒への運動が展開されていく。

九月十二日、共産党がパーペン内閣不信任決議案を提出すると、ナチスもこれに賛成し、五百十二対四十二で不信任案は可決された。パーペンは議決の前に国会を解散しようとしたが、ゲーリング議長が無視したので解散権が行使できず、といって総辞職する気もなく、大統領令による国会解散となった。この年二度目の国会選挙である。

リーフェンシュタールがベルリンに戻ったのは、そんな時だった。

『ブロンド・ヴィーナス』の失敗

ハリウッドで『ブロンド・ヴィーナス』の撮影中の六月二日、マルレーネ・ディートリッヒの許に娘マリアを誘拐するとの脅迫状が届いた。

娘の警備は強化されたが、母は不安な日々を過ごした。当初はマスコミには知られなかったが、犯人側が第二の脅迫状を間違えて他の女性に送ったことで、脅迫事件はマスコミにも知られた。世間はディートリッヒと娘に同情的だった。

アメリカは危ないと感じたディートリッヒは、夫ジーバーにドイツへ戻ることを真剣に考えようと話した。彼は下準備をするためにドイツへ戻った。

この『ブロンド・ヴィーナス』は、スタンバーグとディートリッヒの映画としては初めてアメリカが舞台となった。さらにディートリッヒは初めて母親役を演じた。しかし単純なホームドラマではなかった。彼女は元キャバレー歌手で、ラジウム病に冒された夫の治療費を稼ぐために、夫に内緒で歌手に復帰する。そしてその金で夫がヨーロッパで療養している間に大金持ちの男と恋に落ちてしまう。ストーリーはさらに二転三転していくが、とても説得力のあるものではなく、その点が酷評される。唯一の見せ場はキャバレーのシーンで、ゴリラがステージに出て歌いだし、しかし、それはもちろん着ぐるみで、中から出てきたのは妖艶なディートリッヒという場面だ。美女と野獣の一人二役である。

スタンバーグはギャング映画で成功し、ディートリッヒは妖婦で成功した。この二人に母親の愛情をテーマにした映画は無理だったのである。

撮影中に起きた悪い事件がマリアの誘拐未遂なら、いい事件もあった。スタンバーグと妻ライザとの間で、十万ドルで示談が成立したことだった。その示談金はパラマウントが出した。これ以上、自社の専属スターと監督がスキャンダルにまみれるのはよくないとの判断だった。こうして身辺を整理した上で、二人の新作を公開しようとしたのだ。

『ブロンド・ヴィーナス』の撮影は八月まで続き、九月九日にプレミア公開されると、批評はさんざんだった。そうなると、誰も観に行かない。興行成績も惨憺たるものとなり、ディートリッヒとスタンバーグの頭上に暗雲がたちこめた。

ヒトラーとの再会

九月末に体調不良でグリーンランドのロケからベルリンへ帰ったリーフェンシュタールは、すぐに主治医のもとへ行き、二週間ほどで快復した。

元気になったリーフェンシュタールは、ヒトラーがベルリンのホテル・カイザーホーフに宿泊しているのを突き止め、連絡をとった。副官ブリュックナーが電話に出たので、ヒトラーに「グリーンランドから帰りましたと、伝えてください」と頼むと、夕方五時にホテルに来るようにとの連絡があった。

この再会の日がいつなのか回想録では特定されていないが、ホテルで話した後、ヒトラーがシュポルト・パラストで演説したとあるので、おそらく、十一月二日である。

となると、ヒトラーの愛人エーファ・ブラウンがピストル自殺をはかり、未遂に終わった事件の翌日になる。ヒトラーはすぐに病院へ駆けつけているが、政治活動も重要な時期なので、すぐに公務に戻っていた。そこにリーフェンシュタールから連絡があったことになる。ヒトラーも忙しい。

リーフェンシュタールがホテル・カイザーホーフに着いてエレベータに乗ると、〈痩せた顔立ちで、大きな黒い目の小男〉がいて、彼女をじっと見詰めていた。この時はそれが誰なのか分からなかったが、あとでゲッベルスだと知る。

ヒトラーは会うなりグリーンランドの話を聞きたがったので、リーフェンシュタールはその体験談を話した。そうこうしているうちに政治集会へ行かなければならない時間となり、リーフェンシュタールも同行することになった。

その日の集会でもヒトラーの演説はリーフェンシュタールによれば〈聴衆の心を激しく打った。彼はほとんど魔術的な力で彼らを暗示にかけた〉。そしてヒトラーは「公益は私益に優先する」と言った。リーフェンシュタールはこの言葉を強く受け取め、これまでの自分は自己中心的に生きてきたと反省したというが、その後の生き方をみると、反省したのはほんの一瞬だったようだ。

その翌日、リーフェンシュタールはゲッベルスの妻マグダから、招待状を受け取った。マグダは自宅でヒトラーのために内輪のパーティーをよく開いていた。そこにはナチス関係者だけでなく藝術家も招かれていたという。その日は四十人から五十人が招かれ、そのなかにはもちろんヒトラーもいた。

こうしてリーフェンシュタールは、ヒトラーとその腹心であるゲッベルスの交友関係に加わった。パーティーで彼女はヒトラーから、「明日、写真家のハインリヒ・ホフマンと一緒にあなたの家へ行くから、『青の光』の写真を見せてくれないか」と頼まれた。そして翌日、ヒトラーはその写真家とやってきたという。

ヒトラーの訪問時、リーフェンシュタールはうっかりと『わが闘争』を机の上に置いたままにしていた。彼女はその本のいたるところに「当たっていない」「誤謬」「正しい」など感想を書き込んでいた。ヒトラーはその感想を読み、「面白い。鋭い批評家だ。そして藝術家だ」と言った。

このエピソードもまた、リーフェンシュタールの回想録にしかないものだが、ようするに、自分はヒトラーに盲従していたわけではなく、批判すべきところはしていたし、ヒトラーもそれを知った上で付き合っていたので、二人は対等の関係にあったのだと言いたいのだ。

十一月六日は国会の選挙の投票日だった。リーフェンシュタールはまたもゲッベルス夫人から招待を受けた。彼女が少し遅れていくと、客の数が少ないので驚いた。そして初めて彼女はその日が選挙の日だと知ったらしい。

当然、彼女は投票していない。三十歳を過ぎていたが、リーフェンシュタールは一度も投票に行ったことがないと回想録では自慢気に書く。いかに政治に無関心だったかと言いたいのだろう。

この年二度目の国会の選挙でもナチスは第一党となった。しかし、得票数は七月の選挙から二百万票も減らし、一一七四万票・百九十六議席に留まった。社会民主党が百二十一議席、共産党が百議席、中央党が七十議席、国家人民党が五十二議席、その他の党が合わせて四十五議席である。パーペン首相にとっては敗北だが、といって、ナチスも過半数を取れなかったので勝利とは言いがたい。前回よりも議席を増やしたのは共産党のほうだった。

翌七日、リーフェンシュタールはミュンヘンへ向かった。その地で『青の光』が上映されるのに際して講演するためだった。その列車でゲッベルスと一緒になった。

その翌日とあるから八日だろう、リーフェンシュタールが映画館での仕事を終えてホテルに戻るとゲッベルスから電話があり、ヒトラーとのミーティングに同席しないかと誘われた。こうして彼女は歴史の目撃者になっていく。

選挙の結果は過半数を狙っていたナチスにとっては打撃だったが、ヒトラーは元気だったという。消沈していたゲッベルスもヒトラーの話を聞いて元気になった。それを見て彼女は〈私はあれほどの説得力を持ち、影響力の強い人間に出会ったことがなかった〉と思う。そして、〈この人物の発する魅力にもかかわらず、私が彼に近づくことをできるだけ避けたのは、この理由からだった。〉と振り返っている。本当にそう思ったのなら、近づかなければよかったのだ。

パーペン首相は各党に協力を要請するが、どこも冷淡だった。ヒトラーも入閣要請を拒絶し、会うことすら拒否した。パーペン内閣は十一月十七日に総辞職した。翌十八日、ヒンデンブルク大統領はヒトラーを呼び、パーペンと手を組むように求めた。しかしヒトラーは断った。

ヒトラーは強がっていたが、実は度重なる選挙によってナチスの財政は悪化していた。党は破産寸前だったのである。次の選挙では、はたして資金がもつかどうか分からなかった。

二十六日にヒトラーはメディア王でUFA社長にして国家人民党党首となっていたフーゲンベルクと会い、支持を求めた。一方、パーペン内閣で国防大臣を務め、陰の首相のつもりでいたシュライヒャー将軍は、ナチスの党内反主流派であるシュトラッサーと密かに会い、連立を要請した。

人間関係が錯綜するなか、十二月三日、ヒンデンブルクはシュライヒャー将軍を首相に指名した。

ナチス党内ではシュトラッサーが、「ヒトラーを副首相にする条件でシュライヒャー内閣と連立すべき」と主張したが、ヒトラーは激怒した。あと一歩で首相になれるのになぜ副首相で妥協しなければならないのか。ヒトラーはシュトラッサーが密かにシュライヒャーと折衝していたことも強く批判した。シュトラッサーは離党した。これによりナチスは分断されたが、シュトラッサーの党内での影響力は低かったので、ナチスでのヒトラー独裁は揺るがない。

そんな最中の十二月八日に、リーフェンシュタールはヒトラーに呼ばれた。回想録によれば、コンサートの帰りに通りを歩いていると新聞の売り子が、「シュトラッサー、ヒトラーを見限る」「ナチスの最後」などと叫んでいたので、それを手にし、ホテル・カイザーホーフのロビーで読んでいると、ヒトラーの副官ブリュックナーから声をかけられたという。ブリュックナーは急いでいる様子ですぐにいなくなったが、しばらくして戻り、「指導者（ヒトラーのこと）が会いたいと言っています」と言った。

その時のヒトラーは、興奮し、苛立ち、錯乱していたと、リーフェンシュタールの回想録には書かれている。彼女が目の前にいるのに、それを無視して政局の話をひとりごとのように話すのだ。そんなヒトラーを見て彼女は理解する。〈心を打ち明けられる人間がそばにいて欲しかったのだ。〉

ヒトラーは「来てくださって、感謝します」と手を取って言った。

〈私は感動のあまり声が出なくなり、ついに一言も口をきくことなく部屋を去ったのだった。〉と書くが、いったい何に感動したのだろう。心の内を垣間見せる相手として自分を選んでくれたことにか。

この十二月八日の面談については、ヒトラーの公式記録にはない。

この頃、リーフェンシュタールはゲッベルスから何度も電話をもらっている。彼女に言わせれば、ゲッベルスは彼女と関係をもとうとしていたことになる。それは多分、本当だろう。ゲッベルスは女好きで有名で、映画界の全権を握るとその権力で女優たちに関係を迫るようになり、大きなスキャンダルも起こす。だからこの時点で彼がリーフェンシュタールを口説いても不思議ではない。あまりに執拗に電話をかけてくるので、リーフェンシュタールはついにデートに応じた。

ゲッベルスは「恋人になってください」と言って、跪き、すすり泣きを始めたという。しかしリーフェンシュタールはきっぱりと断った。

そのことを根に持って、以後、ゲッベルスはリーフェンシュタールの妨害をしたというのが、彼女の歴史観である。

たしかに、ゲッベルスは後にリーフェンシュタールの妨害をする。だが、それがこの時の求愛の拒絶が原因なのかどうかは分からない。というのも、この後もリーフェンシュタールはゲッベルスと親しくしている様子が目撃されるのだ。二人の関係が悪くなったとしても、それはもう少し後ではないかとの説もある。

それにしても――ヒトラーにしてもゲッベルスにしても、政権が手に入るかどうかという瀬戸際なのに、女を呼んだり口説いたりしているのだから驚く。あるいは、そういう時だからこそ興奮し、女を求めたのかもしれない。

ヒトラーやゲッベルスとの関係については曖昧模糊としているが、この年の暮れ、リーフェンシュタールが頻繁に会っていたのが、ジョセフ・フォン・スタンバーグであることは確かだ。そう――このマルレーネ・ディートリッヒの専属監督は、この時期、ベルリンにいたのである。

ハリウッド政局

『ブロンド・ヴィーナス』の失敗は、スタンバーグのパラマウントでの地位を危うくさせた。好況時であれば一作や二作の不入り、酷評は見逃されただろうが、大恐慌の影響で映画界は不況の只中にあった。不況だけではなかった。新しい娯楽としてラジオが普及し始めたことも、映画の不入りの原因となった。人々は家にいながらにして音楽を楽しめるようになっていたし、ラジオドラマという新たなジャンルの演劇も始まっていた。

映画界全体が厳しいなかでパラマウントはとくに厳しく、破産宣告した。新しい経営陣となり、俳優や監督と交わしていた契約も見直され、特権を失う者も出てくる。

パラマウントとディートリッヒとが一九三一年二月に交わした二年契約が切れるのは、したがって三三年二月である。三二年秋の時点ではもう一本、撮るだけの時間はあった。しかしスタンバーグとパラマウントとの契約は十二月までだった。とてもあと一本を完成させる時間的余裕はない。パラマウントはスタンバーグへ、西インド諸島へ行きハリケーンのシーンを撮影してくるように命じた。他の監督が撮る南洋冒険映画で使うためだった。

スタンバーグは、いわば窓際に置かれた。パラマウントには彼に新しい映画を撮らせる気はなさそうだった。契約も更新されないだろう――そんな噂がささやかれたので、ディートリッヒは、「スタンバーグ以外の監督で映画を撮るつもりはない。スタンバーグが辞めるのなら自分もヨーロッパへ帰り、ベルリンかパリで舞台に立つ」と言って、自分を見出してくれた監督の援護射撃をした。

ディートリッヒは九月八日付で、ヨーロッパにいる夫に「十月十日に出港する船で戻ります」と手紙を書いている。しかし、ジーバーから十五日に電報が届き、そこには「今、ドイツに来るべきではない。政情がよくない。今回の選挙で内戦の危機が高まっている」とあったので、取りやめた。

このあたり、史料によって食い違う。ジーバーが彼女をドイツへ連れて帰ろうと、UFAからシナリオを預かってアメリカへ来たともいう。UFAはスタンバーグとディートリッヒを歓迎するというのだ。

スタンバーグも南インド諸島から戻っていた。病気になったので映画界から引退するというのがその理由だった。しかし誰も信じなかった。彼はチャップリンと会い、ユナイテッド・アーティスツに入ることが可能かを話したり、フォックス映画とも話していた。いずれも、彼一人では歓迎できないが、ディートリッヒが一緒なら歓迎するという感触だった。

こうした動きは当然パラマウントも分かっていた。スタンバーグは失ってもいいが、ディートリッヒを他社に奪われるわけにはいかない。パラマウントはディートリッヒに新作『恋の凱歌』(The Song of Songs)のシナリオを送った。これはドイツのヘルマン・ズーデルマンの小説の映画化で、過去にパラマウントが二度映画にしている作品だった。つまり三度目の映画化だ。

監督が誰かは決まっていなかったが、スタンバーグではないことは決まっていた。ディートリッヒはそれに抵抗したが、スタンバーグは「やれ」と助言した。他の監督に撮らせ、それが失敗すれば、ディートリッヒをうまく撮れるのは自分しかいないことになるし、成功したらしたでディートリッヒの商品価値が上がり、ユナイテッドかフォックスに行くにしてもよい条件になる。どっちにしてもスタンバーグにもディートリッヒにも損はないとの考えだった。

パラマウントは『恋の凱歌』の監督にルーベン・マムーリアンを決めた。スタンバーグより三歳若い監督だ。舞台演出家として名を挙げ、一九二九年に映画に転じて『喝采』『ジキル博士とハイド氏』などを撮っていた。

『恋の凱歌』でのディートリッヒは、貧しい農家の娘で、若い彫刻家のモデルになったことで、人生が二転三転していく。シナリオには、彫刻のためにヌードモデルになるシーンもあった。ディートリッヒは歌が得意な娼婦にもなる。この頃、すでに映画での性表現規制が始まっており、その検閲とのやりとりもあり、映画の製作は難航した。

ディートリッヒは『恋の凱歌』のスタジオになかなかやってこなかった。必要経費がどんどん出ていった。パラマウントが損害賠償を求めて訴えるなどの駆け引きの末、一九三三年になってようやく撮影が始まった。

撮影が始まると、ディートリッヒの新しい監督マムーリアンは彼女の新しい愛人となった。そして『恋の凱歌』の相手役のブライアン・エイハーンも彼女の新しい愛人になった。

十二月に『恋の凱歌』の撮影が始まろうとしていた頃、スタンバーグはパラマウントとの契約が切れたので引退を表明し、ハリウッドから消えた。

こうして彼が向かったのはベルリンだったのだ。UFAのフーゲンベルクと会い、自分とディートリッヒとを雇う気があるかどうかを探った。そして彼はリーフェンシュタールとも再会したのである。

ヒトラー首相

ドイツの政治状況はとりあえずシュライヒャー内閣が成立したものの、混迷と緊張のまま一九三三年を迎えた。シュライヒャー首相に対しては、首相の座を引きずり降ろされたパーペン前首相と、自分の党を分断されたヒトラーの二人が反感を抱いていた。敵の敵は味方なので、この二人は密会し、シュライヒャー内閣打倒で一致した。

政界の実力者たちは大統領側近を含め、さまざまな思惑で動いていく。国民不在、政策なき政局である。ヒトラーをばかにして嫌っていたヒンデンブルク大統領も、「ミュンヘンの伍長」を首相にすることに軟化した。共産党が勢力を伸ばしているのも、大統領周辺にとっては脅威だった。ナチスは共産党よりはましだと思われていた。

国家人民党党首フーゲンベルクも暗躍していた。彼はシュライヒャー首相と面談し、内閣改造を求めたが拒否されると、今度はヒトラーと会談し、ヒトラー内閣ができたなら入閣すると協力を申し出た。

シュライヒャーに味方する者はもはやいなかった。一月二十八日、成立から五十四日にしてシュライヒャー内閣は総辞職した。ワイマール共和政でのワースト記録だ。

一月三十日午前十一時過ぎ、ヒンデンブルク大統領は不本意ではあったが、ヒトラーを首相に任命した。

ヒトラー内閣はナチスと中央党との連立内閣で、ナチスからはヒトラー以外ではゲーリングが無任所大臣、フリックが内務大臣として入閣しただけだった。パーペンは副首相となり、フーゲンベルクは経済・農業大臣となった。

ヒトラーが首相になる一カ月前の一九三二年のクリスマス前、レニ・リーフェンシュタールはゲッベルスから逃れたくて、ベルリンを離れようと思っていた。そんな時、スタンバーグからの花束が届き、ベルリンにいることが分かった。彼女はさっそくスタンバーグと会った。

スタンバーグは『青の光』を見せてくれと言い、リーフェンシュタールが見せると「美しい映画だ」と褒めた。そして、「いつハリウッドへ来るんだ」とまたも誘った。リーフェンシュタールは『S・O・S氷山』のロケが春には終わるから、そうしたら必ず行くと答えた。

クリスマスイヴには彼女の家へゲッベルスがやってきて、無理矢理にプレゼントを置いていった。『わが闘争』の初版本と、ゲッベルスの肖像をレリーフにした銅メダルだったという。自分の顔のレリーフを贈るなど、なんてセンスがないんだと、彼女は思った。

リーフェンシュタールはゲッベルスから逃れるようにザンクト・アントンのスキー場へ行った。どこで調べたのか、そこにまでゲッベルスは電話をかけてきた。

『S・O・S氷山』はアメリカでの公開も予定されていたが、それはファンクが撮ったものをそのまま公開するのではなかった。アメリカのマーケットに合わせた別バージョンを作ることになっており、そのためにティー・ガーネットという監督が別にいた。当然ファンクはそうしたやり方を嫌った。

ガーネットはファンクが撮ったフィルムの使える部分は使い、それ以外は自分で撮るつもりでいた。そのためにガーネットは、スイスとイタリアの国境近くのダヴォスの南にある高地に氷山のセットを作っていた。リーフェンシュタールはザンクト・アントンでスキーを楽しみ休暇を過ごすと、ガーネット班の持つダヴォスへ向かった。

ヒトラーが首相になったとのニュースを、リーフェンシュタールは、ダヴォスのホテルのサウナで知った。その夜は映画のスタントマンをしている登山家で、この時の恋人であるハンス・エルトゥルたちとサウナでパーティーをしていたのだ。女はリーフェンシュタールだけだった。

パーティーが盛り上がっている時に電話がかかり、エルトゥルが出ると、「ヘルマン・ゲーリングだ。リーフェンシュタール嬢と話がしたい」と言う。エルトゥルは誰かのいたずらだろうと思いながらもリーフェンシュタールを呼ぶと、サウナから一糸纏わぬ姿で出てきた彼女は受話器を受け取った。本当にゲーリングからで、ヒトラーが首相になったとの報せだった。

この喜ばしいニュースを知ったときのことを、リーフェンシュタールは回想録では、〈ダヴォスでセンセーショナルなニュースに驚かされたのは一月末のことだった〉としか書いていない。そしてその時の思いとしては、〈そうか、彼はやり遂げたのか。どうやってかは知らないけど〉と素っ気ない。さらに、〈帝国宰相としての彼には、「政権掌握」以前に比べて興味がなかった。〉とまで書く。

ゲーリングからの電話を受けた時、エルトゥルによれば、一糸纏わぬリーフェンシュタールは輝くばかりの笑顔だったというのだが。

回想録によれば、この時点での彼女のボーイフレンドは、ヴァルター・プラーガーというスキーのトレーナーだった。エルトゥルの名は出てこない。自分に都合の悪いことを証言する恋人は、回想録から抹殺される。

ダヴォスに作られた氷山のセットでの撮影は六月まで続いた。撮影には曲芸飛行士のウーデットも加わっていた。ディートリッヒの叔父の若い妻を連れ去ったこのプレイボーイは、リーフェンシュタールのボーイフレンドのひとりでもある。

ドイツを去る人々

反ユダヤ主義を掲げる政党が政権を獲った時、ユダヤ人であるスタンバーグはベルリンにいて、まだフーゲンベルクとの交渉に期待をかけていた。

そのフーゲンベルクはヒトラー内閣の経済・農業大臣となっており、彼は自分がヒトラーをコントロールできると過信していた。しかし、フーゲンベルクが反対したにもかかわらず、ヒトラーは二月一日、つまり首相になった三十日から数えて三日目に国会を解散した。ナチスが単独過半数を取るのが目的だった。

二月四日、出版と言論の自由を制限する大統領令が「ドイツ国民保護」の名目で発令され、さらにデモと屋外政治活動、政治目的の金銭・物品の寄付募集も禁止された。プロイセン州の自治権も失われた。

選挙戦が始まると、ヒトラーはまたも飛行機を駆使して全国をまわった。

二月二十七日、ヒトラーが全国遊説からベルリンへ戻ったその夜、スタンバーグはこれ以上ドイツにいても仕事はないと判断し、フーゲンベルクに挨拶をすると、アメリカへ戻るため空港へタクシーで向かった。その車中、スタンバーグは国会議事堂が焼け落ちているのを目にした。タクシーの運転手は「ナチスが放火した」という噂を早くも知っており、スタンバーグに教えた。

国会議事堂放火事件の犯人は、共産主義者とされるが、事件直後からナチスの仕業だとベルリン市民が感じていた、ひとつの証拠である。

ハリウッドへ戻ったスタンバーグはＭＧＭと交渉するが話はまとまらず、結局またパラマウントと契約した。パラマウントはまたもスタンバーグにディートリッヒを任せることにした。彼はディートリッヒのための新しい作品として、女帝エカテリーナの物語を考えていた。

三月五日、国会の選挙でナチスは一七二七万票・二百八十八議席を獲得したが、得票率では四十三・九パーセントに過ぎなかった。政権を取り、他の党を弾圧し、大宣伝を展開したにもかかわらず、ドイツ国民の過半数の支持は得られなかったのである。ドイツ人の大半がヒトラーに熱狂して政権を支持したというのは作られた伝説だ。社会民主党は百二十議席、共産党は八十一議席、中央党が七十三、国家人民党が五十二、バイエルン人民党が十九という議席配分だった。

しかし、共産党は四七五万票・八十一議席を取ったものの、国会議事堂放火事件を理由に国会議員としての議席を剝奪されたので一度も国会に登院することはできず、さらにその八十一議席が除外されたため、議席総数は五百六十六となり、二百八十八のナチスは単独過半数を得ることになった。

三月十三日、政権獲得において党の宣伝・広報担当として絶大な貢献をしたゲッベルスのために、ヒトラーは新たに国民啓蒙・宣伝省を創設し、彼を大臣とした（以下「宣伝相」とする）。十四日には共産党への禁止令が出され、この党はとどめを刺された。

三月二十三日、ナチスが過半数を占める国会では議会が内閣に全立法権を委ねる全権委任法が、四百四十一票の圧倒的多数で可決・成立した。

ベルリンのホテル・カイザーホフに映画関係者が集められたのは、三月二十八日だった。呼びつけたのは宣伝相ゲッベルスである。彼の国民啓蒙・宣伝省は単なる政府の広報機関ではなく、メディアと文化・藝術全般を指導・監督する機関となっていた。この日は映画関係者に対し、政府の方針を伝えるために映画人を集めたのだった。

この席でゲッベルスは優れた映画、今後の指針となる映画について、ソ連の『戦艦ポチョムキン』、ハリウッドのガルボ主演の『アンナ・カレーニナ』（一九二七年のサイレント版）、ドイツの『ニーベルンゲン』と『反逆者』を挙げた。『戦艦ポチョムキン』はナチスが嫌う共産党の国の映画であり、監督のエイゼンシュテインはユダヤ人だった。さらに共産主義者ではなかったにしろ、『アンナ・カレーニナ』のプロデューサーであるアーヴィング・タールバーグも、『ニーベルンゲン』の監督フリッツ・ラングも、『反逆者』の監督クルト・ベルンハルトもユダヤ人だった。

ゲッベルスはわざとユダヤ人による映画を挙げていたのか。そうではなかった。本当に自分が優れていると思った映画を深く考えずに列挙していたのだ。そして四本を挙げた時点で、自分でもそれらがユダヤ人の手によるものだと気づいた。その次の五番目の映画もまたユダヤ人によるものだったのか、もう映画のタイトルを挙げるのはやめてしまった。

この会合は、ゲッベルスが映画の全権を握ったことのお披露目だった。ここで具体的な方針が出されたわけではない。

翌日、『ニーベルンゲン』の監督であるフリッツ・ラングはゲッベルスに呼ばれた。ドイツ映画の指導的地位に就いてほしいという依頼だったとされる。これも密室の会話なので、実際に何が話されたのかは分からない。ラングはその依頼についての返事は曖昧にしたまま、宣伝省を出た。そのまま家へ帰ると、ありったけの金をつかみ、着の身着のままでパリ行きの列車に乗り、これがドイツとの別れとなった——という伝説になっている。これはラング自身が吹聴したもので、当人が言うのだから正しいのだろうと、特に検証もされずに流布した。実際、ラングは以後、パリを経由してハリウッドへ渡る。

だが、明石政紀著『フリッツ・ラング』によれば、ラングのパスポートを調べると、この後も何度もドイツへ入国していたという。後始末や財産の持ち出しのためであろう。映画のようにかっこよく、きっぱりとは祖国と別れられない。それはディートリッヒも同じだった。

ラングがドイツを出たのは命の危険を感じたからだとされるが、これも後付けの理由であろう。この時点ではまだユダヤ人だからというだけで殺されることはない。だが、四月になるとユダヤ人は公職から追放された。追放されたなかにはＵＦＡの名プロデューサーであるエーリッヒ・ポマーも含まれていた。

追放される人がいれば、その欠員を埋めるために雇われる人もいる。ディートリッヒの夫ジーバーは、ＵＦＡからベルリン郊外のバーベルスベルクのスタジオの経営を任せたいという魅力的な仕事を提示された。それは、妻をドイツへ呼び戻せろということを意味していた。ジーバーは「即答するには大きすぎる仕事なので弁護士と相談したい」と言って、その場を辞した。翌日、銀行へ行って預金を全て引き出すと、ジーバーはトランクひとつに衣類を投げ込み、自動車でベルリンを脱出しパリへ向かった。

ジーバーにとってパリは勝手知ったる街だった。宿と仕事を決めて落ち着くと、ハリウッドにいる妻に電話をかけた。

〈パリからの電話で彼の声を聞いた時、私はその決断と、事の成就を喜んだ。家と家具を失ったことなど、ほとんど眼中になかった。私たちはただその時のこと、目の前のことしか考えなかった。〉

ヒトラー政権が誕生して三カ月の時点で、カンのいい人は、ユダヤ人でなくても逃げ出していたのである。

そしてもちろんユダヤ人で名のある人々も、フリッツ・ラングのようにドイツから逃げ出していた。演劇・映画関係者では、マックス・ラインハルト、クルト・ヴァイル、ビリー・ワイルダーたちである。

五月十日には、ナチスが退廃と認めた本が焼かれる焚書も起きた。

リーフェンシュタールがベルリンへ帰ってきたのは、そんな頃だった。

第六章 大会

レニ・リーフェンシュタールの映画監督としての評価を高めたのは、メルヘンではなく、ドキュメンタリー映画だった。彼女はナチスの党大会映画を三作と、オリンピックの記録映画を撮り、その革新的な映像美で映画史に刻まれる。

だが、それは彼女がナチスのプロパンガンダの最大の貢献者であった、動かぬ証拠ともなる。

党大会の記録映画

一九三三年五月十六日にゲッベルス夫妻の招待でオペラ『蝶々夫人』を観に行った時の、イブニングドレス姿のリーフェンシュタールの写真がある。彼女は歌劇場へ行く前には宣伝省にゲッベルスを訪ね、「ヒトラー映画を撮る気はないか」と言われ、有頂天になったと、ゲッベルスの日記にはある。

さらに、ゲッベルスの日記が正しいとすれば、以後も夏の終わりまでに十数回にわたり、リーフェンシュタールは宣伝相と会い、映画の打ち合わせをしている様子なのだが、彼女は後にそれら全てを否定する。回想録にはゲッベルスに言い寄られて不快だったとのみ書き、彼女のほうから仕事を求めて売り込んだことは書かれていない。

この時点で二人が打ち合わせていた「ヒトラー映画」が何のことなのかははっきりしないが、一方で、リーフェンシュタールがUFAに売り込んでいたのは、『マドモアゼル・ドクトゥール』という女スパイの物語で、彼女は主演したいと女優として売り込んでいた。ディートリッヒが女スパイを演じた『間諜X27』や、グレタ・ガルボの『マタ・ハリ』と張り合いたかったのかもしれない。UFAはこの映画の企画を通し、資金援助も約束したというがこれには異説もある。

六月から七月にかけて、リーフェンシュタールはゲッベルス宣伝相だけでなくヒトラー首相とも何度も会っている。ゲッベルス夫妻も一緒だったが、バルト海の近くまでの小旅行も二度している。当然、そうした機会にも映画についての話をしているはずなのだが、リーフェンシュタールの回想録では、この時期での出来事としては「ヒトラー映画」の具体的な話はない。ヒトラーからドイツ映画全体の藝術指導をする仕事をしてくれと頼まれたが、とてもそんな才能はないと断ったとある。

ゲッベルスとの何度目かの会談でも、映画界の指導的立場の仕事をと言われるが断り、自分は女優の仕事をしたいのだと言ったことになっている。この時に彼女が挙げた企画は、『マドモアゼル・ドクトゥール』と『ペンテジレア』だった。

さらにゲッベルスからは報道映画を作らないかとも言われたが、その方面の知識がないと言って断り、『伯林――大都会交響楽』のヴァルター・ルットマンを推薦したという。

八月最後の週、リーフェンシュタールは内閣官房の昼食会に招待され、それが終わるとヒトラーとの面会が待っていた。そしてその場で「党大会の映画の準備は進んでいるのか」と質問される。「そんな話は聞いていません」「そんなはずはない。ゲッベルスに言っておいた」というようなやりとりになった。

リーフェンシュタールは「党大会の記録映画など作れません」と言うのだが、ヒトラーは強引に「あなたならできる」と引き受けさせた――リーフェンシュタールの回想録では、このようになっている。

この年――政権獲得後初のナチスの党大会は八月三十日から九月四日までニュルンベルクで開催されることになっていた。これは実質的に国家行事でもあった。ナチスの力を内外に示すために何十万人もがニュルンベルクに集まることになる。それをどう効果的に内外に報せるかを考えれば、当然、記録映画を作ろうということになる。その映画は、これまでのニュース映画のスケールをはるかに凌駕するものでなければならず、本職の映画監督に委ねようと考えるのは、ヒトラーの立場としては当然の発想だ。

しかし、そこでなぜレニ・リーフェンシュタールの名が出てきたのか。彼女がこれまでもドキュメンタリー映画を撮っていたのならともかく、監督としての経験は藝術色の強い『青の光』しかない。そんなリーフェンシュタールに、ヒトラーはどんな才能を見たのか。普通では考えられない監督人事である。したがってどうしても「ヒトラーとリーフェンシュタールとの個人的な関係」からの人事だとの解釈が生まれる。

さらにリーフェンシュタールの回想録が正しいとしたら、ゲッベルスはなぜ土壇場になるまでこのことを彼女に報せなかったのか。二人は頻繁に会っていたのである。報せないことで困るのは、最終的にはゲッベルス自身だし、さらには映画が作れなくなったらナチスそのものが困るのだ。ヒトラーが早くからゲッベルスに対し、リーフェンシュタールに撮らせるようにとの指示を与えていたのなら、たとえ、彼女のことが気に入らなくても、組織人の義務として、ゲッベルスは伝えなければならない。

そう考えると、ゲッベルスが伝えていないはずはない。

となると、リーフェンシュタールの回想録のほうが怪しくなる。五月、あるいは六月の時点からリーフェンシュタールは党大会の記録映画を打診され、それを受諾し準備を進めていたのではないか。しかし、後に彼女はこの年の記録映画『信念の勝利』(Sieg des Glaubens)はニュース映画の映像の寄せ集めだと自分の関与を最小限にしようとする。それ以外の自分が監督した映画については著作権を強く主張するのにこの映画については、それもしない。

『信念の勝利』は自分の本当の作品ではないとするためには、土壇場になって突然言われたので実力を発揮できなかったという物語にするしかない。そして突然言われたのは、ゲッベルスがふられた腹いせの嫌がらせをしたからだという理由にすれば、一石二鳥だ。そのためには親しく会っていた事実すらもなかったことにする。

『信念の勝利』はフィルムが行方不明になっていたので、リーフェンシュタールの証言を唯一の根拠とした、「ニュースフィルムを再編集したような、たいした映画ではない」という伝説が事実として流布されたが、フィルムが発見された現在では、これもまた紛れもなくリーフェンシュタール作品であることが判明している。

本人が関与を否定しても、彼女の個性と才能が、彼女の作品であることを隠せなくしているのだ。これはリーフェンシュタールがいかに優れた映画作家であるかの証明でもある。天才は手を抜いた作品であっても、天才であることから免れない。

結果としてレニ・リーフェンシュタールが『オリンピア』という映画史上に遺る名作を作ったため、彼女の才能は実証され、それを『青の光』一作だけで見抜いたヒトラーの眼は正しく、そこには情実人事はないという話になるのだが、本当にヒトラーは彼女の才能を見抜いたのだろうか。三三年党大会映画『信念の勝利』は、ヒトラーから頼まれていやいや引き受けたのではなく、リーフェンシュタールからヒトラーに売り込んだと考えたほうが自然だ。

リーフェンシュタールは回想録ではスパイ映画『マドモアゼル・ドクトゥール』の企画がＵＦＡで中止になったので、生活のために何かしなければならず、党大会映画を引き受けたとあるが、これも疑わしい。『マドモアゼル・ドクトゥール』はUFAで検討されたものの、すぐに却下されていたのだ。

さらに言えば、リーフェンシュタールの回想録では、ヒトラーと会って党大会映画を撮るようにと伝えられたのは「八月の最後の週」とあるが、この週にヒトラーとベルリンで会うのは不可能である。この年の八月のカレンダーを見れば、「最後の週」は二十七日が日曜日だ。そして三十日水曜日が当大会初日である。いくらなんでもそんな土壇場になって話をするはずがない。それに、党大会の記録映画の藝術監督にリーフェンシュタールが就任したとナチスから告知されたのは二十三日なのだ。「最後の週」との記述は、「突然、言われた」と強調したいがための意図的な勘違いかもしれない。

記録では、二十三日にその発表があり、二十五日にはリーフェンシュタールが記者会見をして、これから自動車を自分で運転してニュルンベルクへ行くと言った。そして彼女は二十七日の日曜日に着いている。

ヒトラーと会う以前のことはリーフェンシュタールの回想録しか資料がない部分が多いが、ヒトラーについては膨大な史料があるので、ヒトラーと会ってからのリーフェンシュタールの行動については、回想録の間違いが分かりやすくなっている。

さて――ニュルンベルクへ着いてから、リーフェンシュタールの闘いが始まった。ナチスには党としての宣伝・広報部門があり、報道機関も多数のカメラマンを党大会へ派遣していた。彼らと場所の取り合いが始まったのだ。

この党大会の機会にリーフェンシュタールは同志となる建築家アルベルト・シュペーアと知り合った。ヒトラー政権中枢にいた数少ない藝術家でありインテリでもあるシュペーアは、以後の党大会映画でもオリンピック映画でも、リーフェンシュタールの理解者となる。

大会初日である三十日の一連の行事は朝早くから始まった。それはリーフェンシュタールのスケジュールの都合だった。その夜、ベルリンで『S・O・S氷山』のプレミアがあるため、主演女優である彼女はどうしてもそれに出なければならなかった。ヒトラーはそのために飛行機を用意させ、リーフェンシュタールがベルリンへ行き、翌朝にまたニュルンベルクへ戻れるように配慮した。

こうしたことも、大会関係者全てからの反感を買った。しかしそんなことを気にするリーフェンシュタールではなかった。

党大会後の九月二十二日、ゲッベルスは宣伝省の管轄下に全ドイツの文化と藝術を統括すべく、全国文化院を創設した。映画、演劇など分野ごとに七つの院が置かれ、それぞれが宣伝省の部局に監督されるという構造になる。映画院は宣伝省映画局の、演劇院は演劇局の、という具合だ。ほかに、音楽院、造形芸術院、文学院、新聞院、ラジオ院が作られた。藝術家や文化人は、それぞれの院に所属しなければ仕事ができなくなる。

ラジオで見抜く

『恋の凱歌』の撮影から解放されたディートリッヒは、娘マリアを連れて夫のいるパリへ向かった。実はこの時の航海の目的地はハンブルクだった。そこからベルリンへ行くつもりだったのだ。だが、予定は変わった。

寄港地であるフランスのシェルブールに着く二日前のことだ。ディートリッヒが夕食のテーブルについて食事をしようとすると、ドイツ人のグループが「ベルリンからの放送がある」と言って、ラジオを聞き始めた。ドイツ語が分かるので、ディートリッヒも何気なくその放送を聞いた。

その時に初めて彼女はヒトラーの声と演説を聞いた。リーフェンシュタールはその演説に官能的なショックを受けたが、ディートリッヒは嫌悪感しか感じなかった。プロイセンの上流家庭に育ったディートリッヒの耳には、ヒトラーのドイツ語は汚く聞こえたのだ。

ドイツ語の発音の問題だけではないだろう。ディートリッヒは少女時代にはフランス語を学び、教養と知性がある女性だった。ワイマールで勉強したこともあり、この都市にゆかりのゲーテを尊敬していた。一方、リーフェンシュタールは学校での勉強では数学、体育、特に美術の成績がよく、歴史と歌はよくなかったと回想録に堂々と書く女性だ。つまり、知性があればヒトラーには騙されなかったとも言える。

しかしドイツ人の一行はヒトラーの演説が終わると拍手をしていた。他の国の人々は、あっけにとられるか嘲笑するか無視していた。ディートリッヒだけが青ざめ、震えていた。そして彼女は決心した――こんな男が首相になったドイツへは帰るまい。

ディートリッヒはシェルブールで下船し、パリへ向かった。

ヒトラーの演説を聞いても二人の女性はこんなにも反応が異なるのである。もっともリーフェンシュタールは集会に参加して演説を聞いたが、ディートリッヒの場合はラジオで声だけだった。ディートリッヒがヒトラーの演説している姿も見ていれば、また違ったのかもしれないし、声だけだったからこそ、ディートリッヒはヒトラーの本質、粗野さを見抜けたとも言える。

かくしてヒトラーの演説を聞いた二人の映画女優のうちのひとりはヒトラーと親密になり、もうひとりははっきりとこの男を拒絶した。

ディートリッヒがパリに着いたのは、五月十九日だった。

パリの駅では、ジーバーと何人かのカメラマンが出迎えた。いや、それだけではなく、大群衆が迎えた。

群衆から逃れて、ディートリッヒがジーバーの借りていた家へ行くと、ベルリンから母ヨゼフィーネも来ていた。この母は、何度もアメリカへ来ないかと誘われるが、結局、敗戦までベルリンに留まるのだった。実家の持つ時計の工房などの経営は弟の死後は彼女が担っていた。それを置いて逃げ出すわけにはいかなかった。ユダヤ人ではなく、生粋のプロイセン人である彼女には、さしあたり、命の危険はなかった。

母の説得だけが目的ではなかった。パリでのディートリッヒの仕事はレコーディングだった。その後はウィーンへも行った。まだこの都市はナチスのものではなかったのだ。

この時かつてディートリッヒがウィーンで出た映画『カフェ・エレクトリック』の共演者であるウィリー・フォルストは、映画監督としての初作品に取り組んでいた。シューベルトの伝記映画『未完成交響楽』である。この映画の資金をディートリッヒが出したという噂があるが、彼女は否定している。


ディートリッヒ初の非スタンバーグ作品『恋の凱歌』は七月十九日に封切られ、好評をもって迎えられた。スタンバーグでなくても、ディートリッヒを活かせると分かったことは、ハリウッドにとって朗報だった。

しかし、この作品はドイツでは上映されなかった。彼女は「マルクではなくドルを選んだ女優」として、ナチスは批判し、その映画は上映されないのだ。

九月になると、ディートリッヒは娘マリアとハリウッドへ帰った。

スタンバーグがディートリッヒのために考えた次の映画はロシアの女帝エカテリーナを主人公としたもので、日本では『恋のページェント』として公開されるが、原題は『真紅の女帝』（The Scarlet Empress）である。日本でこの映画が公開されるのは一九三五年、昭和十年だった。国家主義が強化され、映画のタイトルに皇室を思わせる言葉は使えなくなっていたので、この安手の恋愛小説のような邦題になった。

十八世紀の実在の女帝、エカテリーナ二世はドイツ生まれだが、ロシアの女帝となり、いくつもの戦争を勝ち抜いた一方、その性生活が乱れていたことでも知られる。女帝であり妖婦でもある。これはディートリッヒの従来のイメージにふさわしい。この映画でのセットや小道具での凝りに凝った映像は、いまでこそ評価されるが当時は嘲笑された。スタンバーグはこの映画については批判されることを予想しており、「壮大な失敗作となる」と予言し、実際にその通りになった。

この頃からスタンバーグは破滅型藝術家の様相を呈してくる。ディートリッヒをどんなに思っていても、彼女はスタンバーグの目の前で美男俳優とばかり付き合う。それでも彼にはディートリッヒが必要なのだ。そして、ディートリッヒが彼を監督として必要とするということだけを信じている。それは確かにそうだった。ディートリッヒは監督としてのスタンバーグを最後まで尊敬していた。だが、最初はどうだったかはともかく、ハリウッドへ来てからは恋愛の対象とはしない。

スタンバーグは失敗作をあえて作ることで、ディートリッヒとの映画での心中を図ったとも言える。しかし、完成した映画が壮大な失敗作になったとしても、スタンバーグがフィルムに焼き付けたディートリッヒの美しさは際立っていた。これをどう評価したらいいのだろう。スタンバーグほどディートリッヒを美しく撮れる監督はいない。それだけは確かだった。それは彼のねじれにねじれた愛が生んだ、奇跡的な映像だった。

党大会映画での成功

一方――リーフェンシュタールの『信念の勝利』の編集は三カ月で終わり、十二月一日にベルリンでUFAのバラスト・アム・ツォーでプレミア上映された。もちろんヒトラー以下のナチス幹部が並ぶ特別席のなかに、リーフェンシュタールもいた。メディアは――いまや反ナチスのメディアは存在しないので、絶賛した。この映画は以後七カ月にわたり上映され、二千万人が観た。

レニ・リーフェンシュタールは記録映画の監督としても華々しくデビューした。彼女がこの映画で得たのは、名誉と総統ヒトラーからの花束の他、メルセデスのコンパチブルと、二万マルクだった。当時のドルに換算して五千ドルという。

ヒトラーへの義理を果たしたリーフェンシュタールは、今度こそ自分の作りたい映画を作ろうとした。しかしヒトラーとその周囲では、十月の段階で翌年の党大会映画もリーフェンシュタールに撮らせることが決定していた。当人にも、少なくとも内示があったはずだ。

リーフェンシュタールは『信念の勝利』のプレミアの後、当時の恋人と休暇としてダヴォスにスキーに行った。その地で、ベルリンの映画会社テラ・フィルムから映画製作の話が届いた。テラ・フィルムはUFAに比べれば小さな映画会社だった。同社が提案した企画は、オイゲン・ダルベールのオペラ『低地』の映画化である。このオペラは一九〇三年が初演で、現在ではほとんど上演されないが、二十世紀前半には人気があり、よく上演されていた。ヒトラーがお気に入りの作品でもあった。

『低地』の物語は山岳映画に通じるところがあり、高い山の純粋さと低い土地の俗悪さとが描かれる。ヒロインは、スペイン人の踊り子である。当然、リーフェンシュタールがこれを演じ、監督もしたい。そうなると資金が必要だ。

この頃すでにナチスからは二本目の党大会映画の話も打診されていたのだろう。その報酬を『低地』の資金にまわせばいいのではないか。そんなことをリーフェンシュタールは考えていた。

ヘミングウェイとの出会い

『真紅の女帝（恋のページェント）』の撮影が一九三四年春に終わると、ディートリッヒはまたも大西洋を渡った。パリに滞在していたことになっているが、密かにベルリンへ帰ったとしている史料もある。

この訪問の前触れとして、三月十四日、国民啓蒙・宣伝省の国家映画局は、ディートリッヒが映画振興基金に相当額の寄付をしたと発表した。

この寄付はディートリッヒがナチスに屈した証拠とも見られたが、そうではなかった。ディートリッヒの国籍はいまだにドイツにあり、ビザの書き換えが必要となっていた。それにはカネを出せと、彼女は半ば脅迫されていたようだ。母や姉がまだドイツにいるので、禍が起きることも懸念された。

ディートリッヒの自伝は日付がないので、いつの出来事かはっきりしないが、〈祖国との決別には苦しんだ〉として、こういう経緯が書かれている。

〈この事件はパリのドイツ大使館で起こった。それより前、私はアメリカの大使館にドイツの旅券が期限切れになるがそのままにさせてほしいと願い出ていた。しかし、彼らは、私がアメリカ市民になりたいのなら、書類が全て整っていなければならないと主張した。そこで私は旅券の延長を申請した。その手続きのため、当然、パリのドイツ大使館へ行った。〉

夫ジーバーが同行すると言ったが彼女は断り、ひとりで行った。パリの大使館では駐仏ドイツ大使フォン・ヴェルツェック伯爵が自らこの大女優の対応をした。大使は、「あなたはドイツへ戻るべきでアメリカ市民になってはいけない」と言い、さらに「戻るのであれば、ブランデンブルク門を通る大パレードをしよう」とも言った。

ディートリッヒは、「もしスタンバーグ監督がドイツで映画を撮ってもいいのなら、その申し出を喜んで受けましょう」と答えた。ユダヤ人であるスタンバーグがドイツで撮れるはずがないのを知った上での挑発だ。大使はディートリッヒに「あなたはアメリカの宣伝活動に騙されている」「総統の一言で全ての望みがかなえられる」などと説得したが、彼女は応じなかった。

こうしたやりとりがパリのドイツ大使館であったのか、それとも極秘裏に帰国したベルリンでだったのか。これが謎として残る。

ともあれ、その翌日、期限が延長された旅券が届いたという——これが一九三四年春のことだとしたら、この一件のあった後、彼女がアメリカへ帰る船の上で運命的な出会いがあったことになる。

自伝では〈いつのことか忘れたが、スペイン内乱のあとであったことは確かだ〉としており、だとしたら一九三七年以後になるのだが、現在では一九三四年の出来事とされている。

この年の春、ディートリッヒは豪華客船イル・ド・フランス号でアメリカへ向かっていた。ある日の晩餐会で、ディートリッヒが遅れてテーブルに就こうとしたら、すでに十二人が着席していた。そこへ彼女が加わると十三人となる。十三はキリスト教の世界では不吉な数である。

「すみませんが、私が座ると十三人になってしまいますわ。ですからこのテーブルに座るわけにはいきません。私はこれでも迷信深いんです」。彼女はこう言った。すると、そばのテーブルにいた大柄な男が、椅子を持ってきて、「これで十四人になります」と言って、座った。

その男が誰かディートリッヒにはすぐに分かったが、「あなたはどなた?」ときいた。アーネスト・ヘミングウェイだった。

親友、あるいは盟友ともなる二人の関係の始まりだった。ヘミングウェイとの関係については「決してベッドに誘わなかった」とディートリッヒは言い、ヘミングウェイは二人について「時期を逸した情熱の犠牲者」と文学的に表現する。

アメリカに着いたディートリッヒは、スタンバーグが「次の作品が二人で作る最後の作品となるだろう」と語ったとの記事を読んだ。その最後の映画は「スペイン狂想曲」というタイトルだったがスペインからクレームがついたので「悪魔は女」へ変更になり、この年の十月から撮影が始まり、翌三五年一月に終わる。スタンバーグとディートリッヒとの七本目の、そして最後の映画になる。

独裁の完成

リーフェンシュタールはテラ・フィルムから『低地』の企画が持ち込まれると、先に自分で映画化権を買い取り、準備に取りかかった。このあたり、抜け目ない。そしてテラ・フィルムと彼女自身の会社であるレニ・リーフェンシュタール・スタジオ・フィルム会社との共同製作に持ち込んだ。資金の大半はテラ・フィルムに出させ、リーフェンシュタールは藝術上・製作上の決定権を得た。

自分で主演・監督するつもりだったが、彼女の出演シーンを演出する別の監督が必要だったので、ハンス・アベルという監督と契約した。カメラマンは元恋人のシュネーベルガーだ。

一九三四年四月下旬、リーフェンシュタールはイギリスへ行き、ロンドン、ケンブリッジ、オックスフォードなどの大学で講演をした。この頃は『青の光』が各国でも公開されており、リーフェンシュタールは女性監督として注目されていたのだ。

その間にテラ・フィルムが『低地』の準備をしているはずだった。しかしこの会社は規模が小さいので、資金繰りがなかなかうまくいかない。

六月からリーフェンシュタールはロケハンのためにスペインへ向かった。ロケに適した場所も見つかり、あとはドイツからスタッフと俳優が来るのを待つだけとなるのだが、ベルリンからの連絡がなかなか来ない。

撮影開始予定日になって、ベルリンのテラ・フィルムから二週間後にしてくれとの電話があると、リーフェンシュタールはショックでそのまま倒れてしまった。

これまでの映画でもリーフェンシュタールは撮影中に倒れることが多かった。強いようで弱いのである。すぐにマドリッドの病院へ入ると、二週間の面会謝絶となった。テラ・フィルムはそれを口実に、撮影を中止にしてしまった。

『低地』の企画は潰えた。

リーフェンシュタールの入院は四週間にわたり、さらに一カ月は安静にしていなければならず、帰国も止められた。彼女がベルリンへ戻るのは八月半ばだった。

彼女がスペインへ行っている間に、ドイツはまたも大きな変化を迎えていた。


二千万の観客を動員した大ヒット映画のはずの『信念の勝利』は一九三四年六月をもって上映が打ち切られた。この映画にはナチス幹部のひとりで突撃隊のリーダーであるエルンスト・レームが重要人物として登場していたが、このレームがヒトラーによって、七月一日に粛清されてしまったからだ。世に言う「長いナイフの夜」である。ヒトラーの古くからの盟友であったレームは、それゆえに権力を握ったヒトラーにとって邪魔な存在となっていたのだ。彼が率いる突撃隊という暴力装置は軍から警戒されていた。ヒトラーとしては今後、軍と協調していくためにもレームの排除が必要だった。

六月三十日、レーム以下の突撃隊幹部たちはミュンヘン郊外の温泉地のホテルに集まっていた。そこへヒトラー自らが押し入り、全員を逮捕した。そして翌日処刑した。レームの他にも、この粛清劇で前首相シュライヒャーが銃殺され、ナチス党内左派だったシュトラッサーも逮捕されて殺された。ヒトラーは自分の敵になりそうな者を殺しまくったのである。しかし殺されたレームは国民から恐れられ、嫌われていたので、この粛清劇はそれほどの批判は浴びなかった。そしてヒトラーに逆らったらどうなるかを国民に思い知らせる効果もあった。

七月末にヒンデンブルク大統領が危篤になると、八月一日、緊急閣議が開かれ、「国家元首に関する法律」が制定され、ヒンデンブルクの死後は、大統領職を首相職と統合することが決められた。それだけではない。その絶大な権力を、「指導者兼首相であるアドルフ・ヒトラー」に委譲するということも決まった。決まったというが決めたのはヒトラー自身である。

八月二日にヒンデンブルク大統領は八十七歳で亡くなった。前日に定めた法律が自動的に発効され、ヒトラーは国家元首である大統領にして内閣の長たる首相となった。

ヒトラーはヒンデンブルク大統領に敬意を表して、「大統領」という肩書は使わず、ナチス党首の肩書であった「指導者」をそのまま国家元首の肩書とした。これを日本では「総統」と訳している。

八月十九日、ヒトラーが国家の「指導者」となることの是非を問う国民投票が行なわれると、投票率九十五・七パーセント、賛成が八九・九パーセントという結果となった。

ヒトラーが独裁を完成させた時期、リーフェンシュタールはスペインにいた。したがって、これらの動きを自分は何も知らなかった、ベルリンへ戻ると全ては終わっていた――と彼女は主張する。確かにそうなのだ。ベルリンにいたとしても、彼女に何かできたわけではないが、ヒトラーが悪魔的選択を下す時期に、彼のそばにいなかったことは、リーフェンシュタールにとっては幸運だった。

戦後の彼女は「私は何も知らなかった」と言い続けるが、首相に就任した時も、レームの粛清の時も大統領が死んだ時も、その決定的瞬間にヒトラーの近くにいなかった点で、リーフェンシュタールは運がよい。

国民投票の翌日――八月二十日、リーフェンシュタールは鮮やかに歴史の表舞台に復帰した。ニュルンベルクへ行き、ヒトラーとともに党大会の準備状況の視察をしたのである。そう、この年の党大会もリーフェンシュタールが記録映画にまとめるのである。

『意志の勝利』の勝利

二作目の党大会映画についてリーフェンシュタールは、自分は『低地』を撮ることになっていたので撮る気はなく、ヒトラーから強引に頼まれたと主張するが、実際には『信念の勝利』を編集中に依頼され、受諾していた。この二作目は『意志の勝利』(Triumph des Willens)と名付けられ、現在は廉価版DVDにもなっているので容易に観ることができるが、ドキュメンタリーのお手本のような映画となっている。というよりも、以後のドキュメンタリー映画、ニュース映像、さらには群衆シーンや演説のシーンが出てくる劇映画も全て、この映画が作り上げた様式から脱していないと言って過言ではない。この映画を観たことのない映画作家にしても、間接的に影響を受けているのだろう。

もちろんリーフェンシュタールのこの映画がなくても、そうした手法と様式はいずれは誰かによって確立されただろう。だが、この時点ではリーフェンシュタールしか考えつかなかった。いや、夢想した映画作家はいたかもしれない。しかし、そんな撮影環境が与えられた監督はリーフェンシュタール以外にはいなかった。

『意志の勝利』や『オリンピア』は、リーフェンシュタールの映画作家としての能力と、ヒトラー率いるナチスの組織力と権力とが合致して、初めて生まれたものだった。

党大会の記録映画である以上、いかに藝術として優れていようとも、本質的にプロパガンダである。リーフェンシュタールがどういい訳しようとも、彼女がナチスに協力したことは否定できない。その逆に、ナチスがリーフェンシュタールに協力したとも言える。

リーフェンシュタールの映画作家としての天才は、この『意志の勝利』と『オリンピア』によって歴史に遺るが、これはいずれもナチスの力がなければ不可能な映画だった。驚異的なのは、ソ連共産党と並ぶ巨大にして凶暴な組織であるナチスと、たったひとりの女性とが対等の関係だったことだ。どんな名監督でも映画会社という組織を前にして妥協を強いられる。しかし、この時期のレニ・リーフェンシュタールは藝術上の決定権の全てを握った上で、資金を湯水のごとく使い、膨大なスタッフを指揮していた。これをまだ三十代の女性がやってのけたのだ——紛れもなく、映画史における燦然と輝く奇蹟だったし、女性の地位向上という観点でも画期的な功績だった。

リーフェンシュタールは最初の『信念の勝利』では報酬を得ただけで、それはかなり高額だったとはいえ、その場限りのものだった。しかし『意志の勝利』においては、藝術上の権限だけでなく、著作権も得ることにした。この映画の著作権はナチスではなく、レニ・リーフェンシュタール・スタジオ・フィルム会社にあるのだ。製作費は準備段階でＵＦＡが配給権と引き換えに三十万マルクを出したが、それは実際にはナチスの資金だった。さらに、ゲッベルスによって作られた全国映画信用銀行からの融資を受けた。

こうしてナチスの資金で製作しながらも、権利はリーフェンシュタールが得たので、戦後もこの映画の一部が他の記録映画に引用されるたびに、彼女は裁判を起こして著作権使用料を得る。これは次の『オリンピア』も同様だった。実業家を父に持つだけあって、彼女は美を追求するとともに自分の権利を確保し金銭的利益確保においても才能があったのだ。

『低地』のためにスペインへ出発する前に、リーフェンシュタールは親しくしていた映画監督のヴァルター・ルットマンを党大会映画の共同監督に頼み、準備しておいてほしいと指示した。彼女自身は党大会直前から加わるつもりだったのだ。

前年の大会が予行演習となっていたので、どうすれば何が撮れるかは分かっていたはずだ。党大会の会場を整備する建築家シュペーアとも打ち合わせを繰り返していた。

優れた映画作家であるルットマンは、それゆえにこの記録映画の仕事で袋小路にはまった。彼は事前にシナリオを書き、それに合う映像を求めた。ナチスの歴史も描こうとした。ニュースフィルム、写真、ポスター、そして再現ドラマを撮り、それと実際の党大会で撮影するものとを合わせればいいと考え、その準備のために十万マルクを使い、かなりの量のフィルムを撮影していた。しかしリーフェンシュタールが快復してベルリンへ戻ってから見ると、とても使えるものではなかった。その場でルットマンはこのプロジェクトから降ろされた。そして、リーフェンシュタールはやはり自分で全てをやらなければと決意するのであった――という話になっている。だが実際は編集段階までルットマンは手伝ったらしい。

映画の作者はひとりでいい――リーフェンシュタールはどこかの段階でそう気づいたのだろう。

一九三四年のナチス党大会は九月四日から十日まで、前年と同じくニュルンベルクで開催された。リーフェンシュタールの許に集められた撮影チームは百七十人を超えた。カメラマンが十六人、そのアシスタントがやはり十六人、空中撮影のカメラマンが九人、さらにニュース映画のカメラマンも二十九人いて、彼らが撮ったものものもリーフェンシュタールが自由に使えることになっていた。照明が十七人、スチールのカメラマンが二人でそのうちの一人は「撮影中のリーフェンシュタール」を撮るのが仕事だった。音響担当が十三人、事務担当が二人、運転手が二十六人、警備担当が三十七人、その他といったところだ。

リーフェンシュタールは山岳映画で得た経験から、どのアングルからどう撮ればどういう映像になるかを知っていた。その上で、大自然が作り出した高低差を平地で生むにはどうしたらいいかを考えた――こうして屋根の上から撮ったり、消防車のクレーンの上から撮ったり、あるいは地面に穴を掘りそこから仰いで撮った。撮影のためにエレベータだけの塔も建てられた。撮影チームにローラースケートをはかせて移動撮影をした。夜間シーンでは花火や松明、発煙筒を駆使して幻想的な映像を得た――これらは全て次のオリンピック映画にもつながった。

『意志の勝利』は後の『オリンピア』と同様に、大会を時間の経過にしたがって記録したものではない。リーフェンシュタールの頭のなかですべてが再構成される。演説の場面では、演説をするヒトラーとそれを聞いて陶酔している党員の顔のアップが交差するが、その党員たちは美男ばかりである。美しいものしか、この映画にはない。

したがって、大会のプログラムの中で重要だった、国防軍の演習シーンは、悪天候下での撮影で美しく撮れなかったのでカットした。

党大会は九月十日に終わると、リーフェンシュタールの手には八十時間分のフィルムがあった。これを二時間の映画に編集しなければならない。

ベルリンへ戻ると、編集作業が始まった。リーフェンシュタールにとってはここからが本番だった。毎日十二時間、ときには十六時間も編集台の前にいた。公開予定日は十二月だった。しかし、とうてい無理だった。十二月六日はヒトラーが陣中見舞いに訪れた。リーフェンシュタールが国防軍の演習シーンをカットするらしいとの噂が流れており、軍が怒っていたので、ヒトラーはそれを確認しに来たのだ。

「あなたに全て任せると言いました。その気持ちはいまも変わりませんが、あなたに敵が生まれるのは困る」という言い方で、国防軍のシーンをどうにか入れてくれと頼んだ。さらに、「当日の天候が悪くていい映像がないというなら、いまからスタジオに国防軍の幹部を集めるから、撮り直してくれ」とまで言った。

リーフェンシュタールにとって、それはできない相談だった。すでに彼女の頭のなかには映画の完璧な流れができていた。そこには国防軍の出る幕はないのだ。

しかし、ヒトラーが言うのももっともである。そこでリーフェンシュタールは、新たに国防軍のための短編映画を作るのはどうかと提案した。ヒトラーは呆れていた。これ以上言っても無駄と判断し、「おまかせする」とだけ言って出て行った。

盟友レームを粛清し、政敵を葬ってきた容赦なき独裁者も、この女性には何も言えなかった。リーフェンシュタールの希望通り、『意志の勝利』には国防軍のシーンはなく、軍のための映画が別に作られるのである。

『意志の勝利』は翌一九三五年三月二十八日に公開された。当日ギリギリまでリーフェンシュタールは仕事をして、ヒトラー以下が臨席するプレミアに駆けつけた。映画が終わり、拍手喝采の嵐となると、ヒトラーはリーフェンシュタールにライラックの花束を贈った。その瞬間、彼女は気を失った。過労だったのか感激のあまりなのか、それは定かではない。

半年間にわたり『意志の勝利』の編集に没頭している間に、恋人は新しい恋人を作り、リーフェンシュタールの許を去った。恋も仕事もというのは甘かった。

ある夫婦の破局

『意志の勝利』が公開されている五月のある日、ミュンヘンのナチス党本部に、イギリスのファシズム運動家たちの一行がやってきた。一九三〇年代半ばのイギリスでは、ドイツのナチ党と連動する、ファシズム運動が盛んになっていたのだ。この一行はヒトラーとの面会も果たし、満足した。

そのなかにオランダの男爵家のひとりエラ・ファン・ヘームストラと、その夫ジョゼフ・ヘップバーン＝ラスキンもいた。二人は、とくにヘップバーン＝ラスキンはファシズム運動にのめり込んでいたのである。

もともとどこの馬の骨ともわからない怪しげな山師だったヘップバーン＝ラスキンが気に入らなかったエラの両親は、この娘婿の政治活動をいかがわしく思い、二人を離婚させた。彼が男爵家の財産を政治活動に投入していたのも離婚の原因となった。

ヘップバーン＝ラスキンの動きについては、オランダのウィルヘルミナ女王の知るところにまでなっており、女王から男爵家への圧力もあった。ナチスを胡散臭く思う人はすでに多い。だが離婚の決定的な理由となったのはヘップバーン＝ラスキンの浮気だった。彼が娘のオードリーの子守として雇われていた女性と一緒にベッドにいるのを、エラが見つけたのだ。

この時、オードリーは六歳だった。彼女にはナチスも何も関係ない。ある日突然、父がいなくなってしまったに過ぎず、その理由が分からず、幼いながらも悩み、苦しんだ。

エラはオードリーを連れてオランダに戻り、アルンヘムで暮らすことになった。だが一九三七年に母娘はイギリスの小さな村で暮らすことになる。

孤独な少女となったオードリーが夢中になったもの、それはバレエだった。

第七章　祭典

近代オリンピックで、一九三六年のベルリン大会ほど語り継がれているものはない。その最大の理由は「ヒトラーのオリンピック」だったからだ。政権を獲った当初のヒトラーはオリンピックへの関心は薄かったが、これがプロパガンダになると気づくと熱心に取り組むようになった。しかしナチスの反ユダヤ主義は国際社会から非難されており、ベルリン大会をボイコットする動きが出る。そこでヒトラーは一時的に反ユダヤ主義を引っ込め、大会の成功を優先させた。オリンピックが成功したことでナチスは国際的に認められたことになり、ヒトラーの増長が始まった。「オリンピックの政治利用」の始まりだった。

そうした歴史的位置づけもさることながら、このベルリン大会が有名なのは、レニ・リーフェンシュタールが作ったドキュメンタリー映画、『オリンピア』のおかげだ。史上最初の本格的オリンピック映画であり、いまだに質的にリーフェンシュタール作品を凌駕するオリンピック映画はない。

コンビの終わり

ジョセフ・フォン・スタンバーグ監督、マルレーネ・ディートリッヒ主演『悪魔は女』（The Devil Is a Woman）は、一九三五年五月三日にアメリカで封切られた。日本では『西班牙狂想曲』のタイトルで知られる作品だ。原作はピエール・ルイスの小説『女と人形』で、スタンバーグは監督だけでなく、自ら撮影も担った。彼はこれがディートリッヒとの最後の映画になると覚悟していたので、ディートリッヒを徹底的に美しくフィルムに焼き付けることをこの映画のテーマとしたかのようだ。そして、美しいディートリッヒが永遠に遺された。

物語にはスタンバーグとディートリッヒの関係がそのまま投影されている。舞台はスペインで、ディートリッヒは踊り子だ。陸軍将校が彼女を見初めて貢ぐのだが、彼女には将校と結婚する気はない。彼女は男を次々と作り、どこかへ行き、カネがなくなると将校の許に来る。将校はついに財産を失くし、地位も失う。その彼女を好きになる青年に、将校はそんな自分の過去を話し、あの女には気をつけろと警告する。青年は彼女と別れようとするが、いざ会うとそうもいかない。二人が会っているところに将校が現れ、決闘することになる。将校は拳銃の名手だったが、わざと撃たれる。将校が自分の幸福を思っていたのだと知った彼女は、青年をふりきり、病床の将校の許へ行く。メロドラマである。ヒロインは二人の男を狂わすだけの美貌でなければならない。そしてスクリーンのディートリッヒはまさにそういう女だった。

映画では浮気者のヒロインは将校の許へ戻るが、現実世界のディートリッヒはスタンバーグとはあくまで仕事上の関係でしかなかった。スタンバーグはそれがいやというほど分かっていた。監督の主演女優への思いがどんなに熱く切ないものであっても、それは映画の観客には関係のない話だった。

『西班牙狂想曲』の封切りは五月で興行的には失敗した。しかしそれは二月に業界関係者の試写が行なわれた段階で予想できたことだった。公開前の三月の時点で、パラマウントはスタンバーグとの契約を打ち切ると決定した。スタンバーグは「ルビッチに殺《や》られた」と言った。

ルビッチとは、エルンスト・ルビッチである。ベルリンで生まれたこの映画監督は、この時期、パラマウントの製作部長となり、全体の責任者となっていたのだ。『西班牙狂想曲』の最終的な編集もルビッチがやったという。

こうしてスタンバーグはパラマウントを去った。それは彼の映画監督としてのキャリアの終焉でもあった。四十一歳にして、スタンバーグはやるべきことをやってしまったのだ。もちろん、その後も何作か撮るが、過去の名声を傷つけただけだった。

スタンバーグがパラマウントを辞めさせられたので、ディートリッヒも辞めようとした。しかし監督は女優に言った。

「いま君がハリウッドを去ったら、君がしたことの全ては私のためだけにやってきたことになる。君はここで仕事を続けるんだ」

ディートリッヒは納得した。ドイツにはもはや帰れないことも、ハリウッドに残った理由だろう。一九二九年に出会ってから六年で、この監督と女優のコンビは解消された。だが、その後も友情は続く。絶縁したわけでは、けっしてなかった。

スタンバーグからディートリッヒを切り離した責任はルビッチにあったので、ディートリッヒの次の作品を考えた。しかし彼はこの時期は監督業を休み、プロデューサーに徹することにしていたので、自ら監督することはない。ディートリッヒのために『真珠の頸飾』（Desire）のシナリオを書いたが、監督はフランク・ボーゼイギに委ねた。監督はしなかったが、この映画はいわゆるルビッチ・タッチ――ウィットに富んだ会話と洗練された演出――の映画となった。相手役には『モロッコ』以来の共演となるゲーリー・クーパーが起用された。

邦題『真珠の頸飾』は撮影前の仮タイトルで、アメリカで公開された時は「Desire（欲望）」となっていた。物語は真珠のネックレスをめぐるものなので、邦題のほうが適しているともいえる。ディートリッヒは宝石泥棒の役で、宝石商からネックレスを盗むくだりは、いかにもルビッチ的だ。彼女は自動車で逃走している途中で自動車エンジニアで休暇旅行中のクーパーと知り合い、国境の荷物検査をくぐりぬけるために、ネックレスをクーパーの上着のポケットに忍び込ませる。国境は通過したものの、今度はネックレスを何も知らないクーパーから取り戻さなければならない。そしてやがて恋に落ち、という話だ。

撮影は九月十六日に始まり十二月二十一日に終わり、翌一九三六年四月十一日に封切られる。

『オリンピア』の始まり

レニ・リーフェンシュタールはドイツで最も有名な女性となった。

三月に公開された『意志の勝利』は大ヒットした。ドイツのあらゆるメディアが絶賛した。そして五月一日には国家映画賞を受賞した。しかし、もはやドイツにナチスに批判的なメディアはないし、国家映画賞を決めるのもゲッベルスらナチスなのだ。

その頃、リーフェンシュタールはダヴォスで休暇をとっていた。次の映画は何にしようかと考えていたところに、第十一回オリンピック競技大会組織委員会事務局長カール・ディーム教授と名乗る中年の男がやってきて、オリンピックの映画を撮ってくれと依頼した。

もうドキュメンタリーはこりごりだと思っていたので、リーフェンシュタールはその場で断った。しかし、ディームとの会話は続いた。

これまでオリンピックはニュース映画としてはそれぞれの競技が映像となっているが、大会全体をひとつの映画にしたものはなかった。アメリカが一九三二年のロサンゼルス大会を映画にしてみたが、失敗した。だから不可能だ——そんな話をしているうちに、興味が湧いてきた。

だが彼女は、「どうせゲッベルスが自分で作ると言って、妨害するでしょう」とも言った。それが公の仕事をしたくない最大の理由だった。するとディームは「オリンピックは政府ではなく国際オリンピック委員会の主催だから、その許可なしには誰も撮影できない。その逆に、リーフェンシュタールにのみ特権を与えることも、国際オリンピック委員会ならば可能だ」と言う。

リーフェンシュタールはとりあえず返事を保留とした。彼女は特権が与えられるとなると、興味を抱くのだ。

それにしても、オリンピックの映画など可能なのか。どうしたら〈藝術的にもスポーツの観点から見ても、国際的にも満足できる作品〉になるのか。そこで、かつてサン・モリッツでの冬季オリンピックの映画を撮っていたファンクに相談することにした。

ファンクは「そんな企画には興味がないね」と言った。だがリーフェンシュタールが「あなたなら、どんな映画が撮れるかしら?」と挑発してみると、こう答えたという。

最初の案は、美的・藝術的効果だけを狙って編集した長編映画を一本作る。ただし、それはドキュメンタリーとしての価値はない。二番目の案は、大長編映画を六本作り、すべての競技を網羅する。これは配給してくれるところがないだろう。三番目が、藝術的風格のないオーソドックスなニュース映画で、これを大会が終わってから六十日以内に公開する。しかしこれではニュース映画の特別編にすぎない。

ファンクの瞬時の分析はさすがだった。そして、そんなものなら何も自分がやることはないというファンクの思いも理解できた。

しかし何か他にアイデアはないのか——そう思った瞬間、眼前に古代オリンピック競技場の遺跡が霧の中から浮かんだ。そして、ギリシャ神話の神々の彫像が、現実の人間に変身していき、踊り子たちが燃える炎となって、それはオリンピックの聖火になり、その火はゼウスの神殿から現代のベルリンへと運ばれてくる――そんな映像が浮かび、その瞬間にリーフェンシュタールの頭の中でオリンピック映画は完成した。

聖火リレーはベルリン・オリンピックから始まった。リーフェンシュタールの回想録だけを読むと、このリレーそのものも彼女のアイデアのようだが、それは違う。リーフェンシュタールに話をもちかけた事務局長のディームが考え、ヒトラーがこれに飛びついたとされている。ギリシャから聖火がリレーされた道を、後にドイツ軍の戦車が侵攻していくのだ。しかし、もしかしたら本当にリーフェンシュタールのアイデアで、それをディームが自分のものとして提案したのかもしれない。

かくして彼女はオリンピック映画を作ろうと決意した。だが、作るからには自分の映画でなければならない。さて、どうするか。

オリンピック映画の前にヒトラーとの約束で国防軍のための映画を撮らなければならず、九月十日から十六日の党大会の間に撮影した。これは二十八分の短編映画『自由の日』として十二月に公開される。

この党大会の前後からリーフェンシュタールはオリンピック映画についてゲッベルスとも話し合いを始めていた。後に「この映画はＩＯＣとの契約で作ったもので宣伝省もナチスも関係ない」と彼女は主張するが、この全体主義国家で宣伝省と関係なしに作れるはずがなかった。

平和の祭典であるオリンピックを一年後に控えながら、一九三五年から、ヒトラーの外交は戦争を意識したものになっていた。一月十三日、ヴェルサイユ条約で国際連盟の管理下に置くとされていたドイツとフランスにはさまれているザール地方で住民投票が行なわれた。ナチスの大宣伝のおかげもあり、住民はドイツへの帰属を支持し、この地域はドイツに戻った。

三月十日にはヴェルサイユ条約でドイツに禁じられていた空軍の存在を明らかにした。すでに二年前から空軍の創設が密かに始まっていたが、それを公然化したのだ。さらに十六日にはヒトラーがラジオ放送で徴兵制の復活と、ドイツ軍を三十六個師団、五十万人規模に増強すると発表した。ヒトラーはヴェルサイユ条約を無力化していった。

このドイツの動きに、ドイツを東と西から挟むソ連とフランスは警戒し、五月に相互援助条約を結んだ。さらにソ連はチェコスロヴァキアとも相互援助条約を結んだ。

こうした国際情勢のなか、ドイツとしては、味方が欲しかった。この時、世界中から叩かれている国がもうひとつあった。中国へ派兵し、満州国を作っていた日本である。

日独同盟が可能かどうか、ヒトラー政権は模索し始めた。直接の担当者は外務大臣となっていたヨアヒム・フォン・リッベントロップと、国防省防諜部長ヴィルヘルム・カナリスである。

日独合作映画

リーフェンシュタールからオリンピック映画の相談を受け、興味はないと協力を断ったファンクは、七月三日、日本からの客を迎えていた。東和商事（後、東宝東和）の川喜多長政である。

川喜多は一九〇三年に陸軍大尉の子として生まれ、東京府立第四中学（現、東京都立戸山高等学校）を卒業後、北京大学で学んだ後にドイツに留学した。この時に得た人脈でUFAの日本での代理人となり、一九二八年に外国映画配給会社として東和商事を設立した。

外国映画を輸入していた川喜多は、輸入するだけでなく、合作映画を作りたいとの思いを抱いていた。そんなところに、日独協会理事のフリードリヒ・ヴィルヘルム・ハックから、日独合作映画を作らないかとの話が持ち込まれた。

ハックの本業は武器商人である。彼は第一次世界大戦の際に青島攻防戦に加わり、日本軍の捕虜になった。その時に福岡の収容所で日本語を覚え、ドイツに帰った後に貿易会社「シンツィンガー&ハック商会」を設立、さらに日独友好親善のための「日独協会」の設立にも関わった。この貿易会社が扱うものは、武器だった。ドイツで作られた武器を日本海軍に納入するのが主な仕事だ。

国防省防諜部長カナリスは日独軍事同盟の実現性についてリサーチする過程で、日本の軍事事情に詳しいハックからも意見を聞いた。

その過程で、ゲッベルスから日本への工作資金として十万マルクがハックに渡されていた。日独の協定には、それぞれの国での反対が予想された。

ヒトラーは反ユダヤだっただけでなく、有色人種も劣等民族だという考え方だったので、当然、反日的だった。そのことは日本も分かっていたので、ナチス・ドイツに対して日本政府もいい印象は持っていなかった。ソ連を牽制するための外交戦略として、ヒトラーは反日から親日へと転換したわけだが、日本側には反ナチス感情があるので、これを融和させるためには時間と、そしておそらく資金が必要だった。軍と政府を親独にするだけでなく、国民大衆も親独にしなければならない。そこでプロパガンダ国家でもあるナチスは映画を利用しようと考えた。

ハックはベルリンの日本海軍武官事務所勤務の酒井直衛と話し、友好親善のために合作映画を作ることと、それをカムフラージュとして映画関係者の中に紛れて外交交渉の担当者を秘密裏に日本へ送るアイデアを思いついた。一石二鳥だ。こうしてハックは川喜多に相談したのである。

監督にファンクを指名したのもハックだった。二人は親友だったのだ。この時期のファンクは山岳映画の仕事もなく、経済的に困窮していた。ハックにとって日独合作映画は国家の大事業であると同時に親友の救済策でもあった。

ファンクの名は山岳映画の巨匠として日本でも有名で、ファンも多い。まったくの情実人事ではないので川喜多も納得したのだろう。

川喜多は六月二十四日に日本を出て、シベリア鉄道を利用して、ヨーロッパへ行き、七月三日にベルリンでファンクと面談した。そしてすぐにテラ・フィルムとの間で合作映画の製作が決まった。

撮影は翌年春に日本で行なうことになり、ドイツからファンクをはじめとするスタッフと何人かの俳優が行き、日本のスタッフと監督とで撮影する、文字通りの日独合作だった。

これが決まった後、ハックは改めて、在ベルリン陸軍武官の大島浩と日独協定問題について会談した。

原節子デビュー

川喜多が日本を出る少し前の四月十五日、横浜高等女学校に通う会田昌江という十五歳の少女が、退学して日活多摩川撮影所に入った。映画女優になるためで、少女には原節子という芸名が与えられた。

原節子の父の職業については会社員、あるいは衣類関係の問屋など諸説ある。彼女は二男五女のきょうだいの末っ子として生まれた。姉のひとり光代は京都の日活で女優となり、後に映画監督になる熊谷久虎と結婚した。次兄は日活のカメラマンになる。また姉の喜代子の長男、つまり原節子の甥は木下亮という東宝の映画監督になり、さらに姉・律子は松竹の監督になる番匠義彰と結婚していた時期もある。このように彼女のきょうだいはほとんどが映画関係者なので、女優になるのはそう不自然なことではなかったが、高校を中退してまでというのは、よほど家計が厳しかったのかもしれない。

原節子の銀幕デビューは八月十五日封切りの『ためらふ勿れ若人よ』で、この時の役名・節子が芸名にもなった。その年のうちに、『深夜の太陽』『魂を投げろ』『緑の地平線』（前後篇）と五作に出演した。翌一九三六年は一月に『白衣の佳人』が封切られ、続いて山中貞雄監督『河内山宗俊』に出演していたところを、来日したファンクに見出され、合作映画のヒロインに抜擢されるのである。

密使

一九三六年二月六日から十二日、リーフェンシュタールはオリンピック映画の準備のひとつとして、ドイツのバイエルン州ガルミッシュ＝パルテンキルヒェンで開催された冬季オリンピックを見に行った。スポーツをどうしたらうまく撮れるのか、下見というかヒントを得に見学に行ったのだ。

その後、ダヴォスで休暇を取っていたが、二十六日にリーフェンシュタールはイタリアへ行き、ローマでムッソリーニに招かれている。用件は映画を撮ってくれということだったとなっている。

このリーフェンシュタールとムッソリーニとの面談で、彼女がヒトラーの密使としての役割を果たしたのではないかとの説もある。日独合作映画も秘密外交の隠れ蓑だったので、ヒトラー政権が映画関係者を諜報に使っていた可能性は高い。回想録では、ローマへ向かう途中、ミュンヘンでヒトラーと会ったことは書かれているが、何も伝言を頼まれたわけではないことになっている。

それでもムッソリーニとの会話のなかで、「オーストリアに何が起ころうと、私はオーストリアの内部事情には干渉しませんと、総統にお伝え下さい」と言われ、そのようにヒトラーに伝えたとある。

この時のリーフェンシュタールの伝言が、ヒトラーにオーストリア併合を決断させたという解釈ができる。しかし密使とするには、リーフェンシュタールはあまりにも自己顕示欲が強くおしゃべりだ。はるか後ではあるが、回想録にこんなことを書くのは、私は歴史を動かした女なのだと言いたいためだろう。

イタリアから帰ったリーフェンシュタールがヒトラーと会ってから一週間ほど後の三月七日、ドイツ軍はラインラントへ派兵し進駐した。そこはドイツ領だがヴェルサイユ条約で非武装地帯とすることになっていた地域だった。その条約を無視しての派兵であり、ヒトラー政権として初の軍事的行動だった。だが、ドイツ領内への派兵だったこともあり、英仏をはじめとする各国は黙認した。

パラマウントからセルズニックへ

ディートリッヒは『真珠の頸飾』の撮影が一九三五年十二月に終わると、三六年一月三日から次の映画の撮影に入った。

パラマウントの製作部長であるルビッチはディートリッヒの次の作品として、一九二七年に作られた『帝国ホテル』のリメイクを考えていたのだ。監督にはヘンリー・ハサウェイ、相手役はフランスからハリウッドへ来ていたシャルル・ボワイエと決まった。タイトルは二転三転したが『私は兵士を殺した』となり、撮影は始まった。だがシナリオができていなかった。ディートリッヒとボワイエは何もせずに出演料をもらっていた。

その頃ルビッチは『一九三六年の大放送』という別の映画が大赤字となっていたことでパラマウントともめていた。そこに来て、『私は兵士を殺した』のシナリオがなかなかできず、二人のスターへのギャラだけが湯水のごとく出て行くので、パラマウントはルビッチを解雇してしまった。ルビッチを信頼していたディートリッヒはこの映画から降板した。そしてパラマウントからも出て行くことにした。

ディートリッヒがついにパラマウントから離れると、やって来たのは、デヴィッド・O・セルズニックだった。ディートリッヒがハリウッドへ来た時に最初に出た婚約披露パーティーでの主役だった男だ。プロデューサーとしてMGM、パラマウント、RKOで働いた後に、彼は独立し、一九三五年にセルズニック・インターナショナル・ピクチャーズを設立したばかりだった。彼は一九三九年に公開される『風と共に去りぬ』のプロデューサーとして映画史に名を刻む。

セルズニックが考えていたディートリッヒのための企画は、一九〇四年に発表された『沙漠の花園』という小説の三度目の映画化だった。修道院で育てられた純情な女性が自分探しの旅で砂漠へ行き、修道院を逃げ出した僧と出会い、恋に落ちるという通俗恋愛ものだ。その修道僧にはボワイエが起用される。つまり、『私は兵士を殺した』のコンビがそのままこの映画に移籍したのだ。

しかし主役が決まるまでには紆余曲折があり、候補者リストには、ジャン・ギャバンの名もあった。女優のほうも、ディートリッヒの前にはガルボにも打診し断られていた。ディートリッヒは二十万ドルの出演料で契約した。監督はポーランド生まれのリチャード・ボレスラウスキーが起用された。これはディートリッヒにとって初のカラー映画だった。

ディートリッヒは四月十四日にハリウッドからアリゾナ州ユタの砂漠に行った。そこでのロケが始まり、七月七日に終わる。

監督たちの再会

日独合作映画のスタッフは一九三六年一月八日に、フランスのマルセイユ港を出て、二月八日に神戸に着いた。ファンクをはじめとする映画撮影のスタッフにまざって、ハックもその中にいた。東和商事の社史では、ハックのことは「指揮者」という肩書になっている。

この時点でファンクはシナリオの第一稿「東の風・西の風」を書いているところだった。ドイツ人女性を登場させることは決まっていたので、女優のルート・エーヴェラーが同行した。

二月十日、ファンク一行が特急富士で東京に着くと、大群衆が駅を埋め尽くしていた。ファンクの名は広く知られていたし、何よりも初の合作映画ということで、話題になっていたのである。まだストーリーもタイトルも、主演俳優も決まっていなかったが、すでにヒットは約束されていた。

ファンクは平河町の萬平ホテルに宿泊し、日本映画を次から次へと観た。主役を演じる俳優を探していたのと、日本そのものを学ぶためだった。だがホテルに籠る前、東京に着いた翌日に、ファンクは案内されて日活の撮影所に行き、『河内山宗俊』のスタジオで原節子を見た。最初から原は有力候補だったのだ。

ファンクが東京に着いたのが十日で、二十六日が世に言う二・二六事件である。

映画会社の中では日活が協力的で、結果として日活の小杉勇が主役に抜擢された。原を推したのも日活だろう。ファンクは田中絹代を希望したが松竹が断ったともいう。

さらに日本での撮影は初めてなので共同監督も必要とされ、伊丹万作に白羽の矢が立った。伊丹は固辞したが説得されて引き受けた。しかし撮影が始まると、ファンクと伊丹はことごとく対立し、決裂寸前になったので、ドイツ版をファンクが責任を持ち、日本とドイツ以外で公開する国際版は伊丹が責任をもつことで決着した。かくしてこの映画には二つの版がある。

タイトルは日本では『新しき土』だが、ドイツ版は『武士《サムライ》の娘』となる。内容からすると、『武士の娘』のほうがふさわしいが、時代劇ではなく現代劇だ。日本の封建的家庭制度の中の娘と、そこから外に出ようという男の物語だ。ファンク映画ならではの山岳シーンも用意されている。

『河内山宗俊』の撮影が四月十日に終わると、原は正式に『新しき土』への出演を打診され、当人は断ったが、周囲に説得されて引き受けた。

『河内山宗俊』の封切りは四月三十日で原の可憐さが話題になった。

三月下旬には撮影隊の第二陣が日本に着き、四月になって富士山でのロケで撮影が始まった。撮影隊は日本各地をロケしてまわり、日本名所案内のような映画となった。撮影は十一月まで続く。

登場する場所の位置関係はでたらめで、絵としての面白さのみでロケ地は選ばれているので、日本人が見ると混乱する。

撮影中の八月二十二日、ファンクに来客があった。ジョセフ・フォン・スタンバーグである。川喜多の東和商事は『嘆きの天使』や『モロッコ』を配給していたので、その関係もあったのだろう。スタンバーグは横浜港で川喜多に迎えられると、撮影隊が滞在していた軽井沢へ向かって、ファンクと対面した。

二人が会ったのは、『嘆きの天使』のためにスタンバーグがベルリンにいた時以来だったという。この時点では二人とも、それぞれがスターにしたディートリッヒとリーフェンシュタールとの関係は終わっていた。異国でどんな話をしたのであろう。スタンバーグは東京に五日間、京都と大阪に七日間滞在したのち、九月二日に朝鮮・満州へ向かった。

ファンクが撮影をのんびりと続けている間、撮影隊と一緒に来日したハックはドイツ側のロビイストとして日本の官僚、政治家たちと接触し、日独防共協定の根回しをしていたのである。

ベルリン・オリンピック

ファンクが日本で映画を撮っている間にベルリンではオリンピックが開催され、レニ・リーフェンシュタールはその人生で最も充実した日々を過ごしていた。

リーフェンシュタールのオリンピック映画は、二部作となる。第一部が陸上競技をまとめた『民族の祭典』、第二部が陸上以外をまとめた『美の祭典』で、二つをあわせて『オリンピア』と呼ぶ。『オリンピア』はリーフェンシュタールが名付けたのではなく、いつのまにか定着した通称だという。リーフェンシュタールの命名したタイトルはあくまで『民族の祭典』と『美の祭典』だった。『オリンピア』の方法論は党大会映画と同じだった。ストーリーを作ってそれを追うのではなく、ひたすら絵として美しいものを独特のリズム感で編集していく。

党大会であればプログラムは決まっているので、次に何が起きるのか予測ができる。しかし、スポーツの場合、誰が勝つのかはやってみないと分からない。さらには勝者が必ずしも美しいとは限らないし、勝敗が決定する瞬間が映像として美しいかどうかも分からない。

美しい映画に仕上げるためには膨大な素材が必要だった。大会の間のあらゆるシーンを撮影するには人海戦術しかない。そうやって得た大量のフィルムをリーフェンシュタールがひとりで編集していくしか、完成させる方法はない。その編集には膨大な時間がかかるだろう。

予想される膨大なコストは、しかしＩＯＣが負担するわけではなかった。ベルリン・オリンピックの組織委員会には映画のための予算はない。リーフェンシュタールは自分の会社を作り、トビス社から製作費の融資を受けて製作したのであって、ドイツ政府からもナチスからも一マルクももらっていないと戦後になって主張する。しかし現実にはヒトラーの了解のもとでゲッベルスの決済で宣伝省の予算から大金が注ぎ込まれていた。

リーフェンシュタールがオリンピック映画の構想を練り始めたのは前年の一九三五年初夏からだが、その年の八月二十一日、彼女の誕生日の前日に、あたかもプレゼントであるかのように国庫からの百五十万マルクの出資がヒトラーの決済を得た。そして、映画信用銀行を通じてリーフェンシュタールが設立したオリンピア映画会社に融資される。

ゲッベルスはこの会社について、「第三帝国の主導により、また帝国が拠出した資本金により設立された。この映画の製作にあたって必要とされる資金も国家予算から支払われる」と明言し、ではなぜ民間会社を設立したのかといえば、「第三帝国がこの映画の製作者とみなされるのを好まないからだ」と説明する。IOCは政治的に中立でなければならないので、民間会社が製作する体面を整えなければならず、さらに映画信用銀行の融資先も民間会社でなければならないからだ。

かくして外面上はリーフェンシュタールの個人的な会社が製作するということになった。戦後、彼女はこれを盾に取り、この映画の権利は全て自分にあると主張し、さらにナチスに頼まれたのではなく、IOCから依頼されたと言うのだ。

リーフェンシュタールは一九三五年夏から一年後のオリンピックのための準備を進めた。九月の党大会で『自由の日』を撮影し編集を終えると、以後はこのプロジェクトのみに集中した。

こうして満を持して開会の日、八月一日を迎えたのだ。

どの競技でも最高のポジションにカメラが据えられた。水泳の飛び込みでは水中撮影も試みられた。超望遠レンズも使われた。ドローンなど影も形もない時代だったので、飛行船や気球に乗ったカメラマンもいる。地面に穴が掘られて下からも撮影された。鉄塔も築かれた。党大会映画でのノウハウが傾注された。いま思えば、党大会映画はオリンピック映画の予行練習だ。

リーフェンシュタールが得たフィルムは二百五十時間分あった。これを長くても四時間程度にしなければならない。それは苦痛だが楽しみでもあった。

スタンバーグの末路

パラマウントの専属から脱すると、ディートリッヒには次から次へと仕事が舞い込んだ。次の仕事はイギリスだった。ディートリッヒは娘マリアと共にニューヨークから大西洋を渡り、パリでジーバーにマリアを託すと、ロンドンへ向かった。

ロンドンでディートリッヒを待っていたのは、アレクサンダー・コルダである。『嘆きの天使』以前の脇役時代に出演した『モダン・デュバリー』の監督だ。この時点では監督業からプロデューサーに転じていた。

コルダはディートリッヒのために四十五万ドルを用意し、『鎧なき騎士』の準備をしていた。ジェームズ・ヒルトンのロシア革命を舞台にした冒険小説の映画化で、監督はベルギー出身でフランス映画の名匠ジャック・フェデーだった。ちょうどこの監督の『女だけの都』がヒットしていた時期にあたる。主人公のジャーナリストにはロバート・ドーナットが起用される。ディートリッヒはロシアの女伯爵の役だ。

十一月十九日、セルズニックの『沙漠の花園』が封切られると、好成績を挙げた。ディートリッヒはスタンバーグなしでもパラマウントでなくてもスターだと証明できた。

ロンドンでの『鎧なき騎士』の撮影は十一月で終わるのだが、この時プロデューサーのコルダは難問を抱えていた。ディートリッヒの出演料のうち十万ドルが未払いで、その資金繰りの目処が立たないのだ。

映画のプロダクションは常に何かを製作していなければ倒産してしまう。撮影から公開まではタイムラグがあるので資金繰りは綱渡りだ。さらに作った映画がヒットするかどうかはまさに封を切らなければ分からない。コルダは次の作品の『朕、クローディアス』の準備をしていた。マール・オベロンとチャールズ・ロートンの主演が決まっていた。出演料のことで相談されたディートリッヒは「残金はいらないから、次の映画でスタンバーグを監督として使ってくれないか」と頼んだ。『西班牙狂想曲』で映画監督を引退したはずのスタンバーグだったが、他に仕事もなく、コロムビア映画でドストエフスキーの名作を映画化した『罪と罰』や、ミュージカル『陽気な姫君』を撮っていたが、どちらも失敗作となっていた。

スタンバーグは放浪の旅に出て、八月には日本に立ち寄り、軽井沢でロケをしていたファンクを訪ね、その後、大陸へ渡り、この時期はロンドンの病院にいた。

恩師をディートリッヒは忘れはしない。スタンバーグは新しい仕事を得た。だが『朕、クローディアス』の出演者たちはディートリッヒのようには、このかつての名匠の暴君ぶりに耐えられず、スタジオは最悪な雰囲気となった。そんな時、主役のオベロンが交通事故に遭い、映画は製作中止となった。映画が保険に入っていたので、コルダは損をしなかった。保険会社に知られると保険金が下りなくなるので誰もが口をつぐんだが、スタンバーグのもとでは撮影続行が不可能となり、主役が交通事故に遭ったことにして、中止にしたのだった。

魔術師スタンバーグははたして復権できるのか。


一九三六年のクリスマスをディートリッヒは娘マリアとロンドンで過ごした。

そこへドイツから訪ねて来た男がいた。ディートリッヒはマリアからその男の名を告げられると、「会いたくないので断って」と言った。しかし、その男はクリスマス休暇の時期だというのに、何日もやって来た。仕方がない――ディートリッヒはその男と会うことにした。

その男が誰だったのかについて、ドイツ国民啓蒙・宣伝省大臣ヨーゼフ・ゲッベルス本人という説もあれば、駐英ドイツ大使ヨアヒム・フォン・リッベントロップ、あるいはナチス副総裁ルドルフ・ヘスだったという説もある。さらには男ではなく、ディートリッヒの元マネージャーの妻で女優のメディ・ゾイカだとの説もある。詳細に書かれているマリアが書いた評伝には、彼女が取り次いだはずのこの面会については何も書かれていない。晩年のインタビューでようやくディートリッヒはヘスだったと明かした。

用件は「総統があなたの帰国を望んでいます」だった。ヒトラーが望んでいたのは本当だったと思われる。リーフェンシュタールの回想録には三七年夏にヒトラーの山荘を訪ねた時に、玄関ホールのスクリーンにディートリッヒの映画が上映されていたとの目撃談がある。

しかし総統がどう望もうと、ディートリッヒの答えは「お断りします」だった。

第八章　前夜

ベルリン・オリンピック直前の一九三六年にスペインでは内戦が勃発し、共和政が危機に瀕した。作家アーネスト・ヘミングウェイは人民政府側の義勇兵として参加したが、フランコ将軍側が勝利し、一九三七年十二月に新政府が誕生した。ムッソリーニのイタリア、ヒトラーのドイツに続き、ヨーロッパに独裁政権が誕生した。

この内戦に外国も介入した。フランコ側を支援したのがドイツとイタリア、人民政府を支援したのはソ連だった。イギリスとフランスは中立を守った。このことは、両国が戦争を望んでいないことを示していた。ヒトラーは自らの野望を実現する機会が来たと感じた。

合作映画と防共協定

アルノルト・ファンクの日独合作映画『武士《サムライ》の娘』（邦題『新しき土』）の撮影は、一九三六年十一月に終わった。来日が二月なので九カ月におよぶ日本滞在である。

そしてこの撮影が終わったのとほぼ同時期の十一月二十五日に、ドイツと日本は、防共協定を結んだ。日本では「日独防共協定」と呼ばれる軍事同盟である。三七年にイタリアも加わり、日独伊防共協定となる。いわゆる枢軸国の結成だ。

「ドイツは新映画撮影の名目に隠してファンク、ハック両博士を日本に送り、陸軍を主として各界親独分子との連絡と意志の疎通とを試みた」と、海軍省調査課長・高木惣吉は回想記に記しているが、映画製作は秘密外交をカムフラージュするためと、映画によって日本人がドイツを好きになるようにするための一大プロジェクトだった。

この合作を通じて日本政府は、ドイツが国民統合の手段として映画を重視し、映画の持つ宣伝力を高く評価していることを実感した。日本政府は一九四〇年にドイツの国民啓蒙・宣伝省を真似して内閣情報局を創設するが、そのきっかけのひとつがこの合作だった。

十六歳の原節子がそんなことまで知っていたとは思えないが、日本側のプロデューサーである川喜多長政が知らないはずはない。いくら外国での撮影とはいえ、一本の映画に九カ月もかけるのは異例だ。経費も嵩む。それが可能だったのは、ドイツの国策であるがために通常の映画製作費とは別の所から資金が提供されていたとしか思えない。

合作映画は日本では『新しき土』と題されて、一九三七年二月三日に帝国劇場でプレミア上映され、四日から日本全国で封切られた。「新しき土」とは満州のことである。物語の最後で原節子演じるヒロインは夫とともに満州へ行くのだ。これはとって付けたようなラストで、日本の国策に従ったものだろう。それを示すかのように、帝劇でのプレミアの前に二月一日に大連と奉天で、さらに三日には京城と平壌で封切られ、その後に日本本土での上映となった。

日本で公開されたのは最初は伊丹万作が編集した国際版で二週目からはファンクが編集したドイツ版だった。上映した映画館のなかにはそれまでの観客動員記録を塗り替えたところも多く、大ヒットした。原節子は一躍、大スターになったのである。

原節子の世界一周

『新しき土』公開直後の二月十二日、原節子は義兄熊谷久虎と共に日活を退社した。

熊谷によれば、彼が日活で撮った石川達三原作のブラジル移民を描いた『蒼氓《そうぼう》』が検閲にひっかかり、監督として責任を感じたのが退社理由で、そして原が女優を辞めたいと言うので一緒に辞めたという。日活としてはせっかく原節子を大スターにしたところで、逃げられたことになる。というのも、日活を辞めた後、二人は東宝の前身であるP・C・Lに入社するからだ。

そして三月十日、映画界を引退するはずの原と熊谷は世界一周の旅に出発した。

合作映画プロジェクトはまだ終わっていなかった。総仕上げとして主演女優のドイツ行きも日独友好の大計画の一端だった。熊谷の他、川喜多長政・かしこ夫妻らが一緒だった。

この渡航は『新しき土』のドイツ公開に合わせてのキャンペーンに出るためと、新作映画出演のためと発表された。テラ・フィルムとの間で原の主演、熊谷の監督で二本の合作映画が作られることになっていた。

原たち一行は三月十日に東京駅を出て、十二日に下関から船で大連へ向かった。船上で川喜多が親しくしていたのが、甘粕正彦であった。

原の兄や姉のなかで映画関係の仕事に就かなかった長兄は出征して奉天にいた。その地で原は久しぶりに兄と再会したが、これが兄妹の最後の対面となった。兄はシベリアで戦死する。

モスクワを経て、シベリア鉄道での旅を終えて、ベルリンへ着いたのは三月二十六日だった。

ベルリンではファンク監督が出迎えた。川喜多たちの目論見では政権幹部と共に映画を観るはずだったのだろうが、ヒトラーのスケジュールの都合で、ヒトラー臨席での『新しき土』の上映は二十三日にすんでおり、ヒトラーはベルリンには不在だった。だがゲッベルスはベルリンにいたようで、原節子は面談し、記念写真に収まっている。

ドイツでも『新しき土』は絶賛された。とはいえ、すべてのメディアがゲッベルスの支配下にあるので、批判的な言説は表には出ない。絶賛したはずのゲッベルスは日記には「やりきれぬほど長い」と書いているし、ファンクに対し、

「次の映画にはもっとしっかりしたシナリオを準備したまえ。一貫した力強いストーリーが映画には大事だ。美しく変わった景色や風俗の異なった人間を並び立てても、観客は一度は興味を持つが、

これも二度と繰り返してはならない」と言ったと伝えられる。ゲッベルスは映画をよく理解していたといっていい。

しかし、ファンクの次の合作映画はなかった。

ドイツでも大々的に宣伝されたこともあり『新しき土』は大ヒットした。原は五月二十日までドイツに滞在し、各都市をまわり、舞台挨拶をやサイン会をした。その間に熊谷は合作映画の話を進めていたが、結局条件が合わず、実現しなかった。

ドイツでの旅を終えると、原節子と熊谷は五月二十一日にパリに着いた。川喜多は先にパリへ来ていた。彼はフランス映画も数多く輸入していたのでフランス映画界にも顔が広い。ルイ・ジューベ、アナベラ、ミシェル・シモン、ジャン・ルノワール、ジュリアン・デュヴィヴィエといった俳優や監督たちと原を引き合わせた。デュヴィヴィエは『新しき土』を観て、「自分ならばこんな宣伝映画ではない、もっと万人の心に触れる映画を作る。そのほうがよほど宣伝効果がある。原さんはいい素質があるから、自分もつかってみたい」と言った。

もうひとりのフランスの名匠ジャン・ルノワールはちょうどジャン・ギャバン主演の『大いなる幻影』を撮り終えたところだった。原節子はこの訪仏時にこの映画を観た。しかしこの映画は日本では検閲で不許可となり、戦後の一九四九年まで観ることができなかった。この映画を反戦・反国家主義映画だと見抜いた日本の検閲は優秀と言える。

そして六月十六日、原たち一行はフランスからアメリカへ向かった。その翌日、大西洋の上で原節子は十七歳の誕生日を迎えた。一行は六月二十一日にニューヨーク港に着き、当地での『新しき土』の試写会に出席した後、ロサンゼルスへ向かった。ロスでも映画関係者への『新しき土』の試写会があった。しかしアメリカでの公開は実現しない。

九日の試写会には軽井沢のロケ現場を訪問したスタンバーグもやって来た。試写を観たスタンバーグは「ファンクはとてもひどい仕事をした」とのみ言った。映画のプロの間でのこの映画の評価は散々だ。

それでも翌十日、川喜多夫妻はスタンバーグと昼食をともにした。彼は女性を連れてきた。マルレーネ・ディートリッヒその人である。

ディートリッヒはこの時期にはロンドンからハリウッドへ戻っており、再びパラマウントと契約して、ルビッチの監督で『天使』を撮っていた。

原節子はディートリッヒについてこう書いている。

〈彼女は映画で見るような特殊な感じではなく、顔も凹凸ではないし、まして妖婦的なところもありません。開放的な親しみやすい感じでした。〉

同席した川喜多の妻かしこも、ディートリッヒについて〈平顔で頬骨が高い。どうしてこの顔が、あんな素晴らしい陰影のあるマスクになるのかと不思議になる〉と『渡欧日記』に書いている。

二人の日本女性が抱いた疑問こそが、スタンバーグのマジックの本質だった。

ランチの後、一行はパラマウントの撮影所を訪問することになった。ところが、スタジオに入ろうとしたところで、スタンバーグが門前払いをくった。もうお前の来るところではないというわけだ。原節子たちは七月十二日にアメリカを出て二十八日に帰国した。四カ月半の世界一周旅行だった。

帰国後の原節子は東宝での仕事を始めた。最初の映画は歴史劇『東海美女伝』で、小西行長の娘でキリシタンの役だった。次の『母の曲』は前後篇の二部作で、家を去る母と嫁ぐ娘の話で、その娘を演じた。

切符売り場の疫病神

いったんパラマウントを去ったエルンスト・ルビッチは、自由にやっていいとの条件の許で、復帰した。パラマウントはルビッチを解雇したものの、それに代わる者がいなかったのだ。ルビッチは早速、ディートリッヒの復帰を望み、二年契約で一本あたり二十五万ドルの出演料で契約した。

ディートリッヒのためにルビッチが用意したのはハンガリーの芝居を原作とした『天使』(Angel)だった。彼女は外交官夫人の役だった。夫は仕事に夢中で妻をかまおうとしないので、ちょっとした冒険に出て、そこで偶然にある男と出会うが、何もないまま別れる。しばらくたって、夫が友人を連れてくるが、それがあの時の男だった、という話だ。

『天使』は四月から六月まで撮影され、その間に原節子一行がやって来たのだ。

その撮影中、ディートリッヒにとって不愉快な出来事が起きた。五月三十日にアメリカの映画館主協会がハリウッドの業界紙に広告を出し、そこでは「ボックス・オフィス（切符売り場）の疫病神」として何人かの女優の名が列記されていた。それは錚々たるメンバーだった。ジョーン・クロフォード、ベティ・デイヴィス、マルレーネ・ディートリッヒ、グレタ・ガルボ、キャサリーン・ヘップバーンである。彼女たちは大女優ではあるが、いまや人気スターではないというのが映画館主の判断だった。この協会は彼女たちを起用するなと映画会社に圧力をかけたのである。

〈それは私たちにとって死刑宣告と同じだった〉とディートリッヒは自伝に書いている。と同時に、彼女は自分たちの人気がなくなっただけではなく配給・興行システムに問題があるとも指摘する。ガルボやディートリッヒの映画を上映しようとすると、その映画館は他にも六本の映画を上映しなければならない契約となっていた。その六本が、ガルボやディートリッヒの映画よりもヒットすればいいが、もっとダメな映画であることのほうが多い。それで業を煮やした映画館主たちが抗議の広告を出したのである。広告はショッキングであればあるほど効果を生む。そんなことは映画業界の常識だった。映画館主はその常識に従い、大女優たちを標的とした。ディートリッヒたちはシステムの犠牲になった。

この広告に対しての映画会社の態度はさまざまだった。MGMはそれでもガルボを解雇しなかった。しかしパラマウントはディートリッヒを再び切った。前年十一月に公開されていた『沙漠の花園』が最終的に製作費百四十万ドルを回収できそうもないことも、その判断材料になったのかもしれない。パラマウントはまだ契約期間があり、ルビッチが次の作品を準備していたにもかかわらず、ディートリッヒに二十五万ドルを払って降りてもらった。そんな高額を払ってでも、ディートリッヒ映画を作らないほうがいいとの判断だったのだ。

ライバルのコロムビアは、ディートリッヒに男装の作家でショパンの愛人だったジョルジュ・サンドを演じさせようとしたが、撤回した。ワーナー・ブラザーズも、ディートリッヒにオファーしていたが、彼女が了解した後で撤回した。

ディートリッヒはハリウッドに見切りを付けて、ヨーロッパへ向かった。

主演女優がいなくなっても、すでに撮られていた映画は公開された。ロンドンで撮った『鎧なき騎士』は九月にアメリカで公開されたが不入りだった。ルビッチの『天使』も十一月に公開されるが、ヒットとは言えない数字だった。ルビッチ・タッチの映画になるかと期待されたが、そうはならなかった。

かくして、監督ルビッチと主演ディートリッヒという組み合わせは一作のみで終わった。ルビッチがディートリッヒのライバルであるグレタ・ガルボと傑作『ニノチカ』を撮るのは、二年後の一九三九年のことである。

ヒトラーの願い

一九三七年のリーフェンシュタールはオリンピック映画の編集に明け暮れていた。編集はオリンピックが終わった前年の秋から始まっていた。二百五十時間のフィルムを見るだけでも、単純に二百五十時間かかる。一日に十時間として二十五日である。

一方、ゲッベルスとの確執は大きくなっていた。予算超過、資金管理への疑惑が持ち上がり、リーフェンシュタールはそれはゲッベルスの陰謀だと主張する。

ゲッベルスはリーフェンシュタールがさらに五十万マルクの予算を要求したので激怒する。それを撥ね返すためにリーフェンシュタールはヒトラーに直訴し、この映画の管轄をゲッベルスの宣伝省からナチス副総統ルドルフ・ヘスの許へ代えてくれと頼み、了承された。

二百五十時間分のフィルムは、三七年二月から三月の段階で七十五時間分に絞られた。最終的にリーフェンシュタールが作るのは約二時間の映画を二つなので、まだまだ道のりは遠い。

ベルリン郊外のダーレムにリーフェンシュタールが建てた別荘にヒトラーとゲッベルスが招かれたのも、この編集作業の最中だ。庭で記念写真が撮られ、リーフェンシュタールとゲッベルスの不仲説を封じ込めるためにばらまかれた。

七月になると、リーフェンシュタールはパリで開催されていた万国博覧会に呼ばれた。万博では彼女の『青の光』『意志の勝利』が上映され、後者に対しメダルが授与された。これをもって『意志の勝利』がプロパガンダではなく正統なドキュメンタリー映画として評価された証拠だと、リーフエンシュタールは戦後、主張する。

パリの後、リーフェンシュタールは、オーストリア国境に近いベルヒテスガーデン近郊のオーバーザルツベルクにあったヒトラーの山荘「ベルクホーフ」を訪ね、万博の報告をした。この訪問時に、玄関ロビーのスクリーンにディートリッヒの映画が映されているのを見たのだ。

この山荘からはオーストリアが見下ろせた。ヒトラーはドイツもオーストリアも見えるので、その家を買ったと言った。そしてこうも言った。

「ここへ来ると毎日、あそこを眺めて全能の神に祈るのです。オーストリアとドイツがひとつの大ドイツ帝国になる日を、生きて見ることができますようにと」

リーフェンシュタールが行ってきたばかりのパリも話題になった。ヒトラーはまだパリへ行ったことがない。

「一度でもパリを見る機会に恵まれたら、何を差し出してもいい。しかし、そんなことは生きているうちは無理でしょう」

この時点でヒトラーが政治プログラムとして、オーストリアを併合して大ドイツとすること、パリの見学（占領）を構想していたのは歴史が物語る通りだ。「生きているうちに」などと自信がないように言っているが、数年のうちに実現するのだ。

リーフェンシュタールはこのヒトラーの雄大な構想を事前に聞いていた一人ということになるが、これも彼女の回想録にしかない逸話なのでどこまで本当かは分からない。

八月にオリンピック映画の第一部『民族の祭典』の編集が終わった。リーフェンシュタールは夏の休暇を取って、ファンクの『運命の山』の舞台となったブレンタ山脈へ行った。

休暇を終えると、第二部『美の祭典』の編集に取り掛かるが、第一部に五カ月もかかったのに対し、慣れてきたこともあってか二カ月で終えた。だがまだ完成には程遠い。音楽も入れなければならないし、ナレーションも必要だ。

クリスマスから新年にかけては、スイスのサンモリッツで過ごした。すると、大晦日に、意外な人物がやって来た。ジョセフ・フォン・スタンバーグである。一九三三年のヒトラー政権誕生前後に会って以来、四年ぶりだった。

スタンバーグはニューヨークの近代美術館で『意志の勝利』を観たと言い、「きみを偉大な女優にしようと思っていたのに、きみは偉大な女性監督になった」と言ってリーフェンシュタールを喜ばせた。リーフェンシュタールは、『ペンテジレア』を映画にしたいと言った。スタンバーグはウィーンでヒルデ・クラールという女優を見つけたので、ゾラの『ジェルミナール』を映画にすると言った。しかし、二人のこの企画はどちらも実現しない。

リーフェンシュタールは「それで、私たちはいつ一緒に映画を作るの」と聞いた。

スタンバーグは「戦争が起こらなかったら、できるよ」と言った。リーフェンシュタールは戦争が起こるなど夢にも思っていなかったという。

レマルクとの出会い

一九三七年夏、ディートリッヒは次の仕事が何もないまま、休暇を楽しんだ。

彼女が滞在したのはヴェネチアだった。ディートリッヒが解雇されたのに連動して、夫ジーバーもパラマウントのパリ支社から解雇され、ヴェネチアに来た。そして、ロンドンでの映画が中止になったスタンバーグも一緒だった。

この夏、ディートリッヒのそばには夫と恩師はいても、愛人はいなかった。だが、九月のある夜から愛人ができた。一九二〇年代にベルリンにいた時から、何度か顔を合わせたことのある男性とヴェネツィアで偶然、再会したのだった。その男はベルリンにいた当時はスポーツ雑誌に記事を書いていたが、やがて世界的なベストセラー作家になっていた。『西部戦線異状なし』のエーリッヒ・マリア・レマルクである。

二人はたちまち愛人関係になった。ヴェネツィアでの夏のバカンスを切り上げると、二人はザルツブルクを経由してパリへ向かった。

当時のレマルクには妻はいないのだが、離婚した妻ユッタが復縁を迫っている時期でもあった。パリのホテルでレマルクと過ごしていた間、ディートリッヒはドイツ大使館へ行き、パスポートの書き換えをしなければならなかった。アメリカへの帰化を申請していたが、まだ認められていなかったのだ。大使館ではまたもドイツへ戻るように説得されたが、断った。ゲッベルスの指示で、マックス・ラインハルト劇場に彼女が出ていた時の演出家ハインツ・ヒルベルトがパリまで来て説得した。本当にディートリッヒがそう言ったのかどうかは確認が取れないが、ヒルベルトはゲッベルスに対し、「ハリウッドが許せば彼女はドイツの劇場に復帰する」と報告した。

パスポートは書き換えられ、十一月十日に、ディートリッヒはハリウッドへ向かって出港した。レマルクとは別の船に乗ったが、行き先は同じだった。ベヴァリーヒルズ・ホテルのバンガローを予約してあったのだ。

そのバンガローで、レマルクは新しい小説を書き始めた。パリでの亡命生活を題材にしたもので、タイトルは『凱旋門』となる。

ヒトラー誕生日のプレミア上映

年が明けて一九三八年、オリンピック映画は仕上げの時期に入っていた。一月にはすでに音楽も出来上がり、ベルリン・フィルハーモニーの演奏で録音した。

宣伝省は当初、プレミアは二月初旬と発表した。しかし、リーフェンシュタールの要望で、三月半ばに延ばされた。リーフェンシュタールはその前提で準備をしていったが、政府の都合でさらに延ばされることになった。しかも無期延期だという。

政治に疎いリーフェンシュタールは知らなかったが、三月十二日から十三日にかけて、オーストリアが併合されたのだ。

三月十日、ドイツはオーストリアに侵攻し、同国のシューシュニック内閣に対し、首相が即時に辞任しドイツの一部となることを問う国民投票を延期するように迫り、これに従わなければ、オーストリアを攻撃すると最後通牒を突き付けた。オーストリアはこれに屈服したのだ。こうなった背景には英仏がドイツと闘う気がなく、オーストリアを見捨てたこともあった。

ヒトラーは故国オーストリアに凱旋した。歓呼の声で迎えられたのだ。ドイツに併合されたとはいえ、同じ民族だし、神聖ローマ帝国時代は同じ国だったのでオーストリアの人々にはそれほどの抵抗はなかった。

リーフェンシュタールは映画の公開時期をヒトラーと直談判しようと思い、オーストリアに入り、インスブルックで待ち伏せし、会うことができた。「オリンピック映画の公開が無期延期となってしまいました。もういつでも上映できるので、なんとかしてください」と頼んだ。

ヒトラーは思案した。彼の臨席なしにオリンピック映画の封切りはありえない。といって、政治日程が詰まっている。せっかくの大作が他の話題のなかに埋没するのも得策ではない。リーフェンシュタールも考えた。三月はもう無理として、四月はどうか。そして、ある日を思いついた。

「四月二十日はどうでしょう」

ヒトラーは驚いた。それは彼の誕生日だった。国家元首の誕生日なので国家行事としてのイベントがぎっしり詰まっている。映画のプレミアに出る時間などあるだろうか。しかし、それはいいアイデアだった。ヒトラーは即断し、その日がオリンピック映画のプレミアと決まった。

四月十日に、ドイツとオーストリア両国でオーストリア併合についての国民投票が行なわれた。ドイツでは九十九・〇二パーセント、オーストリアでは九十九・七三パーセントが賛成票を投じた。

四月二十日、アドルフ・ヒトラーの四十九歳の誕生日に、レニ・リーフェンシュタール監督の『オリンピア』二部作、『民族の祭典』と『美の祭典』のプレミアが華々しく、ベルリンのUFA・パラスト・アム・ツォーで開催された。

夜七時前に、ゲッベルスを従えたヒトラーが入場した。政界、軍、実業界、映画・演劇界のドイツの著名人のほとんどが出席した。各国の外交官も列席した。オリンピックの関係者もいた。オーケストラの生演奏でプレミアは開幕した。映画が始まると最初から拍手の連続だった。第一部『民族の祭典』が終わった時は嵐のような喝采となった。休憩の後、第二部『美の祭典』が始まり、またも拍手、そして第二部が終わったのは、午前〇時を過ぎていたが、誰も帰らずに最後まで観た。大成功だった。

もちろん翌日の新聞はこれ以上ないほどの賛辞を寄せた。ゲッベルスの指示である。個人的にはリーフェンシュタールと確執があったとしても、彼は宣伝相としての仕事はやり遂げる。ナチス・ドイツは最大の宣伝物を得たのだ、これを世界中で上映させ、ドイツの偉大さを知らしめるのだ、たとえそれがリーフェンシュタールの名声を高め、この女をますます増長させることになろうとも、それは些細なことだ――プロパガンダの天才はそう考えていたに違いない。

『オリンピア』も『意志の勝利』同様に、純然たる記録映画とは言いがたい。この映画を観ても、このオリンピアがどういう大会だったのかは何も分からない。どの国がいちばん多く金メダルを獲ったのかといった情報は、何もない。時間軸にそって進むわけでもなく、それが何日目に行なわれた競技のシーンなのかも分からない。ひたすら選手たちの肉体美が続く。それは洗練され尽くしている。

だから名作になったとも言えるのだが、こんにちでは、記録映画、ドキュメンタリー映画としては問題点も指摘されている。有名な棒高跳びのシーンは、実は本番での撮影に失敗したので、翌日、選手たちを集めて同じように跳んでもらって撮影している。これはリーフェンシュタール本人が、誇らしげに語っていることだ。現在、テレビでそういうことをすれば「ヤラセ」として批判されるが、リーフェンシュタールはこれを「デュープ」だと言っている。同じ人が同じ場所で同じことをしているのだから、創作でもないし演技でもない。何の問題もないというのが、リーフェンシュタールの主張である。さらに音声も、走者の足音を含め同時録音ではなく、あとから入れられたものだった。

美の前に、記録性は犠牲になっている。これを批判するのはたやすいが、もともとリーフェンシュタールは記録性など重視していないので、批判しても無意味だ。

その美がナチス的かどうかも、観る人の主観によるので、これを議論するのも無意味だ。

『オリンピア』はストーリーが何もない映画なのに飽きさせない。映像の力、編集技術の卓越さは疑いようがなく、リーフェンシュタールが編み出した手法はドキュメンタリー映画のみならず、劇映画のひとつの規範となった。

『オリンピア』をナチスのプロパガンダだと批判することは、ベルリン・オリンピックそのものがナチスのプロパガンダだったと批判することにもなる。そして両方とも正しい。オリンピックも『オリンピア』も紛れもなくプロパガンダである。

プロパガンダ映画についてのヒトラーとゲッベルスとの考えは異なる。ヒトラーは、プロパガンダ映画とは観客が映画館へ行く前からプロパガンダだと分かっているものでなければならないと主張する。劇映画だと思って観に行ったらプロパガンダ映画だったというようなものではダメだと言うのだ。

一方のゲッベルスは『戦艦ポチョムキン』のように劇映画として優れていて、それでいて実はプロパガンダ映画でもあるというのが優れたプロパガンダ映画だと主張する。ゲッベルスのほうが手が込んでいて、より高度なメディア戦略だと言える。

党大会映画『意志の勝利』は誰が見ても最初からプロパガンダなので、これはヒトラー的プロパガンダに分類できるが、『オリンピア』はゲッベルス的プロパガンダの名作と言える。スポーツの記録映画だと思って見て、見終わった後もなお、それは「オリンピックの映画」「スポーツの映画」であり、ナチスの映画には見えない。それでいて、ナチスのプロパガンダとなっている。

最も単純にこの映画を礼賛したのは日本だったかもしれない。川喜多の東和商事が輸入し、一九四〇年に公開されると、日本選手の活躍するシーンも多いので大ヒットした。その結果、「ドイツは素晴らしい」という印象を日本人に持たせることになった。

ゲッベルスの狙いは、ナチスの政治宣伝ではなく、ドイツの素晴らしさを実感させることにあった。その狙いは的中した。

こうした高度なプロパガンダであるがために、戦後になってリーフェンシュタールは「ナチスのプロパガンダではない」と言いはることができた。

リーフェンシュタールはこの後、『オリンピア』二部作のキャンペーンでオーストリアを含むドイツ各都市をまわり、さらには欧州各国にも向かう。その訪問国はフランス、ベルギー、デンマーク、スウェーデン、フィンランド、ノルウェー——この翌年から、ドイツ軍が電撃作戦で侵攻する国々である。そして同盟国イタリアではヴェネチア映画祭に出てグランプリにあたるムッソリーニ杯を得た。

だが、イギリスでは拒否された。この国ではナチスへの反感が強まっていたのだ。

それでもイギリス国内にはナチス信奉者がそれなりにいた。そのひとりだったヘップバーン゠ラスキンはアントニー・ラスキンという変名でロンドンにいた。彼はヨーロッパ通信社取締役という肩書で仕事をしていた。この通信社はナチスの宣伝をするための機関だった。ゲッベルスはこの通信社に十万ポンドを送金していた。

こうした動きをイギリスの諜報機関は察知していた。それに気づいたヘップバーン＝ラスキンは姿を消した。

彼の娘オードリーはその頃はイギリスのケント州のエラムという村に母と暮らしていた。しかし母は留守がちだった。

オードリーは学校では「オードリー・ラスキン」と名乗っていた。しかし彼女は親しいクラスメートに自分の姓はもうひとつあり、それはヘップバーンというと明かした。

「キャサリン・ヘップバーンみたいで、素敵でしょう」とオードリーは嬉しそうに言ったという。この頃から映画女優を夢見ていたのかもしれない。

原節子は一九三八年は四作に出演した。『巨人伝』はユゴーの『レ・ミゼラブル』が原作で伊丹万作の遺作となる。原の役は原作でのジャン・ヴァルジャンの娘にあたるものだ。次の『田園交響楽』はアンドレ・ジッドの小説の映画化で監督は山本薩夫、原は盲目の少女の役だった。『将軍の孫』は渡辺邦男監督で、作曲家の婚約者の役、『冬の宿』は豊田四郎の監督で、タイピストの役だった。

リーフェンシュタールの受難

九月半ばから、イギリス、フランス、ドイツ、イタリアの首脳たちが会談を重ねていた。ヒトラーの要求はチェコスロヴァキアのズデーテン・ドイツ地方の占領だった。ヒトラーは平和的に解決できないのなら武力行使に出ると恫喝していた。戦争を回避したい英仏首脳はこれを呑み、三十日午前一時半に会談は終了した。世に言う、ミュンヘン会議である。この時に英仏がヒトラーに妥協したことが後の大惨事につながったとの批判もあるが、この時に強硬に出ていたら戦争が早まったかもしれない。


イギリスで『オリンピア』が上映拒否の憂き目にあったことで、リーフェンシュタールは少し落ち込んだが、すぐに気を取り直すと、十月二十九日に、アメリカへ旅立った。

リーフェンシュタールがニューヨークに着いたのは、十一月四日である。迎えた新聞記者は「あなたはヒトラーの恋人なのか」と質問した。この時は「ただのお友達です」と笑って答えれば、それですんだ。

しかし七日になると、反ナチス運動の団体からの抗議を受けるようになった。ドイツには反ナチス運動など、もはや存在しない。自分が敵視されることにリーフェンシュタールは慣れていなかった。状況がさらに悪化したのは十一月九日だった。ベルリンでゲッベルスの指示でユダヤ人への虐殺が始まっていた。「水晶の夜」事件である。瞬く間にこの残虐事件はアメリカにも伝わっていた。しかしリーフェンシュタールは何も知らなかった。

それまでは幸運がつきまとっていたリーフェンシュタールの人生に、暗雲がたちこめだした日でもあった。

彼女がアメリカ滞在中に「水晶の夜」事件が起きたのは偶然にすぎない。いままでは幸運が続いたのに、運が悪いことに、この時点でアメリカにいる有名なドイツ人は彼女くらいしかいなかった。リーフェンシュタールは全米の反ナチス感情を一身に受けることになった。どこに行っても虐殺事件について質問された。リーフェンシュタールの対応も悪かった。「それはデマです」と、ろくに調べもしないで言い切ったのでますます攻撃された。

ルーズベルト大統領は十四日にはドイツへの抗議としてベルリン駐在のウィルソン大使に帰国命令を出した。国交断絶の危機である。在ニューヨークのドイツ領事はリーフェンシュタールにドイツへ帰ったほうがいいと助言したが、彼女は『オリンピア』のアメリカ上映をこの期に及んでも諦めず、シカゴ、そしてハリウッドへ行くことにした。

シカゴではアメリカ・オリンピック委員会のブランデージ会長が歓迎してくれ、『オリンピア』の上映会が開催された。観たのは三十五人だけだった。ナチスの支援者でもあったヘンリー・フォードは歓迎してくれた。

リーフェンシュタールがロサンゼルスに着いたのは二十四日だった。出迎えたのは「ハリウッドにはリーフェンシュタールの居場所はない」という新聞の全面広告だった。デモ隊も出迎えた。

ドイツで最も有名な女性監督としてハリウッドに乗り込み、『オリンピア』が絶賛され、全米での公開も決まる――そんな夢は無残にも砕かれた。砕いたのは、よりによってナチス・ドイツだった。

それでもリーフェンシュタールは諦めない。十二月十四日にようやく、会員制高級クラブ、カリフォルニア・クラブで『オリンピア』が上映された。しかしただ上映されただけだった。買い手はつかない。評判にもならない。

結局、ハリウッドで会えた著名映画関係者はウォルト・ディズニーだけだった。ディズニーは自分のアニメーション映画をドイツに売り込んでいたので、ビジネス上、ドイツとの関係を悪化させたくなかったという事情があった。ちょうど『白雪姫』が完成した時だった。

滞在を延長し、さまざまな画策をしたものの、『オリンピア』のアメリカ公開は実現しなかった。回想録には、スタンバーグに会うのが楽しみだったが彼は日本へ行っていて会えなかったと書かれている。しかしスタンバーグはこの時はアメリカ、それもはリーフェンシュタールにいてMGMでいくつかの企画に取り組んでいたはずだ。ユダヤ人であるスタンバーグとしては、ユダヤ人への弾圧を公然化させたナチスと親しいリーフェンシュタールと会うわけにはいかなかったのではないだろうか。

もしこの時、リーフェンシュタールがスタンバーグに会い、ナチスと縁を切れと説得され、「私はヒトラーに騙されていました」と記者会見でもして謝罪し、そのままアメリカへ亡命すれば彼女の人生はまったく別のものになっていただろう。

一九三九年一月十三日、リーフェンシュタールはロサンゼルスを発ち、ニューヨークへ向かい、十九日に大西洋を渡る船に乗った。

リーフェンシュタールがドイツへ帰ったのは二月上旬だった。

アメリカでひどい目にあったことはドイツではプラスになった。彼女はユダヤ人から妨害を受けた殉教者となったのだ。リーフェンシュタールは次は政治色のない劇映画を作ろうと、かねてからの企画である『ペンテジレア』の準備に入った。彼女は新しい映画会社とスタジオを作ることにした。

一九三九年三月十六日、ナチス・ドイツはチェコスロヴァキアに侵攻し、この国家を解体した。この時も英仏は黙認した。

ディートリッヒ、アメリカ市民権を得る

リーフェンシュタールがハリウッドにいる頃、ディートリッヒはレマルクと共にヨーロッパへ向かった。結局、まだ失業していたのだ。

ヨーロッパへ行っても仕事があるわけではなかった。ディートリッヒはきな臭いものを感じていたので、母や姉の一家を説得してアメリカへ連れて行こうとして渡欧したのだ。彼女のカンは正しく、この時点が、母や姉たちがアメリカへ行くラストチャンスだった。

ディートリッヒはドイツへ行く気はなかった。いったん入国したら二度と出られないかもしれない。そこで母と姉をスイスのローザンヌに呼んで、説得した。しかし母はディートリッヒと同様に

頑固な人だった。彼女は故国を捨てることはできないと断った。母は弟（マルレーネの叔父）の死後、一家の工場の経営を担っていた。彼女だけが逃げるわけにはいかないのだ。

姉夫婦は映画館を経営していた。いい」と言うと、彼は逆に、「あなたこそ、ドイツに戻ってくれ」と頼んだ。義兄はゲッベルスから義妹を説得するよう命じられていたのだ。映画館もまたゲッベルスの国民啓蒙・宣伝省の管轄下にあった。一家の意思はまとまらなかった。母はベルリンへ帰り、娘はパリへ向かった。

これが母と娘の別れとなった。再会できるのかどうかすら、分からなかった。

この時のパリで、ディートリッヒはフランスの俳優と親しくなった。ジャン・ギャバンである。ジーバーがすでにパリにいて次の映画の仕事をアレンジしていたのだ。彼が持ってきた三本の映画のひとつが、ギャバンと共演の犯罪映画だった。

ジャン・ギャバンは一九〇四年生まれなので、ディートリッヒの三歳下になる。父はミュージック・ホールの役者で、母も歌手だったので、当然のように芸能の世界に入った。映画デビューは一九三〇年で、しばらくは陽の目をみなかったが、三五年のジュリアン・デュヴィヴィエ監督の『地の果てを行く』でスターとなり、三七年の『望郷』でその座を決定的なものにした。同年にはジャン・ルノワール監督の『大いなる幻影』、三八年にはマルセル・カルネ監督の『霧の波止場』に出て、いわば絶好調の時期にあたる。

主演候補の二人は意気投合したものの、結局、その犯罪映画はシナリオ段階で中止となった。ジーバーが持っていた他の二本の企画も実現しなかった。

十一月になると、ディートリッヒは市民権を得るための手続きでアメリカへ戻った。その船旅でヘミングウェイと再会した。自伝でヘミングウェイと会ったのはスペイン戦争の後だと書いているのは、この時の再会と混乱しているのだろう。


一九三九年六月、マルレーネ・ディートリッヒことマリア・マグラレーネ・ジーバーはアメリカ市民権を得た。これでもうドイツのパスポートは不要になった。ドイツ大使館へ行く必要もなくなった。故国と決別したわけだが、ディートリッヒに感傷はない。

アメリカの市民権は得たが、ハリウッドに仕事はなかった。

ディートリッヒはアメリカ人としてパリへ向かった。

一九三九年の夏――つまりは開戦前夜である。パリにはたくさんの友人が待っていた。夫ジーバーとその愛人タマラ、スタンバーグにレマルクといった親しい人々と、ディートリッヒはリヴィエラへ避暑に行った。ギャバンも合流した。レマルクは『凱旋門』を書いていた。駐英アメリカ大使一家とも一緒になった。ケネディ大使はナチスへの宥和政策を持論としていたので、ディートリッヒはナチスは危険だと主張した。この大使の息子が後の大統領だ。

そんなある日、ディートリッヒはパステルナークと名乗る人物から電話を受けた。ベルリンでの無名時代の知人のひとりだった。当時はディートリッヒも無名だったが、彼も無名だった。しかしいまやパステルナークはユニバーサル映画のプロデューサーだった。彼はディートリッヒに、この典型的なドイツ女性に、西部劇に出ないかと言った。

ディートリッヒは冗談かと思った。しかしパステルナークは本気だった。スタンバーグに相談すると、「それはいいアイデア」だと言った。この監督が言うのなら、いいアイデアなのかもしれない――ディートリッヒは決断した。ユニバーサルならジーバーにも何か仕事をくれるだろうとも期待したのだ。

ディートリッヒは八月のうちにノルマンディー号でフランスを出た。実にいいカンをしていた。ヒトラーがポーランドへ侵攻したのは九月一日だ。リーフェンシュタールについていた幸運の女神は、ディートリッヒへ乗り移ったかのようだ。

その翌日の九月二日、ディートリッヒを追って、ジーバー、マリア、レマルクを乗せたクイーン・メアリー号が出港した。

第九章　戦争

世界は二分された。
最初に戦場へ行った女性監督はその恐怖に耐えられずに逃げ出した。
女優は故国との闘いを決意し最前線に向かった。
少女は戦火の中、死と隣り合わせの日々を懸命に生きた。

オランダへ避難した少女

ドイツがポーランドへ侵攻したのは一九三九年九月一日で、ポーランドと相互援助条約を結んでいたイギリスとフランスがドイツに宣戦布告するのは、二日後の九月三日だった。

一方、ドイツはソ連とは八月二十三日に不可侵条約を結び、さらに秘密協定としてポーランドの分割まで決めていたので、ソ連はドイツに宣戦布告はしない。

開戦と同時に、ドイツをこのままにしてはいけないと主張していたウィンストン・チャーチルがイギリスの海軍大臣となり、これによって同国の対独宥和政策は転換された。チャーチルが首相になるのは翌一九四〇年五月である。

エラ・ファン・ヘームストラは開戦をオランダで知った。彼女はすぐにイギリスにいる娘オードリーを脱出させなければと思い、ロンドンにいるはずの別れた夫と連絡を取った。

イギリスはドイツとの戦争に入ったが、オランダはまだだった。どちらが安全かを考えての選択だった。エラが娘をオランダに呼び寄せたのは、ウィルヘルミナ女王から「ヒトラーはオランダに侵攻することはない」と言われていたからだ。女王が何を根拠にそう言ったのかは分からない。

ケント州エラム村にいたオードリーは友だちに別れを告げる間もなく、村を去った。オードリーがロンドンのウォータールー駅へ着くと、父ジョゼフ・ヘップバーン＝ラスキンが待っていた。久しぶりの父娘の再会だった。ジョゼフはエラから頼まれていたように、オードリーをオランダ行きの飛行機に乗せた。それがこの父娘の別れとなった。

オードリーは母や兄たちと、オランダのアルンヘムで暮らすことになった。ここはドイツ国境のすぐ近くだった。オードリーは、ここでもバレエ教室に通った。

オードリーは母から英語を使わないようにと言われていた。英語の世界で暮らしていたので、突然、オランダ語で暮らすのは辛かった。もともと内向的なところもあったので、オードリーはますます無口な少女となった。

だが、彼女は引きこもったわけではなかった。言葉に代わる自己表現として、身体をつかうバレエがますます面白くなっていった。

戦争映画の挫折

マルレーネ・ディートリッヒは戦火が上がるヨーロッパを脱出してアメリカへ無事に着いたが、愛国者レニ・リーフェンシュタールは戦場へ向かった。

回想録によれば、アルプスで休暇をとっていたリーフェンシュタールは、ドイツ軍のポーランド侵攻が報じられるよりも前の八月三十一日に、当時の恋人で彼女の映画会社で音響担当をしていたヘルマン・シュトールからの電話で、戦争が始まりそうだと知らされ、急いでベルリンへ戻ったという。彼女は一日朝十時からのクロール歌劇場でのヒトラーの演説にも間に合っている。

リーフェンシュタールは、〈ポーランドへの宣戦布告は不可解だった〉と回想する。そして、〈ヒトラーは戦争が短期間のうちに終了できると信じていた〉とも書く。

ともかく戦争である。

自分にできることは何か。リーフェンシュタールは最初は看護の訓練を受けて医療部隊に入ろうかと考えたらしいが、彼女のスタッフが前線で戦争報道をしたいから映画チームを編成しようと言い出し、それに同意した。いかにも愛国的行為ではあるが、実はそうすることで、自分の恋人のシユトールと何人かの撮影スタッフが徴兵を免れるためでもあった。

リーフェンシュタールは企画書を作り、ヒトラー付きの国防軍との連絡将校に渡し、特別映画チームが前線へ行く許可を得た。ヒトラーとゲッベルスは賛成した。政権にとっても、彼女が戦争の記録映画を撮るのはいいアイデアだと思われた。

「リーフェンシュタール特別映画班」と名付けられたチームは、九月八日にベルリンを出発し、ポーランド戦線を目指した。「特別」というのは国民啓蒙・宣伝省管轄下の映画チームがすでに活動していたので、その指揮系統とは別だという意味で、まさに「特別」だった。

リーフェンシュタールとしては、ドイツの正義とドイツ兵の英雄的な闘いぶりを世界に知らせる役目は自分にしか果たせないと考えての志願だった。だが戦争の現実はそんなものではなかった。

リーフェンシュタールは、十一日にコンスキーという町に駐留していたライヒェナウ将軍のもとに出頭した。五日前からドイツ軍が占領していたこの町は、人口が九千人ほどでその三分の二がユダヤ人だった。偶然にかヒトラーも同じ日に前線視察でこの町に来ている。リーフェンシュタールと会ったかどうかは確認できない。

リーフェンシュタールによれば、彼女が着く前日に、ポーランド市民がドイツ高級将校ひとりと兵士四人を殺し、身体を斬り刻む事件が起きていたという。さらにその前には六人のドイツ兵士がポーランドのパルチザンに寝込みを襲われ、虐殺されてもいた。ドイツ兵の間では反ポーランド感情が沸点に達していた。

そんなときに、リーフェンシュタール特別映画班は登場したのである。

おそらく、いかにも場違いな雰囲気でリーフェンシュタールは華麗に颯爽とやって来た。その場にいたマンシュタイン将軍はリーフェンシュタールについて「見た目は可愛らしく、怖いもの知らずだった。優雅なパルチザンといった趣だった」と回想している。膝くらいまである長めの上着で、半ズボン、腰に巻いたベルトにはピストル、長靴の縁にはナイフ、髪は顔のまわりに渦巻いてライオンのようで、そんな「素っ頓狂な姿」にマンシュタインも部下も興ざめし、死の恐怖の中にいた兵士たちの反感を買った。

リーフェンシュタールは兵たちが死んだ兵士のための墓をユダヤ人たちに掘らせているのを目撃した。ユダヤ人たちはそれが自分たちの墓穴になるのではと怯えていた。そんな様子を見ていたドイツ人の警官が兵士たちに「ここで仕返しはしないでくれ。仲間の埋葬は自分たちでしろ」と言った。だが兵士たちは墓掘りの作業を続けさせ、さらに「怠けている」と言ってユダヤ人に殴りかかった。

混乱となり、どこかから銃声が聞こえた。銃撃戦が始まった瞬間の恐怖でひきつったリーフェンシュタールの顔が写真として記録されている。

この騒動で三十人以上のポーランド人が殺された。さらにユダヤ教の会堂であるシナゴーグも燃やされた。英雄的で勇敢なドイツ兵の闘いを撮るつもりだったのに、彼女の目の前で展開されたのは、武器を持たないユダヤ人への虐殺に過ぎなかった。

リーフェンシュタールは〈この事件がひどくこたえ、映画報道の仕事を中止してもいいかと司令官に伺いをたてたところ、快諾してくれたので、できるだけ早くベルリンへ戻ろうと思った。〉と書いている。

このコンスキーでのユダヤ人虐殺を目撃していながら、リーフェンシュタールは戦後になって、ホロコーストは知らなかったと言い張る。自分が恐怖に慄いている写真をつきつけられても、虐殺を見たからではなく、自分に銃口が向けられたからだと言い訳をする。さらに、回想録では墓穴を掘らされ「乱射の犠牲になって倒れた」のを「ポーランド人」としているが、正しくは「殺されたのは「ポーランドのユダヤ人」である。

リーフェンシュタールはベルリンへまっすぐ帰ったわけではなかった。コンスキーからルブリニツ、そしてバルト海沿岸の自由都市ダンツィヒへ着いた。この都市こそ、ヒトラーのポーランド侵攻の目的のひとつだった。九月十九日にヒトラーもダンツィヒに着き、この都市を支配下に置いたこと（彼らは「解放」と呼んだ）を祝う昼食会が開かれた。ヒトラーの隣に座ったのはリーフェンシュタールだ。

その後、ヒトラーの演説を聞いてから、リーフェンシュタールはベルリンへ帰った。

九月二十七日にワルシャワは陥落した。ドイツが西から侵攻して来た後の十七日に、今度は東からソ連軍が侵攻し、ポーランド軍は二正面作戦を強いられ、敗北したのだ。ドイツとソ連は秘密協定を結びポーランドを分割する約束をしていた。

十月五日、ワルシャワではドイツ軍による大パレードがヒトラー臨席のもとで敢行された。リーフェンシュタールもこの場にいて、彼女のスタッフはカメラを回していた。この時、ワルシャワまで彼女を飛行機に乗せてくれたのが、曲芸飛行の名手ウーデットだった。彼は第一次世界大戦で戦友だったゲーリングの頼みで空軍に入り、航空機総監という要職にあった。

〈このポーランド体験の後、私は二度と前線には赴かなかったし、一度たりとも戦争の撮影を行なったことはない。〉とリーフェンシュタールは回想する。それは、事実だった。

戦争の悲惨さ、ドイツ兵の残虐行為を見たから二度と行きたくなかったのだろう。それはそれで正常な感覚だ。だが、その一方で自分は残虐行為は知らなかったとも言い張る。リーフェンシュタールの矛盾のひとつである。

ともあれ、プロパガンダ映画の天才リーフェンシュタールにしても、戦争を美化することは不可能だったのである。殺し合いは彼女の美意識と合致しなかった。


リーフェンシュタールは美の世界へ戻ることにした。

『オリンピア』の編集作業の頃から準備を進めていた『ペンテジレア』はしかし、戦争中に製作するのは無理となり、中止となった。代わりに浮上したのが、かつて中止になった『低地』だった。ロケハンに行ったところで製作費が工面できずに頓挫した企画が蘇ったのである。

ディートリッヒ、復権

ディートリッヒが出ることになった、ジョー・パステルナークがプロデューサーのユニバーサルでの西部劇は、アメリカに戻ってすぐの九月七日に製作が始まった。監督はジョージ・マーシャルで、西部の無法の町が舞台だ。ディートリッヒは酒場の歌手の役で、相手役の熱血漢の保安官にはジェームズ・スチュアートが起用された。彼はこの映画の撮影中に公開された『スミス都へ行く』でスターの座を確実なものとする。

邦題は『砂塵』だが、原題は「Destry Rides Again」で、デストリーはスチュアート演じる保安官の名だ。ディートリッヒは劇中で歌うほか、女性との大乱闘シーンでは、まさに脚を露わにして闘う。このようにディートリッヒの見せ場も用意されているが、物語の主人公はスチュアートである。

十一月二日に撮影が終わり、十一月二十九日にプレミア上映されると好評だった。スチュアートの人気が出たところでの封切りだったので、追い風となり、興行成績もよく、「切符売り場の疫病神」だったディートリッヒは復活した。

ヨーロッパでは戦争が始まっていたが、ほとんどのアメリカ人にとっては他人事だった。現在のアメリカはどんな紛争にも手を出して戦争にしてしまうが、当時は孤立主義を外交の基本としている国だった。強大な軍は持っていたが、戦争にはなかなか踏み込まない。すでに欧州で始まっていた戦争も、まさに対岸の火事でしかなかった。

その対岸である欧州大陸でも、火事はまだ燃え盛ってはいない。ポーランドがドイツとソ連によって分割されると、戦闘はしばらくなかった。英仏はドイツに宣戦布告したものの、本格的な戦争になるのを嫌い、「奇妙な戦争」と呼ばれる戦闘なき戦争状態が続いていたのだ。

そんな状況下のアメリカで、ドイツと、いやヒトラーと正面から戦っていたのはチャーリー・チャップリンただひとりだった。チャップリンは数年前からヒトラーの諷刺映画の構想を練っており、自分の分身である映画の中のチョビ髭のチャーリーとヒトラーが似ていることを利用して、一人二役の映画を考えていた。その映画、『独裁者』の撮影は、偶然ではあるが、ヒトラーがポーランドへ攻め入った九月から始まっていた。

ディートリッヒはチャップリンについてこう書いている。二人は親しくしていたが、彼女がチャップリンに賛成できないこともあった。

〈たとえば、彼が「ヒトラー」という恐ろしい病いに取り憑かれていた時のことだ。彼は『独裁者』の役作りに取り組んでいたので、ヒトラーに引かれたのは当然としても、彼は役を超えてしまった。その「取り憑かれた」状態に私はしばしば腹を立て、激しい口論にまで発展した。しかしそれを除けば、彼の大胆な考え方に無条件で賛成できた。〉

撮影中は、スタジオを出た時でも彼はヒトラーになりきっていたのだろう。そしてヒトラーを絶対に赦せないディートリッヒは、たとえ演技でもヒトラーになりきっているチャップリンに怒りを抱いてしまったのだろう。

この年の原節子は六作に出演した。『美はしき出発』は山本薩夫監督で、何不自由なく暮らしている母子家庭の、絵描き志望の娘の役だ。『忠臣蔵』前後篇は当時のオールスター映画で、大河内傳次郎が大石内蔵之助を演じ、原節子は一力茶屋の女中のひとりを演じた。次が、義兄・熊谷久虎が監督したドキュメンタリータッチの戦争映画『上海陸戦隊』で、原の役は中国の難民の娘で、日本兵に反抗する。『街』は山本薩夫監督で、主人公である大学院生の恩師の娘を演じた。『女の教室』前篇・中後篇は吉屋信子の小説の映画化で、女子医専に学ぶ中国人学生の役だった。中後篇では中国が舞台となる。『東京の女性』は丹羽文雄の小説が原作で、自動車販売会社でタイピストをして家計を助けている女性の役を演じた。恋人がいたが妹に譲り、優秀な自動車販売員になっていく。

このように原節子は当時の日本に生きる、さまざまな若い女性像を演じていた。

一九四〇年

一九四〇年一月、『低地』のために、リーフェンシュタール有限会社が設立された。さらにアルプスのカーヴェンデルに、映画の舞台となるスペインの村のセットが建てられた。戦争とは関係のないメルヘン的な世界を、ヒトラーの保証で湯水のごとく製作費を使いながら撮っていくのだ。

『低地』が名作となり、リーフェンシュタールが本当にヒトラーとも戦争とも何の関係もなかったら、彼女は「戦争に背を向けて美を追求した藝術家」となったかもしれない。しかし、『低地』は巨額の製作費を無駄に使いながらも名作とはならず、リーフェンシュタールは最後までヒトラーの「友人」であり、その映画製作資金はナチスから出ていた。

安全と思われたオランダにも危機が迫ってきた。

英仏との「奇妙な戦争」が続いていたが、四月九日、ドイツ軍はデンマーク、ノルウェーを急襲し制圧した。

オードリーは五月四日に十一歳になった。その数日後、イギリスからバレエ団が訪れて公演した。そのなかには名バレリーナ、マーゴット・フォンテインがいた。オードリーは地元のバレエ団を代表して、フォンテインに花束を贈呈する役に選ばれた。フォンテインはオードリーにとって理想の人だったので、彼女にとってそれまでの生涯で最も幸福なひとときとなった。

しかし幸福はたった一日しか続かなかった。その翌日――五月十日、ドイツ軍がオランダへ侵攻した。オードリーの住むアルンヘムもドイツに占領された。オランダが降伏したのは十五日だ。「ヒトラーの軍は来ない」と言っていた女王はロンドンへ亡命した。

オードリーの苦難の日々が始まった。ファン・ヘームストラ家の財産はすべてナチに没収され、たちまち没落貴族となった。エラはヒトラーを信奉しナチスの運動に加わったことを後悔したが、遅かった。

ジョゼフ・ヘップバーン＝ラスキンも後悔していたかもしれない。彼はまだイギリスにいたが、ナチ協力者として逮捕、投獄されていた。ドイツとの戦争に踏み切った以上、敵国のために働く者は犯罪者だった。父が何をしていたのかをオードリーが知るのはだいぶ後になってからだ。

何もかも喪いつつあるオードリーだったが、同じオランダのアムステルダムで暮らしていた同年齢の少女、アンネ・フランクよりはましだったかもしれない。十代の少女たちを襲う運命は過酷だった。

オードリーはバレエに夢中になっていった。その一方、子どもでありながらも対ナチのレジスタンス運動にもかかわっていた。靴の中にビラを隠して運ぶような仕事をしていたという。ナチに見つかっても、子どもであれば見逃すことが多かったのだ。


ドイツ軍はオランダと同時に、ベルギー、ルクセンブルクにも侵攻した。オランダに続いてベルギーも降伏した。

その勢いでドイツ軍はフランスにも攻め入った。フランス軍は後退し、六月十四日、ついにパリが陥落した。フランスはドイツが直接占領する地域と、実質的にドイツの傀儡政権であるヴィシー政権の統治下とに分断され、首都パリは直接占領地域に含まれた。

前年九月にフランスがドイツに宣戦布告した時、ジャン・ギャバンは『曳航船』の撮影中だった。しかし彼は召集されると、海軍陸戦陸上上等兵としてシェルブールの基地へ向かった。戦闘はなかなか始まらなかった。

軍にいてもやることがないので、ギャバンはスタジオに戻った。そんな時にドイツ軍がなだれ込んできたのだった。『曳航船』の撮影が終わったのは六月十日頃で、パリが無血開城する直前だった。

六月二十二日、フランスは降伏した。

ヒトラーが念願のパリ見学をしたのは、二十三日だった。早朝、パリへ着いて、三時間という慌ただしい観光だったが、オペラ座、エッフェル塔、凱旋門、ナポレオン廟、モンマルトルの丘と主要スポットは全て見た。

このニュースを知ったリーフェンシュタールは、手紙を書いた。

「心の底からの感動と限りない感謝に満ち、信じがたいほどの喜びに胸躍らせつつ、われわれはわが総統、あなたとともにあなたとドイツの偉大な勝利、ドイツ軍のパリ入城を味わっております。あなたは、人間の想像力を越えた偉業を、人類史上並ぶものなき偉業を成し遂げられました」

たしかに、ヒトラーが「人間の想像力を越え」「人類史上並ぶものなき」ことをしたのは事実だ。

ギャバンはドイツに占領されたパリを出て、転々とした後、ニースにしばらく落ち着いた。だが何もすることがない。映画の仕事もない。

彼がどういう経緯でフランスを出たのかについては諸説ある。ヴィシーの傀儡政権が許可したとも自由フランス軍が斡旋したとも言われるが、ともかく、ジャン・ギャバンは一九四一年二月にアメリカへ渡った。

ハリウッドに着いたギャバンはフォックスと契約した。ハリウッドにはドイツからはもちろん、フランスからも多くの映画人が来ていた。ジュリアン・デュヴィヴィエもいれば、ジャン・ルノワールもいれば、ルネ・クレールもいたし、シャルル・ボワイエもいた。

彼らのなかには英語ができる者もいれば、できない者もいた。そんな映画人の世話をしていたのが、英語もできればフランス語もできたマルレーネ・ディートリッヒだった。

ギャバンもディートリッヒが世話をした亡命映画人のひとりとなった。そして以前からフランスで会っていた二人が、本格的な恋愛関係になるまでに時間など不要だった。

二人はディートリッヒの家で暮らしていたが、ある時、ギャバンは自分たちが覗かれているのに気づいた。その隣人は、グレタ・ガルボだった。

ギャバンがディートリッヒの家にやってくる前に、それを察したのか、レマルクは彼女の許を去った。

レマルクはグレタ・ガルボの許へ向かった。このベストセラー作家は、ハリウッド史上最高の美女二人と親しかったのである。

この時にレマルクが書いていた『凱旋門』の原稿を読んだガルボは、「これは私がやるべきだわ」と言ったという。しかしヒロインの女優志願の娘ジョアンはディートリッヒがモデルだという説もある。いや、もうひとりの登場人物、歌手のケートこそがディートリッヒとの説もある。これを書いていた時にレマルクが付き合っていたのはディートリッヒなのだから、二人の人物それぞれにディートリッヒの一部が投影されている可能性は高い。

しかし、戦後、映画になった時はこの二人のキャラクターをひとりにまとめてしまった。それを演じたのは、ディートリッヒでもなければガルボでもなく、イングリッド・バーグマンだった。

フランスから亡命してきた映画人たちは、ハリウッドにいても、結果としてほとんどいい仕事ができなかった。言葉の障害というよりも、センスの違い、あるいは撮影所のシステムの違いだろう。もう帰れないという背水の陣で来たユダヤ人以外は、戦争が終わればヨーロッパへ帰れるだろうという、腰掛け意識もあったのだろう。

ギャバンもハリウッドではアーチ・メイヨ監督『夜霧の港』とデュヴィヴィエとの『逃亡者』の二本しか撮らなかった。

亡命映画人の面倒を見ながら、ディートリッヒは『砂塵』に続いて、パステルナークのプロデュースで『妖花』(Seven Sinners)を撮った。撮影は八月で、十一月に公開されるとヒットした。ディートリッヒはまたしてもキャバレー歌手だが、いつもと異なり、南太平洋の島々を渡り歩いているという設定だった。あだっぽさが理由で行く島々から追い出され、ある島に落ち着いているが、そこでジョン・ウェイン扮する海軍士官と出会う。ジョン・ウェインは前年に『駅馬車』でようやくスターになったところだった。

ドイツではリーフェンシュタールが八月六日から、『低地』の撮影を始めていた。九月下旬、村人のエキストラが必要となり、近くの収容所にいたジプシーを使った。その中の何人かはその後、アウシュビッツへ送られた。このことは戦後しばらくは分からなかった。リーフェンシュタールはホロコーストも強制収容所も何も知らないと言っていた。しかし、彼女は充分に知っていたはずだと、いまでは思われている。

この撮影が始まると、リーフェンシュタールはまたも恋に落ちた。相手は山岳兵のスタントマンとして雇った兵士、ペーター・ヤコブという。リーフェンシュタールよりも七歳下だった。これまでの相手の誰よりも熱心に求愛され、彼女は激しい恋に落ちたのだった。

十月十二日、チャップリンの新作『独裁者』のプレミア上映がニューヨークで行なわれた。ドイツはこの映画の内容が分かると、すさまじい外交圧力をかけて上映中止を求めたが、チャップリンは屈しなかった。

『独裁者』は公開されるや絶賛を浴びた──とは言えなかった。アメリカでは賛否両論だった。これぞ喜劇だ、これぞ諷刺だという声もあれば、不真面目だという声もあったのだ。ルーズベルト政権は、孤立主義から転換しようとしなかった。

原節子はこの年は七作に出演した。『光と影』前後篇は阿部知二の原作で島津保次郎が監督した。

この島津によって原は徹底的な演技指導を受ける。彼は原の出演作を六作、監督する。この映画での原は何不自由なく暮らす金持ちの家の娘で、仕事優先の婚約者に不満がある。次の『東遊記』は李香蘭が主演の映画で、原は満洲国から日本へ来た青年たちが会う映画女優の役を演じた。『嫁ぐ日まで』は島津保次郎監督で、父が再婚し、継母を迎える姉妹の姉を演じた。『蛇姫様』は衣笠貞之助監督の大作時代劇で、お家騒動の渦中にある姫を演じた。『女の街』は今井正監督で、原は初めて妻を演じた。洋服店を営んでいたが夫は戦地へ行ってしまい、留守を守るにも注文がこない。そこでおでん屋を始める話だ。『二人の世界』も島津の監督で、精密機械会社の部長の娘の役だった。この年最後が山本薩夫監督の『姉妹の約束』で、出征中の軍医の娘を演じた。

このように原節子は銃後の妻、銃後の娘の役をやるようになる。これらを監督した今井、山本はいずれも左翼だったが、転向してこういう映画を撮っていた。そして戦後また転向して左翼となる。

一九四一年

ディートリッヒはジャン・ギャバンとは共演できなかったが、フランスから来たルネ・クレールとは一緒に仕事をした。ユニバーサルでの『焔の女』（The Flame of New Orleans）で、撮影は一九四一年一月から三月で、四月二十四日に封切られた。ディートリッヒはヨーロッパから金持ちの男を騙して結婚しようとニューオリンズへやってきた詐欺師の役だ。時は一八四一年で彼女は女伯爵を名乗り、銀行家に近づくが、過去がばれてしまう。

この映画は、名監督と大女優が組めば傑作が生まれるとは限らない例に終わった。批評はあまりよくなく、ユニバーサルはこれ以上、ディートリッヒを使っていいのかと不安になった。

そこへワーナー・ブラザーズが手を挙げた。『大雷雨』(Manpower)である。監督はラオール・ウォルシュ、エドワード・G・ロビンソンとジョージ・ラフトが共演した。撮影は三月二十四日から始まり、五月十二日まで、撮り直しが六月にあって、七月に封切られる。ディートリッヒはいかがわしい酒場のホステスの役で、電力会社の架線工の二人が彼女を争う。

フランスを降伏させたドイツは、残る大国であるイギリスに対し空軍を使っての空爆を開始した。バトル・オブ・ブリテンである。しかし勝負がつかず、膠着状態に陥った。それを打破しようと、ヒトラーは戦線を東に求めた。

六月二十二日、ドイツ軍は不可侵条約を結んでいたソ連に奇襲をかけた。これにより、ドイツはイギリスとソ連という二つの大国と、東西それぞれで闘うことになった。

それでもアメリカはまだ平和だった。

八月から十月にかけて、ディートリッヒはコロムビアでミッチェル・ライゼン監督『淑女の求愛』

（The Lady Is Willing）を撮った。この映画は翌一九四二年二月十七日に封切られる。ディートリッヒはミュージカル・スターの役だった。赤ん坊を拾ったことで始まる喜劇である。

リーフェンシュタールの『低地』の撮影は難航した。彼女の体調も万全ではなく、そこへ来て、宣伝省からスタジオを明け渡せとの命令が出た。ついにリーフェンシュタールは力尽きて倒れた。ヒトラーは心配して、見舞いに来てくれた。恋人ヤコブは戦場に行ったが前線から手紙でプロポーズしてきた。彼女は体調がよくなれば、撮影に戻った。つまり撮影は続いていた。

リーフェンシュタールが現場に来ない時は、スタッフたちは他の仕事をしていたが、その間の給与も『低地』の予算から出された。資金は出て行く一方だった。『低地』は第三帝国時代で最も製作費が嵩んだ映画とされるが、それはこういう無駄な経費が膨大な額となったからだ。

長年の友人だった飛行士のウーデットから電話があったのは十一月十七日だった。その数時間後、彼はピストル自殺をした。バトル・オブ・ブリテンで戦果をあげられないことで空軍内で責任問題が浮上しており、悩んでいた挙げ句の死だった。飛行士としては有能でも軍の責任者の役は重すぎたのだろう。空の英雄の悲劇的な死だった。

リーフェンシュタールが久しぶりにベルリンへ戻ると、空襲であちこちが焼け落ちていた。食糧は配給制となっていた。こんなことで勝てるのだろうか。彼女も戦争への疑問を抱くようになった。

十二月七日（現地時間）、日本軍がパールハーバーを奇襲攻撃し、その後米英へ宣戦布告した。米英もこれに応じて太平洋戦争が始まった。

日本とドイツとの協定では、日本が攻撃された場合はドイツが相手国に宣戦布告する義務があるが、日本から攻撃した場合はその限りではない。ドイツはイギリスとの戦争に加えてソ連との戦争にも突入していた。さらにアメリカも敵とすれば、イギリスと一緒になり西部戦線が本格的になる。二正面作戦は避けるべきだったが、ヒトラーはアメリカへ宣戦布告した。

こうして眠れる大国がついに目を覚ました。

十二月十一日、ドイツとの戦争が始まったのを受けて、ハリウッドの映画人たちは戦勝委員会を結成した。その目的は「映画産業が一致団結して軍を慰問し、戦争支援の一端を担う」ことだった。戦勝委員会の俳優部門の委員長にはクラーク・ゲーブルが就任した。委員会の最初の集会は十二月二十二日、ベヴァリー・ウィルシャー・ホテルの大広間で開催された。十二年前に、マルレーネ・ディートリッヒがハリウッドへのお披露目をした場所だ。

翌二十三日に、ディートリッヒはラジオ番組に出て戦時公債の購入を呼びかけた。これがマルレーネ・ディートリッヒのドイツとの闘いの始まりだった。

ドイツには彼女の母と姉とその家族がいた。彼女が集めたお金はその母たちのいるドイツを攻撃するために使われる。家族の身の安全を考えれば、何もしないほうがいいはずだった。それにドイツは彼女の故国だ。そこへ刃を向けていいのだろうか。いや、違う——とディートリッヒは考えた。故国ドイツへ刃を向けて蹂躙しているのはヒトラーのナチスなのだ。戦争を終わらせることがナチス支配を終わらせることになる。これは、故国ドイツをナチスから取り返すための闘いなのだ。ディートリッヒはそういう思考をした。それはそれで論理的に筋が通っていた。しかし感情論として、本当に家族がまだ暮らしている国を攻撃することに協力していいのか。

理か情か——ディートリッヒは理を選択する。そしてその理の根底には故国と家族への愛という情がある。そこまで理解できる人は少ない。

ハリウッドの多くの俳優は、国内で戦時公債のためのチャリティーに出演したり、国内の軍施設を慰問したりはしたが、戦場には行かなかった。

たとえば、当時三十歳の青年俳優は、映画デビュー前にアメリカ陸軍の予備役将校になっていたので戦争が始まると召集されたものの、視力が弱かったために空軍第一映画部隊に配属され、プロパガンダ映画の制作に従事した。この最後まで戦場へ行かなかった青年兵ロナルド・レーガンは、後にアメリカ大統領となる。

しかし、ディートリッヒは違った。女であるにもかかわらず、彼女は前線への慰問団に加わるのである。

この年の原節子は四作の映画に出た。『兄の花嫁』は島津保次郎監督で、大阪から兄の結婚式のために上京する、モダン・ガールの役だ。『大いなる感情』は諏訪の職人の娘で戦地にいる兄を待っている。『結婚の生態』は石川達三の小説の映画化で今井正が監督した。夫によって理想の妻に作り上げられていく女性の役だった。『指導物語』は義兄の熊谷久虎監督で、鉄道隊機関士を養成する老機関士の娘の役だった。

一九四二年

ハリウッドの映画俳優で、最初の戦争犠牲者は、女優キャロル・ロンバード――クラーク・ゲーブルの妻でもある――だった。

一九四二年一月十六日、インディアナ州での戦時公債の販売集会に出演したロンバードは、その帰路、乗っていた飛行機がラスベガス近郊で墜落し、亡くなった。これは事故だったが、間接的な戦死と言える。三十三歳だった。

妻を喪ったゲーブルは、愛国心と、哀しみを紛らわせるために陸軍航空隊に入った。当初、軍当局はこの大スターを前線へ送るつもりはなく、慰問部隊の一員として、安全な場所に行ってもらうつもりだった。

しかし、ゲーブル自身が前線へ行くことを強く望んだので、彼はヨーロッパ戦線でのボーイング

B－17爆撃機での出撃に加わった。ゲーブルは終戦まで軍にいたので、戦争直前の一九四一年十月一日に封切られた『無法街』から、四五年十二月二十八日封切りの『冒険』まで、そのフィルモグラフィーには空白がある。

ディートリッヒは開戦前からの契約もあったので映画の仕事を続けるが、その合間をぬって積極的に戦時公債を販売した。ベルリン時代に、キャバレーに出たり、ミュージカルに出ていた経験が役に立った。舞台女優だったので、ステージは得意だった。

ディートリッヒはラジオにも出て、戦時公債の購入を呼びかけた。四回にわたる全国ツアーでの売り上げは、ハリウッドでは第一位となった。小さな町にまで出かけ、売りさばいた。

ナイトクラブで酔っぱらいの膝の上に乗って歌ったこともあった。さすがにこれはやりすぎではないのか、ハリウッドスターにそこまでやらせるほどアメリカ合衆国は困窮しているのかとの批判が出た。ルーズベルト大統領はディートリッヒをホワイトハウスに呼び、「あなたの行ないにとても感謝しているが、ナイトクラブまわりだけは止めてくれ」と頼んだ。そこまで熱心にやったのだ。

カリフォルニア州知事はディートリッヒに表彰状を贈りたいと打診した。ディートリッヒは「知事も戦時公債を買ってくれるのなら、お受けします」と言った。

一月中旬から二月にかけて、カリフォルニア州の奥まったところにあるアローヘッド湖で『スポイラース』（The Spoilers）の撮影が始まった。アラスカの金鉱を舞台にした西部劇風の物語で、ディートリッヒは酒場の女の役だ。ジョン・ウェインとランドルフ・スコットが共演した。この映画は五月八日に封切られ、ドタバタコメディだったが、それゆえにか興行成績はよかった。

この撮影の合間にディートリッヒは陸軍キャンプの慰問に行った。彼女は前線へ行くことを望んでいた。いつまでもアメリカ本土にいてはいられない。一日も早くヒトラーを倒さなければならない――そう思うたびにディートリッヒは後悔した。

ヒトラーが帰国しろと言ってきた時にベルリンへ帰り、総統官邸で二人だけになった瞬間にヒトラーを殺したほうがよかったのではないか――これは親しい仲間うちでのジョークではあったが、本当にそうすればよかったとも思うのだった。

その一方、いい寄る男で好みのタイプではない場合は、「ヒトラーが死んだらお付き合いするわ」と言って断った。実際にヒトラーが死んだ後にその男が「おい、ヒトラーは死んだからいいだろう」と言ってくると、「まだ生きているっていう噂があるわ」とまた断る。

一九四二年のディートリッヒは、さらにもう一作、『男性都市』（Pittsburgh）も撮影した。九月から十月にかけての撮影で、炭鉱の町が舞台で、またもジョン・ウェインとランドルフ・スコットが相手役だった。ディートリッヒは炭鉱夫の父を失った娘の役だ。十二月十一日にプレミア上映されたものの、これは興行成績はふるわなかった。

ディートリッヒの客人としてハリウッドにいたジャン・ギャバンは、鬱屈していた。満足のいく映画の仕事はできなかったし、これからも望めそうにない。ディートリッヒはよくしてくれるが、生きているはりがない。故国フランスはまだナチスの支配下にあるのに、自分はこんな所で燻っていていいのかとの思いが募った。ギャバンは自由フランス軍と連絡を取り、ニューヨークの事務所へ行き、入隊したいと申し出た。

ギャバンは歓迎された。しかし一兵士として北アフリカ戦線へ行きロンメル将軍率いるドイツ陸軍と闘いたいという希望は、叶えられない。ありがたい話だが、ギャバンにしかできないことをやってほしいと言われた。それは、アメリカでフランスの宣伝になる映画に出ることだった。映画に出るのも闘いのうちだと説得され、彼はジュリアン・デュヴィヴィエ監督の『逃亡者』に出ることになった。

『逃亡者』はなるほど反ナチ・プロパガンダ映画である。ギャバン演じる主人公は、警官殺しの罪で死刑判決を受け、刑務所にいた。ドイツ軍によって刑務所が爆撃されたので、その隙に逃げ出す。混乱のなか、自由フランス軍に入り、ベルギー領コンゴへ逃亡しようと計画する。ところが、一個小隊を任され戦っているうちに逃亡するのを忘れてしまい、ふとしたことで死刑囚だとばれてしまう。軍法会議にかけられた結果、「自発的に最も危険な任務につけ」という判決で、彼は英雄的に死ぬ。

ゲッベルスが喜びそうな、巧妙なプロパガンダ映画であった。一九四四年二月に封切られる。

アメリカとの戦争も始まった一九四二年、原節子は六作の映画に出た。『希望の青空』は山本嘉次郎監督で、入江たか子、霧立のぼる、高峰秀子、原節子が四姉妹を演じた。原は三女だった。『青春の気流』は飛行機製作所の若い技術者をめぐる二人の女性のうちのひとり。この映画は黒澤明が脚本を書いた。『若い先生』は北陸の海辺の寒村に赴任した新卒の教員の役だった。

『緑の大地』での原節子は中国の青島開発に行っている夫のもとへ行く妻の役で、島津保次郎が監督した。この映画から戦時体制の一環で配給が映画配給社に一元化された。『母の地図』も島津保次郎の監督で、没落した一家の三女の役で、最後は満州を目指す。そして前年の真珠湾攻撃を映画にした山本嘉次郎監督の『ハワイ・マレー沖海戦』に主人公の少年兵の姉の役で出た。銃後の姉だ。

一九四三年

一九四三年二月二日、スターリングラード攻防戦でドイツ軍は敗退した。これが世界大戦全体の戦局の転換点となった。ソ連はそれまでに多大な犠牲を払っていた。

ソビエトの最高指導者であるスターリンは、イギリスのチャーチルとアメリカのルーズベルトに対し、欧州第二戦線、すなわち西部戦線での戦闘開始を強く求めた。フランスを取り返し、東と西の双方からドイツを挟み撃ちにすることでしか、この戦争には勝てないであろう。それは首脳英米の認識も同じだった。アメリカは太平洋での日本との闘いに死力を尽くしていたが、ようやく陣容が整い、欧州戦線へも兵を送れるようになっていく。

二月十八日、ゲッベルスはシュポルトパラストの演説で「総力戦」を訴えた。ゲッベルスとしてはヒトラーに演説をしてもらいたかったのだが、演説の天才のはずのヒトラーはもう大衆の前に出るのを避けていた。

三月一日夜、ベルリンのリーフェンシュタールの自宅が焼夷弾攻撃を受けて焼け落ちた。

『逃亡者』の撮影を終えたジャン・ギャバンは改めて自由フランス軍に入りたいと申し出て、今度は認められた。

四月中旬、ギャバンは海軍基地ノーフォークから護送艦に乗ってアルジェに向かった。出発の前日、ディートリッヒがやって来た。彼女は海軍基地まで同行し、別れを惜しんだ。

ギャバンは俳優だからと特別扱いしないように頼み、そう扱われた。

リーフェンシュタールの『低地』はまだ撮影が続いていた。自分がダンサーとして出演するシーンもようやく撮り終えた。恋人ヤコブとはトラブルが続いた。裏切られたと感じることもあった。それでも和解し、八月に婚約した。

十一月、リーフェンシュタールはベルリンにこのまま会社を置いておくのは危険だと判断し、アルプスの麓のキッツビューエルに移した。

ディートリッヒは十月三日から『キスメット』(Kismet)の撮影に入った。千年前のバグダッドが舞台の千夜一夜物語で、初めてのMGM作品だった。意外にも、この映画で初めてディートリッヒはダンサーの役を演じ、イサドラ・ダンカン風に踊った。もちろん脚線美も健在だ。撮影はちょうど十二月三十一日で終わり、翌四四年八月二十二日に公開される。

この映画の撮影中に、ディートリッヒはもうこの虚飾の世界からは出るべき時がきたと決断した。『砂塵』以後のディートリッヒ作品はたとえヒットしたものでも、歴史に遺るような名作には分類されない。スタンバーグ以外の監督とでは、ルビッチともクレールとも、名作を作れなかった。

嘆きの天使もすでに四十歳を超えていた。彼女が慰問に出かけた先で出迎えた兵士のほとんどは、『嘆きの天使』も『モロッコ』も知らない世代だった。ライバルと称されたグレタ・ガルボは一九四一年の『奥様は顔が二つ』を最後にスタジオには来なくなった。引退宣言をしたわけではなかったが、結果としてこれがガルボの最後の映画となった。ディートリッヒもそろそろ潮時だと自覚していた。ハリウッドで若くなくなった女優が主役を勤められるようになるのは、まだ先のことだ。

一九四三年に撮られた作品としてはもうひとつ、戦意高揚のオールスター映画『フォロー・ザ・ボーイズ』への出演もある。ディートリッヒはオーソン・ウェルズと一緒にマジックショーを演じた。これはウェルズが慰問でやっていたショーでもあった。ウェルズが手品師で、ディートリッヒは胴体をまっ二つにされる。

この年、ディートリッヒの娘マリアが俳優と結婚した。マリアはアメリカに亡命してきたマックス・ラインハルトのもとで女優になっていた。

『キスメット』の撮影が終わった十二月三十一日、ディートリッヒはベルリン時代から買い集めていた家具も食器も衣類も宝石も全て売り払った。そしてニューヨークへ向かう。

一九四三年の原節子は五作に出た。時節柄としか言いようがないが、戦意高揚映画ばかりだ。マキノ正博監督の『阿片戦争』は大作で、戦乱の最中に妹を探している中国人の娘役だった。『望楼の決死隊』は今井正監督、朝鮮映画製作株式会社が協力した作品だった。この映画での原節子は国境警察官の妻で、抗日ゲリラと闘う。

『若き日の歓び』は轟夕起子、高峰秀子らとの共演で、映画雑誌記者の役だった。続く『決戦の大空へ』はまたも戦意高揚映画で、海軍飛行予科練習兵が集まる家の娘の役だった。『熱風』は山本薩夫監督で、軍の要請で増産しなければならない製鉄所の話で、原は事務員を演じた。

一九四四年

ディートリッヒは米国慰問協会（ＵＳＯ）へ行き、前線慰問へ行きたいと告げた。だがなかなか結論が出ない。大スターからの異例の申し出にどう対応すべきか苦慮したようだ。待たされている間、ディートリッヒは慰問ショーの構成を考え、リハーサルをすることにした。

ＵＳＯが派遣する慰問ツアーには総勢七千三百三十四人の芸能人が参加することになった。ディートリッヒは数人で一座を組んだ。歌手やひとりでジャムセッションができるミュージシャンや喜劇女優といったメンバーだった。

ディートリッヒ一座は二月末から国内のキャンプをまわってショーを磨き上げ、それから前線へ向かうことになった。三月二十日にはメリーランド州フォード・ミードにある戦争省（旧陸軍省）第四劇場で総仕上げをした。

その頃――三月二十一日、ドイツではリーフェンシュタールがようやくペーター・ヤコブと結婚した。九日後の三月三十日、オーバーザルツベルクのヒトラーの山荘を訪ね、夫を紹介した。これがリーフェンシュタールとヒトラーの最後の面談だった。

ヒトラーへの感謝の念と、この戦争を終わらせられないことへの不満など、さまざまな思いがあったが、彼女は何も言えなかったという。ヒトラーは〈手は小刻みに震え、眼は落ち着きを失っていた。この前会ったときから何歳も老けこんでしまっていた。〉とも書く。しかし、外見は衰えていたが、〈彼本来の魔術のような影響力はいまだに発散されていた〉とも書く。

リーフェンシュタールの分析では、ヒトラーはイギリスが宣戦布告をするとは思っていなかったようだ。イギリスと一緒になって共産主義と闘うつもりだったのに、それが裏切られたショックから、いまだに立ち直れていないようだった、と。

〈「ドイツは」彼は昂ぶった調子で言った。「瓦礫の中からいままでにないほど美しく甦るだろう」〉

このヒトラーの予言は当たる。しかし、それは彼の手によって甦るのではない。


四月四日、ディートリッヒ一座は軍用機に乗り、大西洋を横断した。映画の中では何度か飛行機に乗っていたが、ディートリッヒが本物の飛行機に乗るのはこれが初めてだった。

飛行機が降りたのはカサブランカだった。出迎えたのは、しかしハンフリー・ボガートではなかった。

一座は北アフリカの基地をいくつもまわり、アルジェリア北西部のオランに着いた。この地は連合国軍にとってはイタリア侵攻の拠点だった。前線ではなく一時退避の場である。とくに一月からドイツ軍の反撃が激しくなり、足止めされていたところだった。その分、兵士たちは退屈していた。そんなところにハリウッドスターがやって来たのだ。兵たちの期待は高まっていた。

アルジェのオペラハウスで、ディートリッヒ一座の公演が始まった。司会のトーマスがステージに派手な衣装で登場した。

「マルレーネ・ディートリッヒがこの舞台に登場する予定でしたが」とトーマスが話し始めた。「あるアメリカ人将校が特権を用いて彼女にサービスを強要したため、出演が不可能となってしまいました」

兵士たちのブーイングとヤジはすさまじいものとなった。その時、客席にいた、ひとりの将校が立ち上がった。

「いいえ、私はここにいるわ」

将校姿のディートリッヒだった。彼女はそのままステージに上がった。手には、小さな旅行鞄がある。それを開けると、スパンコールのついたドレスと靴が出てきた。そして衝立の後ろにまわり、彼女は着替えだした。観客の興奮は最高潮に達した。

ひとりでジャムセッションができるシュナイダーの演奏が始まり、ディートリッヒは歌い始めた。《ボーイズ・イン・ザ・バックルーム》だった。

その夜のショーが終わるとディートリッヒは知人で新聞社経営者のビーヴァブルック卿の邸宅のバルコニーから、ジブラルタル海峡を眺めていた。花火のようなものが見えた。それは連合国軍の高速重武装戦闘機がドイツ軍機を撃墜している光景だった。ディートリッヒは初めて戦闘を見た。しかし彼女には恐怖心はまったくなかった。そこは安全な所だったし、しっかり手を握ってくれている男性が隣にいたのだ。

その男も軍服を着ていた。自由フランス軍の一兵士として戦場へ行った、ジャン・ギャバンだった。彼もオランで待機している兵士のひとりだったのだ。

こうしてディートリッヒの慰問は始まった。彼女は軍に属し、大尉の位だった。その公演は安全地帯で本国と同じようなショーを提供するといった生易しいものではなかった。

ディートリッヒは泥だらけになり、弾丸をよけながら最前線へ向かい、兵士たちの束の間の休息のために歌った。

〈車での走行は大変だった。頭を低くしたままで、膝が顎に突き当たり、歯と歯とがぶつかりあった。ジープは全速力で丘を登った。急に加速すると、頭ががくんと後ろへ投げ出された。体じゅうの骨がミシミシと音を立てた。空や低く垂れ込めた雲、木々の梢が見えたか思うと、地面が見えるという具合だった。そして鉄兜。鉄兜の不規則な隊列が見えた。敵だ。

突然、シュッシュッという音。軍靴の先が私の背中を突く。

「隠れろ、ばかな女め」

私たちは命がけのスピードで驀進し、丘を下った。ガクッという衝撃。キーキーというブレーキ音。〉

あるいは、

〈突然始まった敵の砲撃。彼らは私たちに狙いをつけていたのだ。だが弾丸は当たらない。急げ、急げ、丘の頂きを越えれば安全だ。運転台の兵士は緊張のあまり、うめき、うずくまって、ひとりぶつぶつ毒づいている。

ようやく私たちは安心して走っている。風は冷たく額の汗を乾かす。森に入り、タイヤはやわら

かい葉の上をひた走る。私たちの背後、丘の向こうでは戦闘が続いている。〉

夜はこんなふうに過ごした。

〈トンネルの中よりも暗い。列車砲が私たちに向けられている。毎晩だ。灯りを消しても無駄である。敵は昼の間に目標を定めているのだから。しかし何といっても戦争だ。灯火管制を守らなければならない。〉

ディートリッヒは一座の長だった。自分のことだけ考えればいい立場ではない。

〈私はこの小さな芸人一座の人たちにはいい気分でいてもらわなければならない。それによってアメリカ兵の気分をよくできるのだし、それが私たちの任務なのだ。〉

この慰問ツアーの途中から、ディートリッヒはレパートリーに一曲、加えた。それが《リリー・マルレーン》だった。

第一次世界大戦下の一九一五年、ドイツの詩人ハンス・ライプがロシアへ出征する前に作ったのがこの歌の最初の詩だった。これに一九三八年に作曲家のノルベルト・シュルツェが曲を付け、歌手のララ・アンデルセンが三九年二月にレコーディングした。このレコードはたいして売れなかったのだが、売れ残りのレコードを店員が、何気なく、前線慰問用のレコードに紛れこませたのが、すべての始まりだった。

そのレコードはベオグラードのドイツ軍放送局に届き、戦場への放送で流されるようになった。するとドイツ軍兵士たちの間で、瞬く間に人気のある曲となったのだ。戦場で恋人を思う感傷的な曲なので、軍当局としては好ましい歌とは言えなかったが、もう止められなかった。

戦場には敵軍、つまり連合国軍のイギリス兵も近くにいたことから、イギリス軍の間でも《リリー・マルレーン》は知られるようになった。だがイギリス軍は敵国の歌だとして禁じた。

こうして軍当局が禁じても、《リリー・マルレーン》は敵味方双方に広まっていた。

ドイツにとって悩ましいことに、歌手ララ・アンデルセンが親しくしていたスイスの作曲家ロルフ・リーバーマンはユダヤ人だった。一九四二年夏、イタリア公演中のララは、リーバーマンからスイスへ来いとの手紙を受け取った。しかし彼女が移動しようとすると、ナチスの秘密警察ゲシュタポに逮捕された。ララは留置場で自殺を図るも失敗した。この情報をイギリス情報部が摑み、BBCは「ララ・アンデルセンが逮捕され死んだ」と放送した。ゲッベルスはイギリスの謀略だと言い立てるために、ララを釈放しなければならなくなった。

釈放されたが、ララは《リリー・マルレーン》を歌うことは禁じられ、レコードの放送も禁じられたままだった。

この歌をディートリッヒは慰問公演の目玉のひとつとしたのである。それはゲッベルスに対する闘いを意味していた。何よりもこの歌そのものが、反戦の思いをこめた曲だった。タイトルにもなっている恋人の名Marleenが、ディートリッヒの名Marleneと似ているのも気に入った理由だった。この歌は歌手ディートリッヒの代名詞にもなる。

公演で歌うだけでなく、北アフリカにいた間にラジオに出た時も歌った。歌い終わった瞬間、「そうだ、戦地の放送だからドイツ兵も聞いているかもしれない」と、彼女は思った。そして、無意識のうちにドイツ語で叫んだ。

「みんな、自分を犠牲にしてはいけないわ。こんな戦争はくだらない。ヒトラーはただの愚か者よ！」


連合国軍がイタリアを侵攻していくにつれ、ディートリッヒ一座もイタリアへ入った。アルジェからナポリへ飛び、そこからは飛行機でサルディニア、コルシカ、アンツィオと駐屯地をまわった。この地での公演は盛り上がった。しかしディートリッヒは肺炎になった。当時はまだ貴重だったペニシリンのおかげで快復すると、ステージに復帰した。

六月六日は二万人を前にしてのステージだった。歌っていると、メモを渡された。途中で邪魔をしないでほしいと思ったが、そのメモを見て、すぐに歌を止めた。兵士たちは何事かと思った。ディートリッヒは涙を流しながらメモを読み上げた。ドイツと日本以外の世界の全てが待っていたニュースだった。

「解放軍が本日、ノルマンディーに上陸しました」

史上最大の作戦こと、ノルマンディー上陸作戦の成功によって、スターリンが待ちに待った欧州第二戦線が切って落とされたのだ。ヒトラーにとっては悪夢の始まりだった。

七月、リーフェンシュタールの父アルフレートが亡くなり、続いて弟ハインツが東部戦線で戦死した。ハインツは妻と離婚していたが、出征する直前に復縁していたようでもあり、そのあたりがはっきりしなかった。この夫婦には一男一女がいたが、父と弟の遺産が遺児にいくのかリーフェンシュタールだけが相続できるのかが大問題となる。ドイツが敗北に向かうなか、レニ・リーフェンシュタールは遺産相続争いに没頭する。映画『低地』はまだ完成しない。

ノルマンディーに上陸した連合国軍はパリを目指した。

ディートリッヒは肺炎を完治させるために、いったんアメリカへ戻った。北アフリカで彼女がドイツ兵に向けて突発的に呼びかけたラジオ放送のことは軍中央に知らされていた。ディートリッヒの新しい任務は、アメリカのポップソングをドイツ語でレコーディングすることだった。アメリカ軍の優位性をドイツ兵士に報せるプロパガンダである。

八月二十五日、パリが解放された。

ニューヨークでは前年に撮影した『キスメット』が封切られ、客を集めていた。アメリカ本土は戦争をしている国とは思えないほど平和で長閑《のどか》だった。

ディートリッヒは九月半ばにパリに到着した。まだ戦争は終わっていない。前線慰問の再開だった。そしてパリではヘミングウェイと再会した。

リーフェンシュタールはようやくプラハのスタジオで『低地』を撮り終えた。しかしまだ編集・録音が残っている。完成してもはたして上映できる映画館がドイツにあるのだろうか。

連合国軍はドイツ軍にとどめを刺すべく、九月十七日、イギリス第一空挺師団とポーランド独立パラシュート旅団をオランダのアルンヘムに降下させ、ライン川にかかる橋を確保する作戦に出た。映画『遠すぎた橋』で知られる。悲惨な失敗に終わったマーケット・ガーデン作戦である。ドイツ軍の反撃にあい、熾烈な戦闘が展開され、アルンヘムの民間人五千人を含む一万七千人の犠牲者を出した。

この戦闘の間、アルンヘムで暮らしていたオードリーは、母とともに地下壕に避難していた。市からの退去命令が出て、それを拒む者はその場で処刑されるという事態となり、オードリーと母は十万人の難民のひとりとなった。オードリーはアルンヘム近くの村の祖父が所有していた館にどうにか辿り着き、そこに落ち着くことができた。その館には行き場をなくした多くの人々が集まり、身動きできないほどになってしまった。

ドイツ軍はオランダから撤退を始めていた。ある日、オードリーはアルンヘムまで食糧を探しに出かけた。ドイツ軍の警備兵に見つかりそうになったので隠れ、そのまま廃墟となっていた家の地下室に何日も隠れていた。

パリで再会したディートリッヒとヘミングウェイは雑誌「タイム」の女性記者メアリー・ウォルシュと一緒だった。彼は彼女を愛していたが、彼女はそうでもなさそうだった。そこでディートリッヒは恋のキューピットとなった。ウォルシュはヘミングウェイのプロポーズを受けた。

そんな楽しいことがあったパリとも別れ、ディートリッヒはベルギーとオランダの前線へと向かった。

十月二十一日、ドイツの西部戦線がついに決壊し、連合国軍はベルギー、オランダ国境の近くにあるアーヘンへ到達した。ついにドイツ国内に入ったのだ。

しかし、ドイツ軍はまだ抵抗していた。十二月十六日、ヒトラー最後の賭けと言われた、「バルジの戦い」が始まった。これにより、連合国軍のドイツへの侵攻は遅れた。

ディートリッヒはベルギー、オランダ、フランスの各地の前線をまわった。どこにいるのか分からなくなるくらい、転々とした。まだドイツにいないことだけは確かだった。

彼女が恐れていたのは爆撃による死ではなかった。ドイツ軍に捕まり、捕虜になることだった。知名度抜群のディートリッヒを、ゲッベルスがどう利用するかを考えただけでも死にたくなった。

パットン将軍もそれを理解してくれたのでフランスのナンシーにいた時、「私のと同じものを使ってくれ」とリボルバーをくれた。いざとなったらそれで自殺しろという意味だ。

ブラッドリー将軍は、ディートリッヒが前線に出るのに反対した。しかし、彼女は前線で歌うことが自分の任務だと後方へ下がるのを拒否した。将軍はドイツへ入るときは二人の護衛をつけることで前線に留まることを認めた。

二人の高名な将軍は、ディートリッヒの戦友だった。ではもっと高名な将軍はどうなのだろう。戦後、ディートリッヒが最もよく受けた質問は、「アイゼンハワーと寝たという噂」についてのものだった。その答えは「あいにく、アイゼンハワーは前線には来なかったのよ」だった。

後のアメリカ大統領もディートリッヒの前では前線を知らない司令官に過ぎない。

一九四四年の原節子は一作しか出演しなかった。日本映画全体でも四十六作しかない。戦況は悪化していた。その一作は今井正監督の『怒りの海』で横須賀海軍工廠の、日本造船界の生みの親とされる平賀譲の伝記映画で、原は平賀の娘の役だった。

一九四五年

ディートリッヒはついに故国ドイツへ敵兵として足を踏み入れた。いくつかの都市をまわり、アーヘンにしばらく滞在した。その町には大きな映画館があり、まだ無事だったのでそこで公演をした。

映画館主はもちろんドイツ人だ。ディートリッヒが寒そうにしていると、館主がコーヒーを持ってきてくれた。護衛の兵士たちは「毒が入っているかもしれない」「飲んではいけない」と止めた。しかしディートリッヒは飲んだ。毒ではなかった。

「あなたはなぜコーヒーをくれたの？　私が敵だとご存じでしょう」彼女がそう言うと、館主はこう答えた。

「ええ、あなたが敵なのは知っています。でも、それでもあなたは、私たちの青い天使ですから」

〈すべては一本の映画のおかげだった〉とディートリッヒは自伝に書く。〈私はドイツのいたる所で同じような経験をした。ドイツ人はおそらく、私を許してはいなかっただろう。それでも彼らは私を知っていて、自分たちの問題解決に私の助力を求めたのだ。そのことで彼らを非難することはできない。〉

ベルリンは陥落寸前となっていた。ディートリッヒの母や姉の消息は分からなかった。

四月三十日、アドルフ・ヒトラーは自殺した。ゲッベルスとその妻と六人の子もそれに続いた。リーフェンシュタールはかつての恋人シュネーベルガーを頼り、ツィラー峡谷のマイヤーホーフェン村にいて、その地でヒトラーの死を知った。一晩中、泣いたという。

五月二日、ベルリンが陥落した。

オランダは五月四日に解放された。それは偶然にも、オードリーの十六歳の誕生日だった。オードリーは栄養失調で水腫にかかっていた。貧血にむくみ、そして黄疸が出るようになり、重体だった。戦争がもう数週間続いていたら、オードリーは十六歳で短い生涯を終えていたかもしれない。

オードリーは、アムステルダムの病院に入院して終戦を迎えた。治療のためにはペニシリンを必要としたが、母エラの手持ち資金は尽きていた。途方にくれたエラに救いの手が指し伸ばされた。かつての交友関係のなかから、イギリスにいるバーンという友人の力を得ることができたのだ。バーンはイギリスからタバコを何千カートンと送り、エラはそれをアムステルダムの闇市で現金化し、ペニシリンを買うことができた。

闇タバコで得た資金も底をつくと、エラはレストランの支配人として働くことにした。収入のほとんどはオードリーの医療費となった。

オードリーは快復すると、ロシア人によるバレエ・スクールに通うようになった。彼女に必要なものは、何よりもバレエだったのだ。

五月七日、ドイツが降伏し、翌八日、フランスのシャルル・ド・ゴールはヨーロッパ戦線の終戦をパリから宣言した。

この時、ジャン・ギャバンはバイエルン州のベルヒテスガーデンのヒトラーの別荘で、逃亡中のゲーリングを探していた。フランス軍はゲーリングがそこに潜伏しているとの情報を得ていたのだ。しかしゲーリングはこの山荘にはいなかったので、ギャバンは手柄を立てることができなかった。ゲーリングは米兵によってラートシュタット近くの山道で見つかり逮捕された。

数日後、ギャバンが属していたルクレール師団はバイエルン州南西のランズベルクでド・ゴール臨席の観兵式に出た。

そこにアメリカ軍の軍服を着た女性が「ジャン、ジャン」と叫びながら飛び込んできた。フランスに「ジャン」という名は多い。何人ものジャンが彼女のほうを見た。そして誰もがその女性が誰かを理解した。ディートリッヒじゃないか。それならば彼女が探しているジャンが誰かは決まっている。誰もが二人の関係を知っていた。

ジャン・ギャバンは恋人で戦友の女性の姿を見て驚いた。そして二人は、ド・ゴールの目の前でキスをした。

欧州大戦は終わった。

第十章　廃墟

戦争は終わった。しかし、人生は続く。
一九四五年の満年齢を示せば、
マルレーネ・ディートリッヒ　四十四歳
レニ・リーフェンシュタール　四十三歳
原節子　二十五歳
オードリー・ヘップバーン　十六歳
彼女たちは廃墟から、それぞれの戦後を歩み出す。彼女たちの人生は、戦後のほうが長い。

マルレーネ・ディートリッヒの戦後

戦争が終わると、マルレーネ・ディートリッヒが最も知りたいのは母や姉たちの安否だった。ミュンヘンに置かれた米軍司令部にいたディートリッヒは、ベルゲン・ベルゼンの収容所に姉らしい人物がいるとの情報を得た。この収容所はオランダからの囚人や裕福なユダヤ人を収容していたところだった。二カ月前の一九四五年三月にこの収容所で亡くなった十五歳の少女こそが、後に世界中にその名が知られるアンネ・フランクだった。

どうしてそんなところにドイツ人の姉一家がいるのだろうか。やがて分かったことは、姉エリザベートと夫のゲオルク・ウィルはこの収容所の運営者のひとりだったのだ。ウィルは強制収容所の管理者のために娯楽を提供する仕事をしており、酒場や映画館を経営していた。だから一家は快適な暮らしをしたまま敗戦を迎えた。

しかし姉エリザベートは体調をくずし、入院していた。

こうした事実を知ったディートリッヒは少なからず動揺した。すでにナチスの強制収容所の実態は明らかになっていた。それに、自分の姉と義兄が関与していたのか。しかし、現実を直視するディートリッヒは、その収容所まで出かけた。そして見たくないが、見なければいけない現実を見た。当然、気分が悪くなった。

入院していた姉とも会えた。そして母がまだ生きているとしたらベルリンにいるだろうと告げられた。かつて一家が暮らしていた住まいは空襲で破壊されたことも聞いた。

ディートリッヒの姉夫婦が収容所と深く関わっていたことは、極秘とされた。

戦闘は終わっても、兵士たちはまだドイツにたくさん残っていた。ディートリッヒは彼らのための慰問の仕事を続けた。ベルリンへ行き、母を探したかったが、任務を優先させた。

六月のある日、ディートリッヒはパリのリッツ・ホテルに滞在していた。ホテルを出ようとしたら、ハリウッドの若い同僚が、慰問のためにちょうど着いたところだった。ディートリッヒはその若い女優に言った。

「あら、戦争が終わったら、やっと来たのね」

そう言われた女優は、イングリッド・バーグマンである。彼女はディートリッヒをこう評している。

〈ディートリッヒは戦争のさなかにそこにいた最も勇敢な女性だった。前線から前線へと移動して、まだ戦闘が続いている間に連合国軍の兵士を慰問した。彼女が私に話したところによれば、水がないためにヘルメットに汲んだガソリンで髪を洗わなければならなかったという。〉

バーグマンは一九一五年生まれなので、この年、三十歳。グレタ・ガルボと同じスウェーデン生まれで、ガルボと同じようにスウェーデンで映画女優となり、一九三九年にハリウッドへ渡った。この時すでに結婚し子供もいたのは、ディートリッヒと同じだ。ハリウッド・デビュー作の『別離』などの後、一九四二年に『カサブランカ』でスターとしての不動の地位を得た。この映画は、メロドラマの傑作にして反ナチス・プロパガンダでもあるという稀有な名作だ。

七月になってディートリッヒは長期休暇を取り、アメリカ本国へ帰ることが許可された。多くの兵士たちと共に、ニューヨークへ軍用機で着いたのは七月十三日だった。

アメリカ本土は平和だった。しかしまだ戦争は終わっていない。インタビューを受け、ハリウッドにはいつ復帰するのかと訊かれると、太平洋戦線に行くつもりだと答えた。

「たくさんの部隊とデートの約束をしてあるのよ」と冗談めかして言ったが、彼女は本気で太平洋戦線へ行くつもりだった。本当に太平洋戦線へ行っていたら、ディートリッヒは進駐軍のひとりとして日本を訪れただろう。

しかし軍が命じたのは、再びヨーロッパだった。

日本の敗戦を知ったのはパリだった。もちろん慰問のために歌うために滞在していた。そして軍が用意したホテルではなく、ジャン・ギャバンが泊まっていたホテルで過ごしていた。彼はすでに自由フランス軍を除隊していた。

フランスでの慰問を終えると、ディートリッヒは再びドイツへ入り、ミュンヘン、レーゲンスブルク、ザルツブルクなどを慰問した。チェコスロヴァキアへも行った。それからまたパリに戻った。彼女の戦争はまだ終わらない。

そんな九月の半ば、ベルリンのアメリカ軍から連絡があった。母が見つかったという。生きていたのだ。

母はベルリンで家具付きの部屋で暮らしていた。ディートリッヒは軍用機でベルリンへ向かい、母と対面した。その再会のニュースは世界中で報じられた。それは連合国軍のプロパガンダでもあった。ナチスと戦ったディートリッヒが、母と再会したのは美談のはずだった。しかし、ドイツでは無視された。ディートリッヒの名など見たくもないというのが一般的なドイツ人の国民感情だった。

ディートリッヒはすぐにベルリンを発ち、夫ジーバーの家族が見つかったというチェコスロヴァキアへ向かった。それからまたベルリンへ戻り、かつての友人たちと再会した。

ベルリン滞在中もディートリッヒは、映画館のティタニア・パラストで歌った。それはドイツ人のためではなかった。連合国軍の兵士のためだった。彼女はあくまでアメリカ軍の一員として、占領軍としてベルリンに来ていたのだ。

十月になると、ディートリッヒはフランスへ向かった。そして十一月六日、母が心臓発作で急死したとの報せを受けた。それは故国ドイツとの絆が切れたことを意味していた。

ディートリッヒの戦後最初の映画は一九四六年夏にフランスで製作された『狂恋』(Martin Roumagnac)だった。念願のジャン・ギャバンとの共演だったが、それ以外は何の意味もない映画となった。そしてギャバンとの別れを決めた映画にもなった。ギャバンはディートリッヒとの正式な結婚を望んだが、彼女はジーバーと離婚する気はなかった。ディートリッヒにはなぜギャバンが結婚にこだわるのかが理解できなかった。映画は酷評された。

八月にハリウッドへ戻るとディートリッヒは、パラマウントの『黄金の耳飾り』に出演した。開戦前夜のドイツが舞台で、レイ・ミランド扮するイギリスの諜報員が主人公だ。彼はナチスに捕まるが脱走し、逃げている最中にジプシーの娘と出会い、彼女のアドバイスでジプシーに変装してゲシュタポを欺こうとする。そのジプシーをディートリッヒは演じた。

以後、ディートリッヒが主演または準主演をしたのは、一九四八年のビリー・ワイルダー監督『異国の出来事』(A Foreign Affair)、五〇年のアルフレッド・ヒッチコック監督『舞台恐怖症』(Stage Fright)、五二年のフリッツ・ラング監督『無頼の谷』(Rancho Notorious)、五六年のサミュエル・A・テイラー監督でヴィットリオ・デ・シーカと共演した『モンテカルロ物語』(The Monte Carlo Story)、五七年のワイルダー監督『検察側の証人(邦題は「情婦」)』(Witness for the Prosecution)、五八年のオーソン・ウェルズ監督でチャールトン・ヘストンやジャネット・リーと共演した『黒い罠』(Touch of Evil)、六一年のスタンリー・クレイマー『ニュールンベルグ裁判』(Judgment at Nuremberg)である。

監督は名匠ばかりだが、これらの映画の中で記憶されなければならないのは、ビリー・ワイルダーが監督した二作と、『ニュルンベルク裁判』だ。

一九四八年の『異国の出来事』(A Foreign Affair)で、ディートリッヒは初めてワイルダーの監督作品に出演した。この映画は敗戦直後の、つまり現在のベルリンが舞台だった。ディートリッヒが演じるのは、ゲシュタポ幹部の愛人で、いまはナイトクラブの歌手――『嘆きの天使』のローラ－・ローラがそのままベルリンに残っていたらこうなっていたかもしれないと思わせる、そんな役だ。

ナチスと闘い抜いたディートリッヒが演じるから面白いという配役の妙だ。ワイルダーならではの皮肉でもある。そしてこの役をディートリッヒは見事にこなした。唄も歌うし、脚線美も披露した。

その次のワイルダー作品は一九五七年の『検察側の証人』(Witness for the Prosecution)だ。アガサ・クリスティーの戯曲が原作で、日本では『情婦』というタイトルで公開されたが、これほどひどい邦題もない。配給会社の担当者は映画を見ないで付けたのではないだろうか。

『検察側の証人』の舞台はロンドンで、裁判劇だ。未亡人殺人事件の容疑で裁判にかけられているのがタイロン・パワーで、ディートリッヒはその妻の役だった。そして弁護士にチャールズ・ロートンという配役だ。ミステリとしてもよくできており、ディートリッヒの演技も秀逸である。実はあまりにも名演だったので彼女は観客にいい印象を与えず、この映画はアカデミー賞の作品賞、監督賞、主演男優賞などにノミネートされたのをはじめ、多くの賞を受賞またはノミネートされたが、ディートリッヒだけが無冠だった。

原節子の戦後

欧州大戦はドイツの敗北で一九四五年五月に終わったが、日本の戦争は八月まで続いた。

昭和天皇が敗戦を国民に告げた八月十五日までに、日本では二十六本の新作映画が公開されている。そのうち原節子が出演したのは二本だった。

一月二十五日に『勝利の日まで』という、いまからみればあまりにも虚しいタイトルの映画が封切られた。監督は今井正の予定だったが戦地へ行ったため成瀬巳喜男に交代した。海軍省の命令で作られたもので戦意高揚映画だ。徳川夢声演じる科学者が、ロケット式慰問爆弾を開発している。爆弾の中に芸人を詰め込んで前線に向けて発射する。南方に着いた爆弾から芸人が出てきて、兵士たちに唄と笑いを提供する。この映画はフィルムが冒頭の十五分ほどしか現存せず、そこには原節子の姿がないので、どういう役で出たのかは分からない。

敗戦直前の八月五日に封切られた『北の三人』が原節子の戦中最後の映画となる。北方の通信基地で通信兵として働く三人の女性のひとりを演じた。

もう一作、戦中に作られていた作品があった。山本嘉次郎監督の『快男児』という明治を舞台にした作品で、原は作品名を挙げずにこう語っている。

〈終戦間際に明治時代もので、英米攻撃のストーリーの映画を撮影中でした。戦争に負けたから、この映画は中止になるかと思ったら、「英米をやっつけるところをあべこべに英米を崇拝するように、そこだけ撮り直そう」というわけで、そのまま撮影を続けるというのには、びっくり。〉

撮り直しはされたものの、この映画は占領下では公開されず、一九五二年になって『恋の風雲児』と改題されて公開される。

こうして原節子は八月十五日を迎えた。彼女のデビュー作『ためらふ勿れ若人よ』が封切られたのは一九三五年八月十五日なのでちょうど十年前だ。一九二〇年生まれの原節子は、二十五歳になっていた。

昭和天皇の玉音放送を原節子は保土ケ谷の家で聞いた。「重大放送があるということは、その二、三日前より聞いておりましたので、うすうす負けることと感じていましたので、びっくりしたり慌てたりすることもありませんでした」と語っている。

数日後、原は東宝の撮影所に行った。そこで会った山田五十鈴によれば「女優などしていられないから、田舎へ行って畑仕事をするつもりだ」と言っていたという。

畑仕事はしなかったかもしれないが、原は福島まで買い出しに出かけた。戦後の食糧難を苦労して過ごしたのだ。女優だからと優先的に配給されるわけではなかった。玉音放送の数日後に撮影所に行きながら、数カ月にわたり映画の仕事をしていないのは、山田五十鈴に言ったように、女優をやめようと考えたからなのかもしれない。

女優廃業を考えたが、他にできる仕事もない。それで復帰したのだろうか。

いずれにしろ、原節子が戦意高揚映画に出たことでの責任を感じた様子は、少なくとも、公の場の発言からは見受けられない。だが、それは原節子に限ったことではない。

原節子は翌一九四六年から映画女優に復帰する。

戦後最初の出演映画は渡辺邦男監督『緑の故郷』で、一九四六年二月二十八日に封切られた。年が替わってからの撮影だろう。この映画での原は農村の教師の役だ。帰郷する途中で復員兵と一緒になり、この二人を軸にして、軍国主義の非道さを訴えている映画だ。続いて出た『麗人』も渡辺が監督し、大正時代を舞台とする。原が演じる没落華族の娘と左翼運動をしている学生との恋が引き裂かれたという話だった。

ついこの前まで『ハワイ・マレー沖海戦』『加藤隼戦闘隊』『雷撃隊出動』などで軍人を演じていた藤田進は、この映画では左翼学生を演じた。監督の渡辺にしても『決戦の大空へ』など戦意高揚映画を撮っていた監督だ。

戦前に軍国主義、国家主義、戦意高揚プロパガンダ映画を作っていたのと同じ監督と俳優が、今度は自由と民主主義のプロパガンダ映画を作っていた。それが日本の戦後のスタートだった。もっとも、観ている観客も戦前と同じなのだ。検閲し許可を出しているのが内務省警保局からGHQになっただけの違いだった。

民主主義プロパガンダ路線の決定打となったのは、原節子にとっての戦後三作目となる、黒澤明監督『わが青春に悔なし』である。戦前から戦後までを時代背景にしたこの映画で、原節子が演じるのは自由主義者の大学教授の娘だ。教授は自由主義の主張を曲げないので大学から追放される。学生のひとりが藤田進で彼も反戦運動をしていたが逮捕され獄死する。原は田舎の農家である藤田の両親の許へ行き、スパイだとして嫌がらせを受けている両親を献身的に支える。そして戦後、農村での民主主義運動のリーダーとなっている。

銃後の妻・銃後の姉・銃後の妹を演じ軍国主義の象徴だった原節子は、民主主義の象徴へと見事に転換した。当人は、一九四七年初めに、ようやく女優として生き抜こうという覚悟ができたとして、こう書いている。

〈終戦後の激しい社会情勢の変動と、女と云うものの解放される世界の到来を眼前にして、目隠しされていたものが取りはずされたような広々とした世界の風光を身近に感じ、そこから女優として、従来の日本の女優の幾多の封建的な制約が取りはずされた事に、希望的な予感を感じ、私自身の未来にも、無限の希望を持つ事が赦されたような或る喜びが、私に、職業への自信をも持たせたのかも知れない。〉

原節子の民主主義路線の頂点は、一九四九年七月公開の今井正監督『青い山脈』だった。左翼から転向して戦意高揚映画を撮っていた今井は、見事に再転向していた。いいほうに転向したからいいのだ、ということなのだろう、誰も批判しない。映画関係者のすべてが同じことをしていたのだから、誰にも批判する資格がなかったこともある。

アメリカによる占領も終わると、日本映画界は検閲からも自由になり、一九五〇年代の黄金時代を迎える。それは女優としての原節子の完成期でもあった。

一九四九年九月公開の『晩春』で、彼女は初めて小津安二郎作品に出た。

レニ・リーフェンシュタールの戦後

ドイツは、英米仏ソ四カ国が分割して占領・統治することになった。ソ連占領地域内には首都ベルリンもあったが、この都市だけは、さらに四カ国が統治することになる。

生き残ったレニ・リーフェンシュタールに、ヒトラーの死を嘆き悲しんでいる時間はなかった。

リーフェンシュタールの最初の闘いは非ナチ化審理の場だった。連合国はドイツの戦後について非軍事化、民主化と並び、非ナチ化を柱とした。「非ナチ化」は日本語としては奇異な言葉なのだが、ドイツ語のEntnazifizierung、英語のDenazificationをそのまま訳すと、こうなってしまう。ようするに、ドイツからナチズムの要素を排除することをいう。具体的にはナチスそのものだった者、ナチスに協力した者を公職から追放することを意味した。そのためには、疑わしい者を呼び、どの程度、ナチスと関係していたかを調べる必要が生じ、それは刑事裁判と同じかたちで行なわれた。そのため「非ナチ化裁判」と呼ばれることもある。

それは――ナチス・ドイツで最も有名な女性だったレニ・リーフェンシュタールにとっての長い戦いの始まりだった。一九三八年、『オリンピア』の公開で三十六歳にして世界最高の映画監督の座を射止めた女性にとって、人生の頂点はその時だった。その七年後に彼女はどん底に落とされ、それから六十年にわたり闘い続けなければならない。

リーフェンシュタールが住んでいたキッツビューエルはオーストリアのチロル州にあり、そこはフランス軍が占領した地域に属していた。したがって、彼女はフランスによって非ナチ化審理を受けることになる。フランス政府は彼女の財産を凍結した。そのなかには、戦争中に完成していたものの未公開の映画『低地』も含まれていた。

リーフェンシュタールは、いったん全てを失った。夫ペーター・ヤコブとも一九四七年五月に離婚した。彼の裏切り、不倫が理由だった。

一九四九年、フライブルクでの非ナチ化の審理で、リーフェンシュタールはナチスではなかったと認定された。

非ナチ化においては、ナチスと思われる人々を調べた上で、罪の重い順に「重罪者」「積極分子」「軽罪者」「同調者」「無罪者」に区分したが、リーフェンシュタールは二番目に軽い「同調者」に分類されたのだ。たしかに、彼女はヒトラーに同調しただけで、ナチス党員ではなかったし、政府機関の役職に就いたこともなかった。

リーフェンシュタールはナチスの政策立案に関与したわけではなかったし、戦争にもホロコーストにも直接の関与はしていなかった。「ナチス時代に最も有名な女性」というだけでは裁くことができない。有名であったことそのものは罪ではない。彼女がナチスのためにしたのは映画を作ったことであり、映画作りそのものも罪にはならない。法律論で追及すると、こういうことになる。

ヒトラーあるいはナチスの幹部の誰かとの愛人関係にあったかどうかも調べられたが、愛人だったという証拠は見つからなかった。

一九五二年、フランスの裁判所は、リーフェンシュタールは「ナチス政府のために映画制作活動を行なうことで、自らの政治的利益を得ていたわけではなく、よって法的制裁の対象とはならない」という判決を下し、これによって、リーフェンシュタールは法的に無罪となった。ナチスからの注文でパンを焼いたパン屋が、それだけでは罪にならないのと同じだというわけである。

しかし、世間は、リーフェンシュタールを赦さなかった。

非ナチ化審理と並行して、リーフェンシュタールは敗戦時の混乱で行方不明になっていた映画のフィルムの捜索と、その権利が自分にあることを法的に認めさせる闘いを始めていた。それらは、彼女の勝利で終わった。

戦争中に完成させたものの未公開だった『低地』は一九五四年二月十一日にシュトゥットガルトでプレミア上映された。しかし、たいして話題にはならなかった。製作時から十年が過ぎており、しかも、敗戦という大転換を経ていたので、時事的なテーマの映画ではないとしても、古くなりすぎていた。

それでもこの映画を支持し、支援してくれる人もいた。フランスのジャン・コクトーがそのひとりで、彼は自分でフランス語の字幕を書き、カンヌ映画祭に出品できるように交渉してくれた。結局、正式な出品は認められず、選外作品として上映されたが話題にもならなかった。

リーフェンシュタールは過去の人となっていった。いくつかの新作映画の企画を立てるものの資金の目処がつかず、実現しなかった。

オードリー・ヘップバーンの戦後

オードリーはバレリーナを目指していた。

オードリーの最初の映画出演は一九四八年、十九歳の年だった。もっとも劇映画ではなく、オランダ国営航空KLMのPR映画だった。この映画は好評だったが、それですぐに映画界への道が開くわけではない。オードリーは母エラとともにイギリスへ渡った。スーツケースが二人でひとつと三十五ポンド――これが、この母娘の全財産だった。

しかし、エラにはオランダの英国系多国籍企業の総帥ポール・ライケンズという後援者がいた。母娘はロンドン近郊の高級住宅街に家を借りて住み、オードリーはバレエのレッスンに励むことになった。

ロンドンは街そのものが、戦争からまだ完全に立ち直っていなかった。食糧や燃料は配給制だった。オードリーは熱心にバレエのレッスンを続けた。しかし、一流のバレリーナになれそうもないことは彼女にも分かってきた。ライケンズが生活費もバレエのレッスン代も出していたが、オードリーは自立しようとした。最初は帽子のカタログのモデル、やがて、ナイトクラブでダンスの仕事を得た。こうしてオードリーはショービジネスの世界に入った。

しばらくはバレエも続けていたが、バレエ・スクールが地方巡業に出る時期と、ミュージカルへの出演の話が同時期となった。どちらかを選ばなければならない。オードリーはミュージカルを選んだ。

オードリーが出たのは、ブロードウェイでヒットした『ハイ・バトン・シューズ』のロンドン公演で、そのコーラス・ラインのオーディションを受け、三千人のなかからの十人に残ったのだ。振り付けは、後に『ウエストサイド物語』で世界的に知られることになるジェローム・ロビンズだった。一九四八年十二月二十二日にロンドンのヒポドローム劇場で幕を開けると、公演は好評で、二百九十一回のロングランとなった。しかしオードリーのセリフは一行しかなかった。

オードリーは続いてミュージカル『ソース・タルタル』へも出演することになった。一九四九年五月十八日にケンブリッジ劇場で開幕し、四百二十三回という一年を越えるロングランとなった。『ソース・タルタル』に続いて、『ソース・ピカント』に出演した。一九五〇年四月二十七日が初日だった。これはヒットせず、六月に六十七公演で閉幕となった。

少しずつオードリーのことはロンドンの芸能界に知られていった。映画『天国の笑い声』の製作を準備していた監督のマリオ・ザンビから、オードリーに出演依頼が来た。セリフは「タバコはいかが?」だけだったが、劇映画への初出演だ。

続いて『若気のいたり』に出演した。セリフはまたも一行だけ、「おはようございます。リージェンシー・ホテルです」だった。端役時代のオードリーの三作目は『若妻物語』で、今度はタイピストの役だった。

一九五一年二月十五日、オードリーは『秘密の人々』のオーディションを受け、三日後に決まった。準主役と言っていい。『秘密の人々』は「初恋」という邦題もあるが、淡い恋の物語ではなく、政治ドラマである。マリアとノラの姉妹の父は平和主義者だったが、殺されてしまう。オードリーが演じた妹のノラはバレエ研究生だ。マリアはテロリストの青年と知り合い、過激な革命運動に身を投じるという話だ。

五月三十一日、映画『秘密の人々』の撮影が終わった翌日、オードリーは母エラとともに、南フランスへ向かった。次の映画『我らはモンテカルロへ行く』の撮影のためだった。

『我らはモンテカルロへ行く』でオードリーが演じるのは映画スターの役だった。そのスターにふさわしい衣裳として、オードリーはクリスティアン・ディオールのドレスを着ることになっており、撮影が終われば、それをもらえる約束だった。

映画のロケをするモナコのオテル・ド・パリには、作家のコレットが滞在していた。コレットは大きな課題を抱えていた。彼女の小説『ジジ』がアメリカで劇化されることになっており、その主役の若い女優を探していたのだった。ジジは高級娼婦を祖母に持ち、金持ちの青年のひっかけ方を伝授されている、ませた女の子だった。そして、何よりもジジは痩せていなければならなかった。コレットは自分のイメージに合う女優を見つけられなかった。

そんな時、コレットはホテルのロビーで映画のロケをしているオードリーを見た。そして、この娘だと確信した。

オードリーはコレットの申し出に恐れおののいた。ブロードウェイなんてとても無理だ。しかし、コレットは大丈夫だ、あなたならできると、断言した。

同じ頃、ハリウッドではパラマウント映画が若い女優を探していた。ローマを舞台とした映画で、ヨーロッパの小国の王女の役だ。

オードリーはロンドンのスタジオでパラマウントのスクリーン・テストを受けた。そのフィルムはロンドンからニューヨークとローマへと送られた。監督のウィリアム・ワイラーは「誰が何と言おうと、彼女は魅力的だ」と言った。その瞬間、アン王女が誕生し、映画『ローマの休日』の成功が決まった。

オードリーの周囲は一気に慌ただしくなった。ブロードウェイとハリウッドの両方で主役を演じるのだ。

一九五一年九月十五日、オードリーは大西洋を渡る旅に出た。

ヨーロッパからニューヨークを経てハリウッドへ。それはかつてグレタ・ガルボが、マルレーネ・ディートリッヒが、イングリッド・バーグマンが旅したのと同じ道——スターへの道だった。

終章　一九六〇年

一九六〇年――第二次世界大戦がドイツと日本の敗戦で終わってから十五年が過ぎようとしていた。西ドイツも日本も奇跡の復興を遂げ、戦勝国であるイギリスやフランスよりも経済は発展していった。

この年の前半に日本の内閣総理大臣だったのは岸信介である。一八九六年（明治二十九年）に生まれ、官僚となり、開戦時の内閣である東条英機内閣で商工大臣だったため、戦後、A級戦犯の被疑者として逮捕、勾留された。しかし、岸はなぜか不起訴、無罪放免となり、政界入りすると、一九五七年に首相となった。

その岸内閣が取り組んでいた日米安全保障条約改正は国民から大きな反撥を呼び、戦後最大規模の反対運動が展開された。五月十九日から二十日にかけて岸内閣は衆議院で強行採決を断行し、ますます国民の反発は強まった。

終わらない戦後

敗戦から十五年が過ぎた一九六〇年になっても、レニ・リーフェンシュタールの戦後はまだ終わっていなかった。彼女はまだ闘っていた。

〈一九六〇年の終わりに私は戦争が終結してからの十五年を振り返ってみた。三年間を収容所と刑務所で過ごし、四カ月は精神病院入りだった。財産の没収、非ナチ化、訴訟がそれに続いて、仕事の生命が絶たれてしまう。映画の企画はどれもこれも、『紅い悪魔』、『黒い積荷』、そして『青の光』（リメイク）にいたっては二度とも水泡に帰してしまった。

私の人生はこの先どうなるのだろう？　私にはかすかなりとも希望というものがあるのだろうか？〉

リーフェンシュタールの回想録にはこう記されている。

ヒトラー政権下にドイツで活躍していたクラシックの音楽家たち――フルトヴェングラー、ベーム、カラヤンたちはとっくに復権し、堂々と国際社会の名士となったのに、リーフェンシュタールだけは、それが許されなかった。

ドイツ人にとって、ナチスの記憶と深く結び付く彼女の存在は、疎ましいものだった。誰もが忘れたがっているのに、リーフェンシュタールはナチ時代を反省せずに堂々と世の中に出ようとする。そのたびに、ユダヤ人もそうでない人も、彼女を批判し攻撃し、社会的に抹殺しようとした。そんな彼女を誰も庇ってはくれない。自分で闘うしかない。

戦後こそが、リーフェンシュタールの孤独な闘いの日々となった。

この年もリーフェンシュタールには、不愉快な出来事が次々と起きた。

前年の一九五九年にはヴェニス映画祭でリーフェンシュタール作品の回顧上映会が実施され、彼女も招待された。「政治」とは切り離し、映画作家としてのリーフェンシュタールの再評価が始まりつつあったのだ。そこまでは彼女もごきげんだった。

続いて英国映画協会からロンドンでの講演依頼があった。だが、六〇年一月になると、取り消された。同時期に講演することになっていたソ連の映画人が、リーフェンシュタールが来るなら自分は出ないと言ったのだ。

ベルリン映画祭へ行った時も、パーティー会場の入り口で入場を拒否された。

この時期のリーフェンシュタールは、名誉毀損の訴訟に明け暮れている。リーフェンシュタールに対しては、どんな悪口を言っても構わないという風潮が生まれており、彼女からすれば根も葉もない噂を根拠とした記事が、次から次へと報道され、それらに彼女は対処していたのだ。

映画人のなかには、リーフェンシュタールを支持する者もいたが、それは僅かだった。

疲れ果てたリーフェンシュタールは、やがてアフリカという新天地を見つけるが、それはもう少し後の話である。

父との再会

オードリー・ヘップバーンは一九六〇年には女優としての全盛期を迎えていた。一九二九年生まれなので、この年、彼女は三十一歳になる。

一九五三年に『ローマの休日』(ウィリアム・ワイラー監督)が公開され、一躍、大スターとなると、ヘップバーンは『麗しのサブリナ』(ビリー・ワイルダー監督)、『戦争と平和』(キング・ヴィダー監督)、『パリの恋人』(スタンリー・ドーネン監督)などに出演し、一九五九年に公開された『尼僧物語』(フレッド・ジンネマン監督)では女優としての新境地を開いた。

『尼僧物語』は五九年七月にアメリカで公開された後、秋にヨーロッパで公開された。ヘップバーンはそのキャンペーンのために、十月にヨーロッパへ向かい、ロンドン、ストックホルム、パリ、アムステルダムなど主要都市をまわった。

この旅行では、公式日程にはない訪問地があった。アイルランドのダブリンである。彼女がダブリンを訪れたのは、父と会うためだった。それは二十年ぶりの再会だった。

ジョゼフ・ヘップバーン＝ラスキンは戦争中にナチス協力者として逮捕、投獄され、オードリーとは音信不通となり、どこに住んでいるのかもわからなくなっていた。

娘が大スターになったことを父は知っていた。しかし元ナチスの自分が名乗り出れば迷惑がかかると思い、ひっそりと暮らしていたのである。

その父と、さまざまな経緯があり、オードリーは戦後十五年が過ぎてようやく再会できたのだ。

ナチスに協力していたというだけでヘップバーン＝ラストンは隠遁生活を送るしかなかった。娘は両親の過去を秘めたまま大スターとなった。オードリーは世間に嘘をついて隠していたわけではない。誰もそんなことは問わなかったので、両親がナチ・シンパだったと彼女から語ることがなかっただけだ。それを責めることはできない。

オードリー・ヘップバーンの戦後は、父との再会というひとつの決着をみていた。

引退

原節子にとって、一九六〇年は女優としての最晩年にあたる。

彼女の人生はそれからさらに半世紀以上が過ぎたいまもなお続くが、映画への出演は一九六二年の『忠臣蔵 花の巻・雪の巻』（稲垣浩監督）が最後となる。六〇年に公開された原節子が出演した映画は、『路傍の石』（久松静児監督）、『娘・妻・母』（成瀬巳喜男監督）、『ふんどし医者』（稲垣浩監督）、『秋日和』（小津安二郎監督）で、小津作品は翌六一年の『小早川家の秋』が最後となる。

原節子は一九二〇年生まれなので、一九六〇年でちょうど四十歳、六二年でもまだ四十二歳である。結婚して家庭に入ったわけでも、引退すると表明したわけでもなく、『忠臣蔵』を最後に出演作がないまま歳月が過ぎていった。それはハリウッドのグレタ・ガルボとよく似ていた。

一九六三年十二月十二日に小津安二郎が亡くなると、その通夜に原節子も来た。彼女は号泣したという。
それが、映画関係者の前に原節子が現れた最後だった。

帰還

一九六〇年五月、マルレーネ・ディートリッヒは祖国ドイツを十五年ぶりに訪れた。敗戦直後に母と会ってから十五年が過ぎていた。ドイツは東西に分断されていた。この時ディートリッヒが向かったのは西ドイツだった。ベルリンの壁はまだなかった。

この頃のディートリッヒは映画女優としてではなく、歌手として活動するようになっていた。ラスベガスでの公演を成功させると、アメリカのみならず、世界各地へツアーをするようになり、一九六〇年五月、彼女にとっての念願であるドイツ・ツアーが実現したのだ。

しかし、ディートリッヒがドイツを訪れることに、ドイツのマスメディアは反撥した。もっとも、すべてのメディアが反撥したのではない。「大衆紙」に分類される扇情的な記事を載せるメディアが敵視した。「戦争中、我々の敵として働いたこの女をいったい誰がドイツに呼び寄せたのか」「三十年前にドイツを去ったこの女優は、ドイツ民族が廃墟から立ち上がり、再び世界の尊敬を勝ち得た何年も後でさえ、祖国に対する失礼な言動を止めようとはしなかった」「今になって彼女がドイツを訪れる理由は、何もない」――そんな論調の記事が載った。

五月一日、ディートリッヒはベルリンのテーゲル空港へ到着した。空港には約二千人が待ち受けていた。ファンもいれば、有名人が好きなだけの野次馬もいれば、「マルレーネ・ゴー・ホーム」と書かれたプラカードを掲げた集団もいた。

ベルリンでの公演の初日は五月三日夜、ティタニア・パラストという映画館だった。一八八〇席という大きな映画館で、劇場としても使われていた。敗戦直後、連合国軍の兵士たちのために彼女が歌った場所でもあった。

一九四七年五月、同じティタニア・パラストで指揮者ヴィルヘルム・フルトヴェングラーもドイツへ復帰した。二十世紀前半のドイツを代表する指揮者フルトヴェングラーは、ナチス政権になってもドイツに留まりベルリン・フィルハーモニーやベルリンの州立歌劇場の指揮者として活躍した。フルトヴェングラーはユダヤ人音楽家の命を助けるために政権と対峙したこともあったが、国外から見れば、彼はナチスの広告塔であった。一九四五年一月、ベルリンへの空襲が激化するなか、フルトヴェングラーはついに自らの命の危険を感じ、ウィーンを経由してスイスへ亡命した。

戦後、フルトヴェングラーはナチ協力者として非ナチ化審理を受け、無罪となるまでは演奏活動ができなかった。ようやく、すべてが許され、フルトヴェングラーがベルリンへ帰還したのが、一九四七年五月だったのだ。ベルリンの人々は熱狂してフルトヴェングラーを迎えた。ナチス政権下、ヒトラーの誕生日を祝賀する演奏会で指揮したこともあるこの指揮者を糾弾するドイツ人はいなかった。敗戦直前に逃げ出したこの指揮者を罵るベルリン市民もいなかった。フルトヴェングラーに罪があるならば、すべてのドイツ人も同罪だと分かっていたからだ。

しかし、ディートリッヒはそうではなかった。彼女はドイツ人から見れば、敵である連合国軍の一員だった。アメリカ人はもともと敵なのだから仕方ない。しかし、ドイツ生まれでドイツで女優として有名になっておきながら、アメリカへ渡り成功しアメリカ軍兵士としてドイツと闘った女など、許せるはずがない――そんな空気が、ドイツの一部にはあった。

ディートリッヒの公演のチケットは十マルクから百マルクと、かなり高額だった。いまの日本円で数万円であろう。そのためか、連日、満席とはならなかった。彼女に嫌がらせをするためにチケットを買ってまでコンサートに来る者はなかった。

「劇場に爆弾を仕掛けた」といったいやがらせの電話が入るなど、妨害は続き、生卵をぶつけられることもあった。

それでも、五月二十七日のミュンヘンでの公演まで、公演のない日は二日だけというハードな日程のドイツ・ツアーを、六十歳に近いディートリッヒはやり遂げた。ヴィスバーデンの公演では誤ってステージから落ちてしまい、左肩を骨折したが、それでも歌い続けたのだ。

この夜の公演には、ジョセフ・フォン・スタンバーグも観に来ていた。

ドイツ公演を終えたディートリッヒは当時住んでいたパリで休息した後、六月十三日に、イスラエルのテル・アヴィヴへと飛び立った。次はイスラエルで公演するのだ。

いうまでもなく、イスラエルはユダヤ人の国家である。ディートリッヒは明確に反ナチの立場を取っていたので、民族的にドイツ人であったとしても、ユダヤ人から「ゴー・ホーム」と攻撃される可能性は低い。それでも、イスラエル国民はその根本においてドイツとドイツ人に対していい感情を持っていないはずだ。それなのに、いや、それだからこそ、マルレーネ・ディートリッヒはイスラエルで歌いたかった。

テル・アヴィヴへの飛行機の中でも、ディートリッヒはイスラエル公演では何語で歌うか、決めかねていた。アメリカでは英語で歌っていた。ドイツ公演では、母国語であるドイツ語で歌えた。では、イスラエルではどうするのか。穏便にすませるならば英語であろう。ディートリッヒはフランス語やスペイン語でも歌えたので、そのどれかでもいいかもしれない。結局、機中では結論は出なかった。

決めたのは、聴衆だった。ディートリッヒのコンサートにやって来たユダヤ人は、ドイツに住んでいた人が多かった。つまり、元ドイツ人でもあった。当然、ドイツ語はできる。聴衆の間で議論が巻き起こった。そして結論として、イスラエルに来たドイツ人がドイツ語で歌うことのどこがいけないのだ、ドイツ語で歌ってもらおう、ということになった。

こうして、ディートリッヒはイスラエルという国で最初にドイツ語で歌った歌手となった。

ディートリッヒは二カ月の間に、ドイツとイスラエルで公演し、ともに成功した。一九三〇年にドイツを出てから数えれば三十年。ディートリッヒの長い戦いは、とりあえず、終わった。

映画女優としてのマルレーネ・ディートリッヒの最後の仕事は一九六一年公開の『ニュールンベルク裁判』だ。監督はスタンリー・クレイマーで、タイトルの通り、戦後のナチスの戦争犯罪を裁いたニュルンベルク裁判を描いた劇映画である。スペンサー・トレイシーがアメリカから来た裁判官で、バート・ランカスターが被告のひとりの元司法大臣、マクシミリアン・シェルが弁護士を演じた。アメリカの法律の専門家たちがナチスに迎合したドイツの法律家たちを裁くわけだが、もし被告たちに罪があるのなら、全てのドイツ人も同じ罪に問われなければならないのではないかという問題提起をした映画だ。

ディートリッヒは絞首刑になった将軍の未亡人である。出番は多くはないが、ナチスを黙認していた無数のドイツ人のひとりを演じきった。ワイルダーの『異国の出来事』と同様に、ナチスと戦ったディートリッヒにしかフィクションとして演じられない役だった。

劇中、ディートリッヒ演じる未亡人はナチスの残虐行為を「知らなかった」と言いはる。しかしディートリッヒ自身は、戦後のインタビューで「ドイツ人たちがホロコーストを知らなかったはずがない」と断言する。それは、良識のあるドイツ人のはずだった彼女の姉夫婦が収容所に関わっていたことで明らかではないか。姉は反ユダヤ主義ではなかったし、ナチスを熱烈に支持していたわけでもなかった。それでも、あんな仕事をしていたのだ。同じように、ドイツ人はみな知っていたはずだ——ディートリッヒはそう思っていたに違いない。

スペンサー・トレイシーとニュルンベルクの廃墟を歩くシーンでは、ディートリッヒが数小節、ハミングするのは《リリー・マルレーン》だった。

『ニュールンベルク裁判』はベルリンで一九六一年十二月十四日にプレミア上映された。ディートリッヒが出席したほうが話題になるとも考えられたが、それは悪評判にしかならないだろうと彼女が判断し、行かなかった。クレイマーによれば、プレミアには一千人を招待したが、来たのは百人だけだったという。ドイツ人はこの映画を受け入れることがまだできなかったのだ。

いくつかの後日譚――あとがきにかえて

一九八七年に出版された自伝でディートリッヒは、一九六一年の『ニュールンベルク裁判』の後は二度と映画に出なかったと書いている。

だが実際には、その後も二作に出演している。ひとつは一九六四年公開のオードリー・ヘップバーン主演の『パリで一緒に』（リチャード・クワイン監督）で、本人の役で、数秒、カメオ出演した。クレジットには彼女の名はない。

私が最初にディートリッヒを観たのは、この『パリで一緒に』だった。私の中学・高校時代にあたる七〇年代半ばは、毎日のように外国映画がテレビで放映されていた。吹き替えでカットも多かったとは思うが、私の映画の基礎教養はこの時期のテレビの洋画劇場で培われた。

この本にオードリー・ヘップバーンが登場することに疑問を抱いた方もいるだろうが、私にとってディートリッヒとは「オードリーの映画にカメオ出演した大女優」なのだ。

二人の関係は、こじつければ、もっとある。ゲーリー・クーパーは『モロッコ』でディートリッヒの相手役として脚光を浴び、オードリーとの『昼下りの情事』で最後に一花咲かせた。ケーリー・グラントも若き日にディートリッヒの『ブロンド・ヴィーナス』で注目され、オードリーとの『シャレード』が晩年の作品となった。ディートリッヒの『無頼の谷』に出たメル・ファーラーはオードリーの最初の夫だ。『異国の出来事』と『検察側の証人』でディートリッヒを戦後にも活躍させたビリー・ワイルダーは、オードリーの初期の傑作『麗しのサブリナ』と『昼下りの情事』の監督でもある。

ディートリッヒもオードリーもハリウッドという狭い世界にいたのだから、人脈が重なるのは当然と言えば当然だが、二人は近いほうだと思う。ハリウッドで稼ぐだけ稼いだ後はヨーロッパで暮らしていたのも、似ている。

ほんの数秒の『パリで一緒に』は、ディートリッヒ出演作品とは言えないが、一九八四年のデヴィッド・ボウイ主演の『ジャスト・ア・ジゴロ』はフィルモグラフィーに入れてもいいだろう。一九二〇年代のベルリンを舞台にしたこの映画で、ディートリッヒはジゴロたちが集まる酒場の経営者として登場した。一九二〇年代のベルリンで映画界に入ったディートリッヒの最後の映画が、二〇年代ベルリンを舞台にした映画となったのだ。

ディートリッヒは歌手としての活動を、一九七五年に公演中に脚を骨折したことでやめてしまうと、以後はパリで暮らしていた。

夫ルドルフ・ジーバーは一九七六年に亡くなった。

一九八九年にベルリンの壁が崩壊し、一九九〇年にドイツが再統一するのを見届け、マルレーネ・ディートリッヒは一九九二年五月六日に九十歳で亡くなった。葬儀はパリのマドレーヌ寺院で営まれた。

しかし、彼女が永遠の眠りについた地は故郷ベルリンだ。棺はアメリカ国旗に包まれて、ベルリンに運ばれ、母親の墓の隣に埋葬されたのだ。それはディートリッヒ自身の希望だった。

娘マリア・ライヴァは女優としては母を越えることはなく、一九九二年に母マルレーネの伝記『ディートリッヒ』を書いた。その息子、つまりマルレーネの孫のデヴィッド・ライヴァは二〇〇一年にドキュメンタリー映画『真実のマレーネ・ディートリッヒ』(Marlene Dietrich: Her Own Song)を監督した。

ヨセフ・フォン・スタンバーグは、ディートリッヒと七作の映画を作った後は、ぱっとしなかった。それでも断続的に監督作品はあり、一九四一年に『上海ジェスチャー』、五二年に『マカオ』を撮り、五三年には日本映画『アナタハン』を撮った。亡くなったのは一九六九年、七十五歳だった。四十歳までが彼の映画作家としての充実期だった。

アルノルト・ファンクもリーフェンシュタールを起用した六作以降は、『新しき土』くらいしか、監督作品と呼べる劇映画はない。この二人は偶然にも、日本で映画を撮っている。

ファンクは『新しき土』以後はリーフェンシュタールの会社に雇われて、映画の編集の仕事をしていた。ナチスの仕事もしたため戦後も不遇で、一九七四年に亡くなった。

オードリー・ヘップバーンは一九九三年一月二十日に六十三歳で亡くなった。

晩年はその知名度をいかしてユニセフの活動をしていたことはよく知られている。うがった見方をすれば、父がナチスだったことへの贖罪の意識からだったのかもしれないが、真意は分からない。戦後の食糧難をユニセフのおかげで乗り越えたことへの感謝の思いからだとの説もある。

原節子を初めて観たのもテレビで、小津安二郎作品が放送された時だった。それはあまりにも古かった。だが私の学生時代の一九八〇年代は、やたらと小津映画が持ち上げられていた時代でもあった。映画好きの友人たちの間では、あの退屈さがいいとか言い合っていた。当然、原節子も神格化されていた。

怪獣映画が好きだったので、東宝特撮映画の元祖とも言える『ハワイ・マレー沖海戦』を観て、そこでも原節子と出会ったのは意外だった。小津映画とは結びつかないのだ。さらに、黒澤明の『わが青春に悔いなし』を観て混乱は深まった。『青い山脈』になると理解不能だ。『新しき土』を観たのはつい最近だ。つまり私は意図せずに、原節子の映画を製作された順にでは観なかった結果、神話のヴェールがどんどん剥がされていくのを体験した。

女優は来た仕事を受けて演じるだけなので、さまざまな傾向の映画に出る。これは原節子に限った話ではない。戦中から戦後を生きた映画人は誰もが戦意高揚映画と自由と民主主義礼賛映画を作ったのだから、これも原節子だけの問題ではない。

そういえば、『新しき土』に撮影スタッフのひとりとして加わり、『ハワイ・マレー沖海戦』で名を挙げ、その後の戦中の戦争映画でも重要な仕事をしたのが、円谷英二である。

レニ・リーフェンシュタールは戦後のドイツ映画界に復帰することはついにできなかった。というよりも、もともと彼女はナチス時代も「ドイツ映画界」には属していなかった。自分の製作会社で映画を作っており、独立性を維持した分、同僚・仲間がいなかった。そのために、戦後のドイツ映画界は誰も彼女をかばわなかった。他の映画人は「我々はナチスに利用された。政権に強要された。ホロコーストなんて知らなかった」と口裏を合わせて復権したが、リーフェンシュタールだけが、それを許されなかった。

映画界への復帰を断念した失意のリーフェンシュタールは一九六二年にアフリカへ向かい、そこでヌバ族と出会った。西洋文明とはまったく別の社会がそこにあり、リーフェンシュタールはその極彩色でダイナミックな世界を写真に撮り、一九七三年に発表したのだ。これが評判となり藝術家としてのリーフェンシュタールは復権した。しかし、硬直的な観念の評論家からはヌバの写真も「ナチス美学」「リーフェンシュタールは反省していない」と批判された。いったん貼られたレッテルは、なかなか剥がすことができない。

アフリカの次にリーフェンシュタールが向かったのは深海だった。七十歳を過ぎてからスキューバダイビングを始め、海の中の極彩色の世界を撮影していた。その膨大な映像は最晩年の二〇〇二年に『ワンダー・アンダー・ウォーター』という映画になった。『低地』以来、半世紀ぶりの、そして最後の映画となった。

高山、ナチス、アフリカ、深海——さまざまな意味での極地をリーフェンシュタールは映像として遺したのである。彼女自身は都市で生まれ育ったのに、その作品は、都会での日常での出来事とは無縁の世界ばかりなのだ。こんな映像作家は他にいない。

レニ・リーフェンシュタールには一度だけ、五メートルくらいの距離で会ったことがある。「会う」といっても向こうは私のことなど何も認識していないだろうから「見た」のほうが正確だ。それは——一九九一年十二月、渋谷のＢｕｎｋａｍｕｒａザ・ミュージアムで、「映像の肉体と意志——レニ・リーフェンシュタール展」が開催された時のことだ。私は当時、アート系写真集出版の仕事をしていたので、展覧会のレセプションへの案内が届いたのだ。

レセプションは一般公開の前日で、リーフェンシュタール自身も来て、かなり賑わっていた。会場の中央にいたリーフェンシュタールは、計算すれば八十九歳だが、スポットライトが当たっているわけでもないのに、光り輝いていた。これがオーラかと思った。多くのジャーナリストが彼女にインタビューしながら、その嘘が見抜けないのも無理はないといえる威厳があった。この人に命じられたら、何でもしてしまうだろうと思った。何よりも、目の前に、ヒトラーと親しかった人がいることが驚きでもあった。

その前後に自伝『回想』の日本語版も出て、かなり長い本だが徹夜して一気に読んだ。やがてこの自伝は嘘が多いと書かれた本も出て、それはそれでまた面白かった。二十世紀の矛盾の全てを凝縮したようなその人生は、是非を問うとか批判するとか弁護するといった次元を超えている。

リーフェンシュタールはディートリッヒよりもさらに長く生きた。二十世紀の終わりを見届け、二〇〇三年九月八日、百一歳で亡くなった。

ディートリッヒとリーフェンシュタールとがほぼ同年だというのは、調べれば、すぐに分かることだ。だが、ドイツで二〇一一年に出たKarin Wieland著『Dietrich & Riefenstahl: Der Traum von der neuen Frau』以外は、二人をテーマにした本はないようだった（この本は最近、英訳が出た）。

ヒトラーをめぐり、あまりにも対照的な二人の映画女優――こんな面白いテーマはないはずなのに、なぜか日本では二人を並べて書いた本がない。多分、ディートリッヒについてはハリウッド映画の専門家、リーフェンシュタールについてはドイツ映画の専門家しか書いてはいけないという、映画評論業界内部での不文律があるからだろう。

さいわいにも私はハリウッドの専門家でもないしドイツ映画の専門家でもない。そこで、部外者としての強みで、二人の生涯をひとつの物語として再構成してみることを思いついた。

二人は戦後の生き方も対照的なのだが、この本が戦中までに重点を置いたのは、二人の距離が戦後はさらに開いてしまい、もはや接点が何もなくなるからだ。「論」ではなく、「物語」として書きたかったので、戦後は後日譚とした。

この本を仕上げている最中の二〇一五年十月、久しぶりにヨーロッパ旅行をした。担当編集者の梅山景央氏には、「パソコンを持って行き、向こうでも書きますから」と偉そうに言って出発したものの、そうもいかなかった。帰国後は慌ただしくなり、梅山氏には迷惑をかけてしまったが、無駄な旅ではなかったと言い訳しておこう。

最初に訪れたロンドンでは、ナショナル・ポートレート・ギャラリーで、大規模なオードリー・ヘップバーン展が開催されていた。現地へ行って初めて知り、チケット売り場に並んだのだが、買うまでに一時間もかかった。チケットを買えたのは午後一時頃だったが、そのチケットは五時半から入場するものだった。満員なので時間ごとに入場者を制限していたのだ。

他の観光をして、指定された五時半にギャラリーへ行くと、さすがにチケット売り場の行列はもうなかったが、会場内は満員だった。男女比も、年齢も偏りがなかった。改めて、オードリー・ヘップバーンの人気を知った。単に美しいだけではない。その出演映画の質の高さだけでもない。ファッションセンスへの憧れだけでもない。その生き方全般への尊敬も、人気の理由だろう。

次にベルリンへ行くと、ポツダム広場のソニーセンター内にある、Förderkreis des Museums für Film und Fernsehen（ドイツ キネマテーク 映画テレビ博物館）では、ディートリッヒ展が開催されていた。

こういう偶然というのは、天の啓示があったかのようで、嬉しくなるものだ。

このミュージアムには、ドイツ映画の最初期から現代までが順番に展示されている。一人で一部屋を独占している人物はF・W・ムルナウやフリッツ・ラングなど数人しかいない。そんななか、俳優で一部屋を独占しているのは、マルレーネ・ディートリッヒだけだった。

たしかにディートリッヒは「ドイツを代表する女優」だ。しかしよく考えてみると、彼女が主演したドイツ映画は『嘆きの天使』一作なのだ。その前のドイツ時代の映画は主演ではないし、以後はハリウッドで活躍した女優だ。そして連合国軍の大尉としてドイツに攻め入ったひとりだ。国籍はアメリカだし晩年に暮らしたのはフランスだ。それなのに、ディートリッヒにかなり広いスペースが割かれている——ドイツ映画界の見識というものだ。

そして、ディートリッヒの隣が、『オリンピア』の部屋だった。ナチスとの関係を認識したうえでなお、『オリンピア』をドイツ映画史上に遺るものとして位置づける——これもまた見識だ。

それらが確認できただけでも意義のある旅だった。

二〇一五年十一月

と、書いて校了にした十一月二十五日夜、九月五日に原節子が亡くなっていたことが報じられた。九十五歳だった。

参考文献、映像資料

※外国人名のカタカナ表記はそれぞれの邦訳書に従った。
※海外文献の発行年は邦訳のあるものは邦訳書のもの。複数の版のあるものは、原則として最新のもの。それぞれの出演映画、監督映画のDVDは省略した。

【マルレーネ・ディートリッヒ関係】

マレーネ・ディートリッヒ著『ディートリッヒ自伝』石井栄子・伊藤容子・中島弘子訳、未来社、一九九〇年
マレーネ・ディートリッヒ著『ディートリッヒのABC』福住治夫訳、フィルムアート社、二〇〇五年
マリア・ライヴァ著『ディートリッヒ』（上下）幾野宏訳、新潮社、一九九七年
スティーヴン・バック著『マレーネ・ディートリッヒ』（上下）野中邦子訳、ベネッセ、一九九五年
高橋暎一著『愛しのマレーネ・ディートリッヒ』現代教養文庫（社会思想社）、一九九二年
鈴木明著『わがマレーネ・ディートリッヒ伝』小学館ライブラリー、一九九一年
鈴木明著『リリー・マルレーンを聴いたことがありますか』文春文庫、一九七八年
井上篤夫、NHK取材班『永遠のヒロイン　ハリウッド大女優たちの愛と素顔』NHK出版、二〇一一年
山田宏一編『グレタ・ガルボ／マレーネ・ディートリッヒ　世紀の伝説きらめく不滅の妖星』芳賀書房・シネアルバム、一九七三年
和久本みさ子著『永遠のマレーネ・ディートリッヒ』河出書房新社、二〇〇三年
Charlotte Chandler 著『Marlene: Marlene Dietrich, a Personal Biography』Applause Theatre & Cinema Books、二〇一二年
Alexander Marlene Dietrich – Walker 著『Dietrich』Harper & Row、一九八四年
Gaylyn Studlar著『In the Realm of Pleasure: Von Sternberg, Dietrich, and the Masochistic Aesthetic』Columbia Univ Pr.、一九九三年
J. David Riv・Guy Stern編『A Woman at War: Marlene Dietrich Remembered』Painted Turtle Book、二〇〇六年
Emily Smith著『The Marlene Dietrich Handbook: Everything You Need to Know About Marlene Dietrich』Tebbo、二〇一一年
DVD『真実のマレーネ・ディートリッヒ』ジョン・デイヴィッド・ライヴァ監督、ジェネオンエンタテインメント

【レニ・リーフェンシュタール関係】

レニ・リーフェンシュタール著『回想　20世紀最大のメモワール』（上下）椛島則子訳、文春文庫、一九九五年
『レニ・リーフェンシュタール　ライフ』求龍堂、一九九一年
ライナー・ローター著『レーニ・リーフェンシュタール　美の誘惑者』瀬川裕司訳、青土社、二〇〇二年
グレン・B・インフィールド著『レニ・リーフェンシュタール　芸術と政治のはざまに』喜多迅鷹・喜多元子訳、リブロポート、一九八一年
スティーヴン バック著『レニ・リーフェンシュタールの嘘と真実』野中邦子訳、清流出版、二〇〇九年
瀬川裕司著『美の魔力　レーニ・リーフェンシュタールの真実』、パンドラ、二〇〇一年
平井正著『レニ・リーフェンシュタール　20世紀映像論のために』晶文社、一九九九年
渋谷哲也『ドイツ映画零年』共和国、二〇一五年
アンナ・マリア・ジークムント『ナチスの女たち　秘められた愛』平島直一郎・西上潔訳、東洋書林、二〇〇九年
DVD『レニ』レイ・ミュラー監督、パイオニアLDC、二〇〇二年

【オードリー・ヘップバーン関係】

アレグザンダー・ウォーカー著『オードリー―リアル・ストーリー』斎藤静代訳、アルファベータ、二〇〇三年
ベルトラン メイエ＝スタブレ著『オードリー・ヘップバーン　妖精の秘密』藤野邦夫訳、風媒社、二〇〇三年
バリー パリス著『オードリー・ヘップバーン物語』（上下）永井淳訳、集英社文庫、二〇〇一年

【原節子関係】

千葉伸夫著『原節子　映画女優の昭和』大和書房、一九八七年
千葉伸夫著『原節子　伝説の女優』平凡社ライブラリー、二〇〇一年

本地陽彦著『原節子「永遠の処女」伝説』愛育社、二〇〇六年
四方田犬彦著『李香蘭と原節子』岩波現代文庫、二〇一一年
川喜多かしこ『映画ひとすじに』日本図書センター、一九九七年

【監督、俳優、作家関係】

John Baxter 著『Von Sternberg』Univ Pr of Kentucky、二〇一〇年
Matthias Fanck 著『Arnold Fanck WeisseHoelle-Weisser Rausch. Bergfilmeund Bergbilder 1909-1939』As Verlag、二〇〇九年
小林隆之・山本眞吾著『映画監督ジュリアン・デュヴィヴィエ』国書刊行会、二〇一〇年
ハーマン・G・ワインバーグ著『ルビッチ・タッチ』宮本高晴訳、国書刊行会、二〇一五年
シャーロット・チャンドラー著『ビリー・ワイルダー　生涯と作品』古賀弥生訳、アルファベータ、二〇〇六年
ヘルムート・カラゼク著『ビリー・ワイルダー自作自伝』瀬川裕司訳、文藝春秋、一九九六年
明石政紀著『フリッツ・ラング　または伯林＝聖林』アルファベータ、二〇〇四年
大野裕之著『チャップリンとヒトラー　メディアとイメージの世界大戦』岩波書店、二〇一五年
アンドレ・ブリュヌラン著『ジャン・ギャバン』清水馨訳、時事通信社、一九九五年
鈴木明著『ジャン・ギャバンと呼ばれた男』小学館ライブラリー、一九九一年
イングリッド・バーグマン、アラン・バージェス著『マイ・ストーリー』永井淳訳、新潮社、一九八二年
足立邦夫著『レマルク　最も読まれ、最も攻撃された作家』中央公論新車、二〇一三年
ララ・アンデルセン著『リリー・マルレーン』（上下）辻優子訳、中央公論社、一九八一年
カーロス・ベーカー著『アーネスト・ヘミングウェイ』大橋健三郎・寺門泰彦監訳、新潮社、一九七四年

【映画史関係】

『東和商事合資会社社史 1928年〜1942年』東和商事合資会社、一九四二年
クルト・リース著『ドイツ映画の偉大な時代　ただひとたびの』平井・柴田陽弘訳、フィルムアート社、一九八一年
飯田道子『ナチスと映画　ヒトラーとナチスはどう描かれてきたか』中公新書、二〇〇八年
ザビーネ・ハーケ著『ドイツ映画』山本佳樹訳、鳥影社、二〇一〇年
クラウス・クライマイアー著『ウーファ物語　ある映画コンツェルンの歴史』平田達治他訳、鳥影社、二〇一〇年
ジークフリート・クラカウアー著『カリガリからヒットラーまで』平井正訳、せりか書房、一九七一年
ジークフリード・クラカウアー著『カリガリからヒトラーへ　ドイツ映画1918-1933における集団心理の構造分析』丸尾定訳、みすず書房、一九七五年
エリック・バーナウ著『ドキュメンタリー映画史』安原和見訳、筑摩書房、二〇一五年
田野大輔著『魅惑する帝国　政治の美学化とナチズム』名古屋大学出版会、二〇〇七年

【ナチス、ヒトラー関係】

ジョン・トーランド著『アドルフ・ヒトラー』（上下）永井淳訳、集英社、一九七九年
阿部良男著『ヒトラー全記録　20645日の軌跡』柏書房、二〇〇一年
田嶋信雄著『ナチズム極東戦略　日独防共協定を巡る諜報戦』講談社選書メチエ、一九九七年
草森紳一著『ナチス・プロパガンダ　絶対の宣伝1　宣伝的人間の研究　ゲッベルス』番町書房、一九七八年
草森紳一著『ナチス・プロパガンダ　絶対の宣伝2　宣伝的人間の研究　ヒットラー』番町書房、一九七九年
草森紳一著『ナチス・プロパガンダ　絶対の宣伝3　煽動の方法』番町書房、一九七九年
草森紳一著『ナチス・プロパガンダ　絶対の宣伝4　文化の利用』番町書房、一九七九年
岩崎昶著『ヒトラーと映画』朝日選書、一九七五年
広田厚司著『ゲッベルスとナチ宣伝戦　一般市民を扇動する恐るべき野望』光人社NF文庫、二〇一五年
平井正著『ゲッベルス　メディア時代の政治宣伝』中公新書、一九九一年

【ドイツ史関係】

平井正著【ベルリン〈1918-1922〉悲劇と幻影の時代】せりか書房、一九八〇年
平井正著『ベルリン〈1923-1927〉虚栄と倦怠の時代』せりか書房、一九八一年
平井正著『ベルリン〈1928-1933〉破局と転換の時代』せりか書房、一九八二年
オットー・フリードリク著『洪水の前―ベルリンの1920年代』千葉雄一訳、新書館、一九八五年
田丸理砂著『髪を切ってベルリンを駆ける！　ワイマール共和国のモダンガール』フェリス女学院、二〇一〇年
沢木耕太郎著『オリンピア　ナチスの森で』集英社文庫、二〇〇七年
デイヴィッド・クレイ・ラージ著『ベルリン・オリンピック1936―ナチの競技』高儀進訳、白水社、二〇〇八年

中川右介（なかがわ・ゆうすけ）

1960年生まれ。早稲田大学第二文学部卒業。出版社IPCの編集長として写真集を中心に美術書を編集、ソ連の出版社とも提携した。後、出版社アルファベータを設立し、代表取締役編集長に（2014年まで）。ドイツ、アメリカ等の出版社と提携し音楽家や文学者の評伝や写真集を編集・出版。クラシック音楽、歌舞伎、映画、歌謡曲、マンガなどの分野で旺盛な執筆活動を続ける。おもな著書に『カラヤンとフルトヴェングラー』『第九』『昭和45年11月25日』（以上、幻冬舎新書）、『歌舞伎 家と血と藝』（講談社現代新書）、『山口百恵』『松田聖子と中森明菜』（以上、朝日文庫）、『角川映画1976―1986』（KADOKAWA）、『大女優物語――オードリー、マリリン、リズ』（新潮新書）などがある。

オリンピアと嘆《なげ》きの天使《てんし》

ヒトラーと映画女優《えいがじょゆう》たち

印刷　2015年12月1日　　発行　2015年12月15日

著　者　中川右介《なかがわゆうすけ》

発行人　黒川昭良

発行所　毎日新聞出版

〒102-0074 東京都千代田区九段南1-6-17 千代田会館5F
営業本部　03-6265-6941
図書第一編集部　03-6265-6745

印　刷　中央精版印刷

製　本　大口製本印刷

ISBN978-4-620-32346-6